资产负债扩张与实体经济增长

袁志刚　李宛聪　樊潇彦◎著

中信出版集团 | 北京

图书在版编目（CIP）数据

资产负债扩张与实体经济增长 / 袁志刚，李宛聪，
樊潇彦著 . -- 北京：中信出版社，2018.12
ISBN 978-7-5086-9580-8

I. ① 资… II. ① 袁… ② 李… ③ 樊… III. ① 金融支
持 – 中国经济 – 经济发展 – 研究 IV. ① F124

中国版本图书馆 CIP 数据核字〔2018〕第 228326 号

资产负债扩张与实体经济增长

著　者：袁志刚　李宛聪　樊潇彦
出版发行：中信出版集团股份有限公司
　　　　　（北京市朝阳区惠新东街甲 4 号富盛大厦 2 座　邮编　100029）
承 印 者：北京楠萍印刷有限公司

开　本：787mm×1092mm　1/16　　印　张：22.25　　字　数：260 千字
版　次：2018 年 12 月第 1 版　　　印　次：2018 年 12 月第 1 次印刷
广告经营许可证：京朝工商广字第 8087 号
书　号：ISBN 978-7-5086-9580-8
定　价：78.00 元

目录

前　言

2017年以来，金融风险被频繁提及和大量讨论，2018年4月27日，中国人民银行等单位联合发布《关于规范金融机构资产管理业务的指导意见》。资管新政的出台，表明中国金融监管部门去金融杠杆决心坚决，防范金融风险进入一个实质性阶段。

从1998年开始到现在的20年，中国经济增长速度是快的，但同时中国经济中资产与负债的扩张速度也非常快。根据国际清算银行的数据，中国非金融部门的负债占整个GDP（国内生产总值）的比重在2015年就达到200%多，如果把金融部门放进去，几乎接近300%。如果为债务所付的最低利率为3%，GDP增长现在是7%不到，我们每年新增长的GDP全部用来付息也是不够的。在这样的情况下，我们的其他生产要素，尤其是劳动要素的报酬如何获得增长呢？另外一个现象是，中国经济中广义货币M2占GDP比重也非常高，超过200%，跟美国等主要发达国家相比，我们的这个比例明显过高。1998年以来中国经济中如此速度的资产负债扩张是否合理？对应于高储蓄率，以及我们主要以银行间接融资为主的金融特征来说，中国的高负债率有其内在合理性。中国国民储蓄率一直很高，几乎近50%，这意味着中国每年做一个蛋糕，自己消费50%，还有50%到哪里去？在2008年金融危机以前主要是通过外贸出口吸收一部分，其结果就是我们的外汇储备不断积累，另外一部分只能靠投资增长来吸收。由于中国金融体系基本以间接融资为主，股权融资比重很低，资产负债扩张很快，同时伴随着广义货币 M2 的不断上升。非常有意思的是，中国在 20 世纪 90 年代上半期，当货币增长过快时一定会出现较高的通货膨胀率，但是 1998 年之后巨额的货币进入中国经济体当中，并没有引发 CPI（居民消费价格指数）上升，而是被房地产价格上升所吸收。一部分人的资产就是另一部分人的负债，同样地，一部分人的负债也是另一部分人的资产，房地产价格上升也助推了中国资产负债水平的上升。从今天中国去杠杆的任务来看，真正引起担忧的并不是资产负债的水平以及它的杠杆率有多高，真正比较危险的是资产和负债的配置在中国是否合理。

本书是我承担的国家社会科学基金重大项目《全面提升金融为实体经济服务的水平与质量研究》的最终研究成果，主线自然是沿着金融发展如何为实体经济服务而展开，具体地讲，我们的研究聚焦于 1998 年以来我国资产负债的发展与实体经济增长的关系。当金融发展促进实体经济增长时，资产负债的扩张是合理的，有经济增长作为基础的；但当实体经济增长的动能不断减弱时，资产负债可能继续扩张，金融扩张速度甚至会更快，推动金融资源进入虚拟领域空转，推进各类资产泡沫泛滥，最后一定会危及实体经济增长的质量，系统性金融风险开始积累，处置不及时，金融危机随时可能爆发。

从宏观经济增长的角度看，20 世纪 90 年代中后期我国实施了许多重要的改革，为此后的经济增长打下了坚实的基础。这些改革包括中央和地方政府的分税制改革，国有企业的抓大放小改革，1998 年的城市住房体制改革，国有银行不良资产清理和股份制改革，以及中国坚定不移地加入 WTO（世界贸易组织）。这些改革的完成，使得中国经济再一次充分发挥制度红利。分税制改革助推了地方政府为增加财政收入而展开的区域竞争；抓大放小的国企改革催生了民营企业前所未有的大发展；城市住房产权制度改革与交易为居民消费升级、地方政府的土地财政打开了新通道；金融领域的改革与呆账坏账的清理，为后面金融机构的轻装上阵以及金融扩张做好了准备；最重要的是加入 WTO 之后，我们迎来外资的大规模进入和对外贸易的高速增长，使得中国工业企业充分融入全球产业链，带来投资的大量增长和 TFP（全要素生产率）的提高。外贸出口的高速增长，为我们带来了贸易顺差和外汇积累，此后外汇储备成为中国人民银行重要的资产端来源，最高时外汇储备达到 4 万亿美元之巨，为日后央行的基础货币发行及其银行系统的货币创造与金融扩张打下坚实基础。外汇储备的增加，一方面体现了国内劳动生产率的提高，另一方面也体现了国力的大幅增强，导致人民币经历了长期和持续的升值。

　　但是，在经济迅猛发展的背后，潜在的矛盾也在悄然积聚，原来适应经济形势所制定的政策随着经济环境的变化也逐渐衍生出制约经济发展的结构性问题。第一，经济体对外需的过度依赖和全球经济的非均衡运行。在 2001 年中国加入 WTO 之后，由于全球产业链与全球分工的发展，发达国家与发展中国家在产业结构与要素禀赋、价格方面的差异导致发展中国家，尤其是中国的出口迅速增加，以中国为代表的亚洲国家成为世界工厂，外需成为支撑中国经济增长的主要动力。如此全球化的结果是美国等发达国家贸易逆差的巨额积累，而中国则是贸易顺差的巨额积累，形成可观的外汇储备。这其实是全球经济非均衡的表现，长期而言，是不可持续的。供求非平衡源于深刻的全球分配问题，全球化尽管带来了全球经济的发展，但是它引致了地区的分化、国家的分化以及阶层的分化。危机之后，许多国家都只是在金融领域采用量化宽松的办法进行治理，这样不仅没有从根本上解决问题，反而导致了全球资产泡沫，资产收入和劳动收入差距的进一步拉大，引发全球一系列新的矛盾和危机。所以，当中国经济增长到一定规模时，内需必须上升，增长的需求动力必须得到转换。第二，分税制改革后，以地方房地产发展为基础的土地财政为中国快速城市化和基础设施建设提供了激励和财源，是一种典型的发展型财政。1998 年的房改尽管推动了中国房地产业的充分发展，但地方财政改革与土地市场改革的滞后在短期引发了房地产价格的迅速上升，致使房地产发展泡沫化，在中国经济如火如荼的发展中埋下潜在的隐患。第三，中国的要素市场改革相对于产品市场而言更为落后。特别是，金融市场的扭曲严重降低了要素配置的效率。一方面，中国投融资体系将金融资源分配到房地产投资、基础设施建设投资和制造业过剩产能三个部分，导致房地产泡沫的高涨，地方政府债务的累积以及制造业产能过剩下的萎靡不振，金融体系无法真正促进实体经济发展。另一方面，政府主导金融体系下的金融抑制和"政治优序融资"使得非国有企业，特别是小微企业从正规金融部门融资较困难，金融没有发挥应有的配置资源的功能，从而降低了配置效率。

2008年全球金融危机是中国资产负债扩张"挤入"或是"挤出"实体经济两个阶段的重要分界线。1998年房改之后，随着城市住房和土地价格的上升，基于房产和土地抵押的资产负债扩张是全社会固定资产投资加速发展的核心动力，资产负债扩张对实体经济主要发挥"挤入效应"。在融资需求受限情况下，资产价格的提升，甚至是一定程度的资产泡沫可以降低企业融资约束，对实体经济产生挤入效应。但是2008年后，为应对经济增速下滑推出的包括"四万亿"计划在内的一系列货币与财政刺激方案，使得总需求越来越依赖基础设施建设与房地产投资，制造业发展的动力不再。资产负债的持续扩张对实体经济造成严重挤出效应。金融扩张单兵突进，但是其他配套改革措施和金融监管体系建设滞后，造成各种金融乱象，金融资源被各类企业和金融机构越来越多地配置到投机领域，甚至传统的工业企业也将虚拟经济而非实体经济作为自身利润的主要增长点。金融机构则纷纷减少商业贷款，以向房地产和地方基础设施建设等表面高收益部门提供融资。而当运营现金流无法覆盖债务成本支出时，企业通过继续举新债以偿还旧债。不断累积的债务存量进一步增加偿债风险，导致金融体系融资减少和企业投资下降。

　　由此可见，2008 年之后中国经济中资产负债的发展是在经济结构扭曲和制造业投资下降的情况下展开的。房地产业在泡沫化之后成为支柱产业，在房地产业发展的基础上，通过土地财政和商业银行的信贷扩张（尤其是近年来为逃避金融监管而迅速发展的影子银行），基础设施建设领域持续提升杠杆率，成为稳增长的主要力量，这些基建投资项目的实施已经在金融领域积聚起巨大的金融风险。更进一步分析我们发现，中国金融风险的积累反映了很多深层次的经济体制性问题：国有企业和地方融资平台的软预算约束，房地产市场的泡沫化发展，国家隐性担保下的刚性兑付，这些因素导致债权融资市场价格信号混乱，投机部门对价格信号不敏感。这时，单纯的利率市场化改革无法优化金融资源的配置效率。更为严重的是，在虚拟经济高度发展并回报率居高不下时，在一定时期内，泡沫可以继续自行发展和实现，虚拟经济吸纳越来越多的金融资源，甚至将经济中原本可以用于实体投资的资金也转移到虚拟经济获取投机利润，导致实体经济融资困难。这时，金融风险问题已经积累到非解决不可的地步了，否则将会引发严重的系统性金融危机。

　　因此，中国经济发展的未来出路，一是继续改革，向制度要红利；二是进一步对外开放，通过开放倒逼改革，冲破既得利益者的堡垒；三是充分打开经济增长的空间，实现经济增长的动能转换，在新一轮经济增长过程中逐步消化过去 10 年积累的金融风险。

袁志刚

2018 年 7 月 12 日

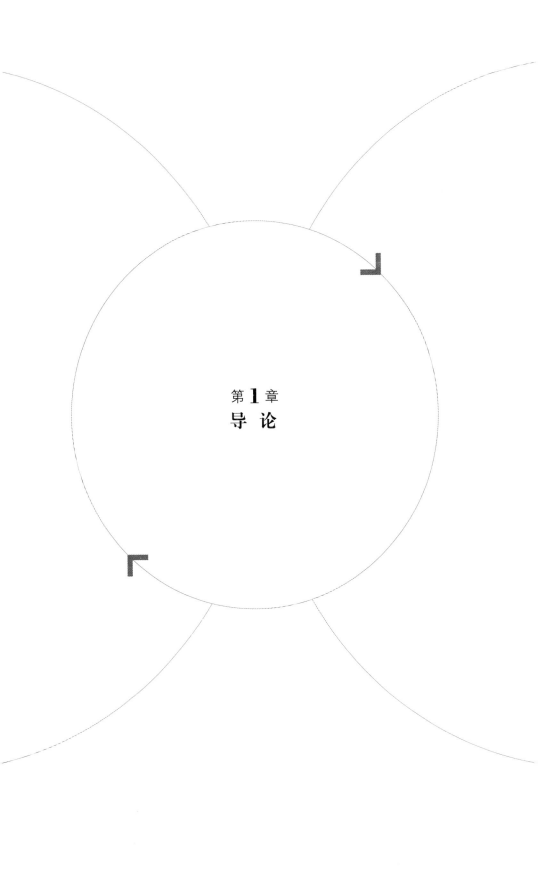

第 1 章

导　论

2018 年中国迎来改革开放 40 周年。40 年来中国经济改革从农村走向城市，从计划走向市场，从封闭走向开放。我们通过产权制度改革做对激励，释放微观动力；通过价格体制改革做对信号，激发市场活力；通过涌入全球化大潮，提升大国竞争能力。与此同时，中国金融体制逐渐转型，金融资源配置也从计划走向市场。但是，由于金融市场的极度复杂性，金融体制在"控"与"放"之间摇摆，金融资源的流动在计划型"动员配置"和市场型"优化配置"之间摇摆。在此过程中，一方面中国资产负债扩张迅速，实体经济增长强劲，两者之间形成了特殊的互动关系。通过资产负债扩张这一角度，我们既可以理解中国金融体制改革的进程及其存在的问题，也可以理解中国经济中资产负债扩张与实体经济增长之间的内在关系。

　　40 年中，中国资产负债扩张经历了积累—起步—扩张—调控的一系列过程，中国人民创造了巨大的财富，但也面临巨大的资产泡沫和财富分配不均。中国的实体经济有了奇迹般的增长，市场化改革逐步推进，但在近几年面临前所未有的增长动力转型的困境。中国的金融体系取得了持续、稳定的发展，基本能够为实体经济提供切实有效的服务，但近年来金融规模扩张迅速和金融产品复杂化程度提高带来了潜在系统性风险上升。围绕中国资产负债扩张、实体经济增长转型、金融体系配置效率、系统性风险和政府制度变革等一系列重大问题的争论从未停止，尤其是地方政府土地财政此起彼伏，在东、中、西区域中不断兴起并成为经济增长的重要动力，中央政府为应对 2008 年危机后内外总需求的低迷，过度借助宽松货币政策稳增长之后，这一讨论更具现实意义。例如，如何理解 2003 年以来的金融发展与房地产市场调控之间的关系？如何评价 2008 年金融危机之后为了配合"四万亿"经济刺激计划而掀起的信贷扩张和投资热潮？如何厘清 2009 年以来几次房价上涨对实体经济的影响？如何看待 2012 年之后银行理财产品等影子银行业务的迅速发展？2016 年年底召开的中央经济工作会议要求着力防控资产泡沫，确保不发生系统性金融风险。如何认识和防范系统性风险必将成为今后一段时期经济工作和金融改革的重大课题。

本书是我们承担的国家社会科学基金重大攻关项目《全面提升金融为实体经济服务的水平与质量研究》最终成果的主要部分，因此我们在这里需要回答几个问题：何为金融？何为实体经济？金融与实体经济之间究竟处于一种怎样的关系？我们今天为什么要从资产负债扩张这样一个角度来讨论中国当前金融与实体经济的关系？

金融是一个十分广泛的概念，它首先是一个宏观经济学的概念，如金融体系如何将一个国家的储蓄转化为投资，这是宏观经济学的核心问题，既是经济周期波动的关键点，也是长期经济增长的关键所在。同时，金融也是一个微观经济学的概念，它涉及企业的融资结构和融资方式的选择，涉及家庭储蓄和消费、财富管理等行为选择，涉及企业如何利用外部金融资源，一方面满足维持企业正常运行所需资金，另一方面，企业利用外部金融资源进行投资活动，扩张企业的生产。金融作为一种产品，其交易本质上是一种带有"时滞"的契约安排，比商品的即时交易、即时让渡所有权和使用权要复杂得多。金融之所以不是实体经济中讨论的问题，是因为它不研究静态和确定性世界中发生的事情，它研究的是带有时间因素和不确定世界中发生的事情。正因为如此，金融产品的定价也比普通商品的定价复杂得多，除了契约标的物的真实价值之外，受时间和风险因素的影响很大。

在一个金融体系中，金融中介占据核心地位。金融中介将资金供应者手中的金融资源，通过各类金融产品的形式（不同的金融契约）卖给金融资源的需求者。在间接金融为主的金融体系中，银行是主要的金融中介。在直接金融发达的金融体系中，除银行之外，证券、基金、信托等金融公司也是主要和活跃的金融中介。银行融资和债券融资是事前约定的契约，股权融资是事后约定的契约，尽管都有风险，但承担的风险性质不同，相应的制度安排也不同。

金融为实体经济服务，可以从两个层面来讨论：宏观经济视角和微观经济视角。从宏观经济运行的角度来看，金融为实体服务的本质问题是，金融市场的一般价格水平——宏观意义上的利率变动能否出清金融市场的供给和需求，也即一个国家的国民储蓄能否100%地转化为投资，保持宏观经济的均衡增长。从微观经济资源配置的角度来看，金融为实体经济服务，要看微观层面的金融市场结构是否合理（直接融资与间接融资，债券融资与股权融资），金融产品是否丰富，金融中介是否充分竞争，金融产品的相对定价是否充分反映无风险利率与各类风险溢价的综合考量，等等。对于金融资源供给者来讲，从风险规避（厌恶）者经风险中性到风险偏好，如同一条丰富的色带，形形色色，不计其数。对于资金的需求者来讲，不同融资方式、不同金融产品，成本不同，契约安排不同，结果不同，需要根据公司的运行情况和性质进行合理选择。因此，从微观层面看，金融为实体经济服务，就是金融体系的不断完善，金融产品的不断创新，金融中介的不断竞争，金融市场的高效运行，从而沟通和满足金融资源供求双方的需要。

金融与实体经济的关系一直是经济学关心的大问题，也是经济学流派争论的焦点问题。古典经济学认为，金融是实体经济运行中的润滑剂，货币是面纱，著名的"货币中性"是新旧古典经济学的基本信念。凯恩斯宏观经济学的重要贡献，是否定货币中性。在经济周期危机中，货币对实体经济具有重要意义。1945 年"二战"结束之后，一直到 20 世纪 70 年代，是西方资本主义经济发展的黄金时期，也是凯恩斯理论和实践的重要时期。但是，70 年代之后，滞胀出现，凯恩斯主义失灵，自由主义泛滥，尤其是金融自由主义在全球发达国家盛行。随着全球化的深入，收入差距的扩大，全球总供给和总需求失衡，各国贸易失衡，主要经济体日益凭借金融或者虚拟经济创造的需求来平衡实体经济的缺口，凭借金融的流量，即国际资本的流动来平衡贸易的缺口。在这种情况下，实体经济增长放慢，收入差距拉大，宏观经济调控者日益利用金融扩张（或者说虚拟经济繁荣）推动经济增长的三元现象构成全球经济运行的基本矛盾。

金融业的繁荣和发展、资产负债的扩张是全球现象。理解这一现象，我们必须从危机与反危机的货币政策、全球贸易失衡、美元为主的国际货币体系、资产价格的上涨等角度分析。2008 年危机本质上是全球经济长期失衡的结果。美国长期贸易逆差，美元在全球泛滥，美元向美国回流导致美国金融业日益膨胀，资产负债发展迅速。2004 年全球出现大宗商品价格上升压力，为维持价格水平的平稳，美元被迫在长期降息之后升息，导致房地产价格开始逆转。此时，以次贷为主的金融产品开始出问题，最后蔓延成全球性金融危机。2008 年危机的实质是，在全球总供给和总需求失衡的背景下，以美国为代表的主要发达国家需要依靠金融膨胀透支未来的消费来提升当前的需求；同时，实体经济回报下降，资本为逐利而流入虚拟经济推高资产泡沫，这二者都推动了全球资产负债和金融体系的扩张。在缺乏良好运行的资产的情况下，资金在金融体系内部空转，复杂的金融产品层出不穷，且主要在金融机构之间交易，这种金融深化和复杂化并不能提高实体经济的效率，反而积累起了庞大的风险。金融危机以来，主要经济体都在依赖加杠杆和宽松货币政策来维持增长，又引发了欧洲的主权债务危机。与其他国家的对比有助于我们理解系统性危机的发生机制，从而发现中国的问题及风险所在。

中国经济的运行，金融的发展，与西方发达国家既有一致的方面，也有不同的方面。中国在 1949—1978 年计划经济年代，金融是被动的部门。实体经济以投入产出表的基本原理进行计划配置。国家的总储蓄通过几个关键变量的中央计划控制被集中使用：农产品低价收购，城市低工资，全国居民的收入被严格限制在维持基本消费的温饱水平。全国农村和城市居民的低收入换来国有企业的高利润，最终进入国库，形成政府的财政收入。由国家控制的国民储蓄和积累被政府用作工业化所需要的投资。在计划经济条件下，储蓄决策和投资决策都由政府做出，金融部门通过各种专用账户执行投资计划。

1978 年改革开放以来，微观主体再造，市场经济主体地位确立，家庭的消费与储蓄，企业的投资决策分散做出，金融部门也同时按照市场经济模式再造，金融体系不断发展和完善。从形式上看，我们的金融体系和功能与发达市场经济国家越来越接近。但从实质看，差异还是很明显：金融主体以国有为主；国家隐性担保是所有信用的基础；地方政府和国有企业的软预算约束始终存在；国有企业与非国有企业在融资方面存在歧视性政策；直接融资与间接融资比重失衡，债务融资占主导地位。在中国金融体制和金融体系的改革与完善中，有几个重要的历史时段值得我们特别关注（表 1.1）。

1992—2000 年，我国实体经济面临许多前所未有的困难，先是盘根错节的国有企业"三角债"，之后是全面的投资过热和通货膨胀，紧接着又在国内经济下行和东南亚金融危机双重压力下，国有企业和国有银行陷入了严重的经营困境和财务危机。这一时期宏观经济政策的主要目标经历了从宏观经济高通胀到"软着陆"，从"软着陆"再到"保增长"的巨大转换，不管是前半段的过热，还是后半段的过冷，都是由于国有企业和金融体制改革的滞后，造成实体经济资金使用效率低下、金融部门资金配置效率低下，最后的结果是国有企业作为资金主要的需求方、国有银行作为资金主要的供给方，一起陷入困境难以解脱（图 1.1）。

表 1.1　各阶段实体经济发展与金融体系改革总结

	奠基：计划经济时期（1949—1978 年）	起步：改革开放初期（1978—1992 年）	初创：建立社会主义市场经济体制（1992—2000 年）	扩张：加快市场发展与对外开放（2000—2008 年）	调整：加强监管与深化改革（2009 年以后）
主要问题	社会经济百废待兴，工业能力极其低下	实体经济产出不足，资本短缺	资金使用和配置效率低下	资产负债扩张加速，推高资产泡沫	内部风险积累，外部压力上升
发展目标	工业化、重工业化，探索发展路线	探索市场化改革	加强市场机制，提升投资金使用效率	参与国际市场，增强实体经济竞争力	稳增长，控风险
政策工具	国家强制储蓄，通过统一配置资源，实行依附于财政体系的间接融资体系	改革开放，在农村实行家庭联产承包责任制，逐步实行国家计划与市场调节的双轨制	分税制改革，房产分配货币化改革，国有企业"抓大放小"，恢复建立和金融基础设施制度框架	加入 WTO，通过注资、剥离、整合等方式推动四大国有银行规模扩张和整体上市，推动股权分置改革和债券市场发展	推动财政体制改革和国有企业等配套改革，提出供给侧结构性改革和"一带一路"倡议。规范地方债和影子银行业务的发展，加强对银行网金融互联网金融监管，发展利率和汇率市场化改革，深化利率市场化改革
重大进展	初步建立起独立的工业体系，确定了政府对于经济发展的绝对主导地位和强大的干预能力	建成相对完善平衡的工业结构，基本完成经济体系的积累，基本完成金融体系的"硬件"建设	社会主义市场经济体制初步建立，资产负债扩张开始启动，私营经济取得较大发展，建立以"一行三会"为主体的分业监管体系	实体经济迅速发展，几入改革的红利被充分利用。国有金融机构跨越式发展，完善经常项目开放，启动资本账户开放，探索人民币汇率制改革	在金融危机后维持了较为稳定的结构，经济结构逐步调整。推动直接金融市场的发展，利率市场化取得重大突破，加快人民币国际化进程

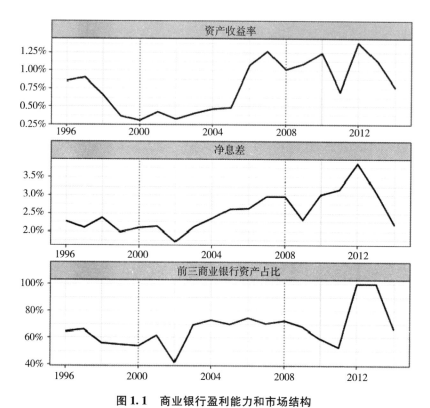

图 1.1 商业银行盈利能力和市场结构

注：数据来自世界银行 Financial Structure and Development Dataset，净息差等于净利息收入除以贷款等生息资产。

1992 年邓小平南方谈话确认了社会主义也可以实行市场经济，中共十四大明确提出中国经济体制改革的目标是建立社会主义市场经济体制。之后，我国改革开放进入了一个全新的历史时期，市场化进程大大加快，以此为契机，经济发展进入了全新的阶段，金融体制改革也开始全面启动。这一阶段在经济体制机制方面有三项重要的改革。其一是 1994 年的分税制改革，改变了中央和地方的财权事权分配，是日后土地财政兴起的根源之一。其二是 1995 年提出的国有企业"抓大放小"改革，大量中小国有企业退出市场，给民营经济发展留出了空间，和住房分配改革相配合，极大地促进了民营经济的扩张。其三便是 1998 年的住房分配货币化改革，中国城市居民消费从原来的食品消费、轻工业产品消费转到住房消费，极大地扩张了居民需求的空间，开辟了一个新的、庞大的房地产市场。同时又新增了一大块资产升值和抵押的空间，为日后金融扩张创造了条件。房产和相应的土地作为抵押物使得中小企业能获得更多融资来源，这在民营企业难以获得金融资源、信贷存在严重配额和短缺的情况下，是十分重要的改变。房产和土地抵押贷款进一步促进了经济增长和资产负债扩张，在一定的条件下，房价上升和经济发展可以形成良性互动。

这一时期金融改革的主要进展体现在金融体系和法制建设的加快，例如，恢复和建立了包括商业银行、证券市场和保险公司等在内的金融体系框架，建立和完善了中央银行法、商业银行法、证券法、保险法等基本制度框架，形成了以"一行三会"为主体的分业监管体系。这一时期我国的金融体系以传统商业银行业务为主，证券、保险等金融市场还处于起步阶段，与发达国家"三分天下"的市场格局相差很远，属于典型的银行间接融资为主、资本市场等直接融资为辅的金融体系。

2000年之后，使得中国经济最终走出困境、涅槃重生的是两方面的重大突破：一是实体经济层面国有企业"抓大放小、建立现代企业制度"的改革有了实质性进展，同时2001年中国加入WTO为国内企业打开了广阔的国际市场，因此民营经济和外向型经济占比显著上升，实体经济效率显著改善；二是国有商业银行通过资本金注资、不良资产剥离、资产整合等方式实现了跨越式发展，在行业垄断、存贷利差明显的情况下，中国商业银行规模显著扩张，效益显著改善。这一时期其他重大的金融体制改革还包括：推动股权分置改革，推动债券市场发展，使直接金融市场规模迅速扩大；同时完善经常项目开放，探索资本账户开放，以及启动人民币汇率体系改革等。

可以说2000—2008年是我国宏观经济快速增长和现代金融体系建设突飞猛进的"黄金8年"。实体经济层面，商品市场的发展和开放使我国彻底告别了"短缺经济"，居民收入和企业利润稳步增长，加上经常项目顺差以及国外投资的流入，使得国内资金充裕、资本迅速积累。同时在金融层面，商业银行和证券市场、保险市场的稳步发展和效率提升，基本保证了巨量资金的配置，进一步提高了实体经济的生产效率和国际竞争力。

与此同时我们也要看到，这一时期，我国经济增长动力出现了转变。2004年之前，出口和国内消费增长带来的制造业投资增长是中国经济增长的主要动力，GDP增长的信贷密度较低，整体经济的杠杆率也低。2004年土地征收制度改革之后，随着劳动力成本上升，且居民消费从工业制成品转向房地产，制造业投资的增速下降，房地产和基础设施投资的重要性上升，GDP增长的信贷密度提高，资产负债扩张加速，资产泡沫开始形成。同时，连年的"双顺差"导致外资大量流入、外汇占款迅速上升使得基础货币严重超发，也推高了资产泡沫，给后续经济调控和金融监管造成了极大的困难。此外，在中国加入WTO后，实体经济层面的重大改革措施相对减少，越来越多的精力和政策放在了金融领域的改革上，金融部门迅速扩张，金融体系不成熟所造成的问题也被加速度放大。

2008年金融危机之后，我国迅速出台了四万亿财政刺激和信贷扩张计划，资产负债扩张速度加快，资产泡沫被抬高，宏观经济投资效率下降，城投债、信托投资和银行理财等"影子银行"业务迅速膨胀，进一步推高了资产负债规模，金融风险迅速积累。具体来说，体现在以下三个层面：（1）在国有企业业绩下滑和融资困难的情况下，国企可能用债券融资代替银行贷款，这样整体"杠杆率"并没有下降，只是转移，甚至增加了系统性债务风险。（2）在财政体制改革不到位、地方政府软预算约束问题不解决的情况下，各级地方政府债务扩张过快，只能通过土地财政和外源融资缓解资金压力，使财政风险转变，甚至放大为系统性金融风险。（3）在宏观整体层面，由于土地和房地产价格上涨过快，经济过度资本化，甚至泡沫化，挤压了实体经济利润，挤出了实体经济投

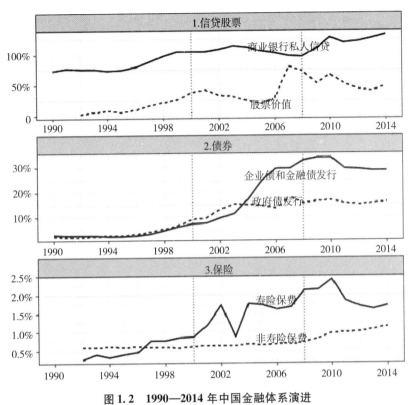

图 1.2 1990—2014 年中国金融体系演进

注：数据来自世界银行 Financial Structure and Development Dataset，各项指标均为与 GDP 之比。

资和居民消费，将导致长期的经济停滞和系统性的经济危机。

　　进一步分析，我们发现 2004 年前后三大投资（制造业、房地产和基础设施）此消彼长的变化对于理解中国经济中资产负债变化及其对实体经济增长的影响十分重要。2004 年之前，中国实体经济增长的主要动力是本国消费增长、出口增长以及由此带来的投资增长。或者说投资的主要内容是制造业，投资主体中，民营企业和外资企业非常活跃。制造业投资是下一期经济增长所需要的资本形成，对降低杠杆率十分重要。这时，1 个单位的 GDP 增长只需要大约 1.5 单位的信贷增长，金融服务的对象主要是实体经济中的投资。2004 年之后，随着劳动力成本上升，房产和土地价格上升，城市化和基础设施建设加快。中国居民消费从制造品转向房地产，出口变得困难。中国三项投资的比例发生变化：房地产投资和基础设施投资变得重要，随之重化工投资也上升。2008年之后，这一现象更为明显。房地产与基础设施投资与制造业投资有着很大差异：第一，房地产与基础设施投资是长期投资，融资方式应该不同于制造业；第二，基础设施投资当期对GDP增长有贡献，投资完成后的贡献是长期的、微弱的（通过外部性对企业效率产生影响），短期对GDP增长几乎无贡献，需要连续的基础设施投资才能维持GDP增长；第三，随着地价的不断上升，固定资产投资总额和固定资产形成差异扩大，有大量的投资款变成土地收入或者动拆迁居民收入，形成新的分配。由于这些结构性变化，投资主体"国进民退"，投资收益下降，为推动每一单位的GDP，所需要的投资和信贷、债务扩张越来越高。资产负债扩张变成加速度。这是理解中国资产负债扩张机制的基本面。

在这个资产负债扩张中，居民的房地产需求井喷式发展和房地产制度演变，房地产价格持续上升乃至泡沫发展在其中起到重要作用。房地产有三种需求：消费需求；长期投资需求（通过租赁获取现金流）；投机需求（等待房地产价格大幅上升后卖出）。特大城市，由于人口导入明显，在其他投资品扭曲的情况下，房地产成为长期投资的优质资产和被大众追逐的资产，再加上制度和税收政策的不到位，形成泡沫在所难免。这个产业在中国特有的政治体制（中央和地方政府考核）之下，与地方财政（土地财政）所形成的财政收入与支出结构变化有联系。在有关房地产调控制度和政策出台方面，构成中央政府和地方政府的博弈。因此，中国房地产泡沫的发展和破灭不同于其他发达国家，是一个被管理的刚性泡沫。

在中国式资产负债发展过程中，房产和土地的抵押功能被广泛应用，房地产资产的上升乃至泡沫的发展对实体经济具有"挤入"和"挤出"双重效应。根据诺贝尔经济学奖获得者、法国经济学家梯若尔的分析，如果一个国家处于宏观经济动态无效状态，资产泡沫一方面可以吸收一部分过剩储蓄，改善经济的动态无效；另一方面，当实体经济中的企业面对信贷配额难以取得融资时，资产可以用作企业的信贷抵押，一定程度的泡沫可以增加抵押物的价值，促进实体经济的投资。此时，泡沫资产的发展对实体经济具有"挤入"效应。但是，如果资产泡沫上升太快，投资泡沫资产的回报大于实体经济的利润率，实体经济中的资产就会被源源不断地吸纳到泡沫资产投资中，对实体经济产生危害。此时，泡沫资产的发展对实体经济具有"挤出"效应。

从金融发展的角度来看，对应于前面实体经济发展的基本逻辑，理解中国金融制度演变，对近年来银行制度的演变、监管制度的演变和银行产品的演变分析很重要。从央行的货币发行来看，在外汇储备不断积累的年代，外汇占款发行是央行货币发行的主渠道，货币发行是一种被动发行。外汇储备及其变动，背后反映中国与其他国家（主要是美国）储蓄与投资的问题：中国的过度储蓄以短期融资方式投资于美国的债市，获取较低的债券利息，而同时中国又以长期投资形式获取FDI（外国直接投资），支付以高速经济增长为基础的较高的企业利润回报。这就是被经济学界称为美国"借短贷长"而中国"借长贷短"的现象，背后是金融利益从中国向美国的输送，同时也是全球实体经济与虚拟经济非均衡的基本表现，长期难以为继。最近几年，情况发生变化，随着中国出口增长的下降，人民币汇率预期的改变，资本外流增加，外汇储备减少，人民币基础货币发行和增长机制发生改变。

从商业银行体系来看，这几年最大的变化是影子银行的大发展，银行的资产和负债结构发生大变化。银行理财产品、资金池的发展，其实质是信贷的扩张通过信托、证券的资管、保险的资管等通道更大程度地流向具有泡沫的房地产、地方政府基础设施投资，国家的隐性担保、国有经济为主的背景助推了这一趋势。在当前金融分业管理的情况下，影子银行发展背后的实质是银行的监管套利。最近几年银行间金融市场大发展也是同样道理，金融产品的期限错配越来越依靠银行间市场来平衡，这样的平衡是很危险的，一旦问题出现，必定形成系统性金融危机。中国金融监管的核心在于银行业，银行是中国经济的金融主动脉。近期爆发各类金融案件，看似来自不同金融业态，根源是银行出表资金的失控。影子银行的风险已经笼罩中国。

中国资产负债发展的历史，是融资方式演变的历史，是金融体制与金融体系改革的历史，是金融与实体经济相互关系演变的历史。通过对这些基本问题的分析，最后我们试图回答：中国资产负债发展的前景如何？资产泡沫破灭的可能性有多大？金融系统性风险发生的概率有多大？我们如何避免金融系统性风险的发生？如何提高金融为实体经济服务的水平？

针对国内金融领域的一系列困境，2013 年十八届三中全会之后新一届政府不断深化改革、加强监管，推出了一系列重要的改革措施，例如，推动财政体制和国有企业等配套改革，规范地方债和企业债发行，加强对银行理财产品等影子银行业务的监管，以及发展互联网金融等。2015 年，中央提出供给侧结构性改革，为目前面临的问题提供了系统性的解决方案，此后，各省市在"三去一降一补"方面纷纷主动作为，取得了良好的成效，经济结构转型稳步推进。2016 年以来，我国金融体系在债券市场业务规范、影子银行业务监管、利率市场化和货币政策工具、汇率体制改革和人民币国际化进程等诸多方面都取得了重大突破。尽管如此，中国经济中由债务和影子银行引发的风险依然巨大。2017 年5 月 24 日，国际信用评级机构穆迪将中国主权信用评级从 Aa3 调降至A1，便是出于对中国实体经济债务的担忧。

除了目前存在的问题，在未来 10 到 30 年，我国实体经济还将出现以下几方面的趋势，这些趋势也会带来对金融体系更为严重的挑战，具体包括：（1）人口红利开始衰减，老龄化加剧，居民自愿储蓄增长率下降，国内对中低端商品和住房的需求增速下降，对高端商品和各类服务的需求上升，适龄劳动力减少，养老资金海外投资需求上升；（2）传统制造业将面临国内和国外需求萎缩、国内生产成本不断上升的双重压力，即使新技术和新产业能够迅速崛起，但它们将以技术替代资本和低端劳动，宏观整体将面临投资下降、失业上升的巨大压力；（3）国内城市化进程基本完成，将出现相对稳定的地区产业分工和城市规模分布，同时地区之间、城市之间的收入差距也可能进一步扩大，不排除部分地区和城市由于过度负债和产业衰退而爆发区域性财政和金融风险；（4）美欧日等发达经济体的经济增长将进一步分化，全球经济可能出现长期增长乏力、局部冲突加剧的情况。

在全球整体资本过剩、风险上升的情况下，要提高中国实体经济的资源配置效率，控制金融体系风险，顺利实现中国资产在全球的有效配置，推动人民币的全面国际化，都会面临前所未有的压力和挑战。在此背景下，今后一段时期经济政策和金融改革的目标应该包括：（1）有序控制实体经济杠杆和资产泡沫，防止经济"脱实向虚"，降低系统性危机爆发的风险；（2）通过金融产品和业态创新，为各级地方政府和公益类国有企业提供长期、稳定、高效的融资服务，减少期限错配，助力中国城市化进程；（3）通过金融体制创新和技术进步发展财富管理金融和多层次的"普惠金融"机构和体系，为居民家庭提供丰富便捷的金融服务，也为轻资产、高成长的中小企业和新兴产业提供全面高效的金融服务，并缩短贷款链条，减少无效率的资产负债扩张；（4）积极推进"一带一路"倡议和人民币国际化，推动金融市场双向有序开放，鼓励中国企业尤其是优秀的民营企业"走出去"，建立全球布局的中国资产和金融网络，使产业能力和金融能力相互促进、全面提升；（5）最后，也是最重要的，在土地制度、人口政策、国企改革、城市化、服务业对外开放等各个方面完成彻底的改革，让市场在要素配置中真正发挥主体作用，提高实体经济的生产率。

改革开放 40 年来，我们已经发展成为举世瞩目的"制造大国"和"金融大国"，展望未来，中国能否变成"制造强国"和"金融强国"，最终实现伟大的"中国梦"呢？如果让历史告诉未来，让我们实事求是、团结一致，不断深化改革、创新制度，始终不忘初心、砥砺前行，那么答案只有一个字：能！

本书接下来的章节安排如下：

第2章为文献综述，梳理了与本书各章节内容相关的金融领域研究的文献。由于本书的内容几乎都是围绕着我国资产负债扩张及金融市场培育和发展过程中所发生的种种问题及其根源展开，因此本章首先介绍了资产负债扩张的概念和相关研究。其次是关于金融市场不完全性的相关学术论文，金融市场不完全性与资产泡沫紧密相连，中国近20年房地产泡沫发展也有自己的特色，我们通过这些文献的介绍，为后面分析中国的现实问题提供理论思考。再次，由于中国金融体系发展的特征更多地与我们的各类体制转型紧密相关，因此，本章的文献综述还有一个重要任务，就是关注各类制度与金融的联系方面的文献。最后，金融开放是我们金融体系演变过程中的一个重要问题，因此我们自然关注金融开放及其影响方面文献的介绍。

第3章和第4章给出资产负债分析的基本理论框架和基本数据概况，通过对资产负债、现金流量等数据的梳理，剖析当前中国金融为实体服务中存在的问题。第3章是对中国资产负债的结构分析及国际比较。本章建立了一个国家资产负债表的分析框架，用于分析一个国家及其各部门的资产负债状况，这个分析框架也适用于本书其他章节。本章还利用中国的各项数据详细梳理了中国各部门的资产负债结构，并通过国际对比揭示中国资产负债的结构性特征及其存在的问题。第4章的主要研究对象是中国目前金融服务实体经济的效率。以国家资金流量表和国家资产负债表为基础，首先解读了中国金融市场的收入分配效应，将各部门的财产性收支进行细分，并与欧盟的数据对比。之后讨论了金融市场中资产扩张的乘数效应，以此为基础判断实体经济对信贷的依赖程度和金融风险的发展趋势。

第 5 章到第 8 章分析中国实体经济增长及其动力转换，分析金融在实体经济演变及其动力转换中所扮演的角色。第 5 章梳理了中国改革开放以来经济增长模式和动力的变迁，将中国经济增长分为几个阶段，分别介绍每个发展阶段的特点、增长动力和金融演变情况，包括 20 世纪 80 年代的乡镇企业和农村地区金融自由化的关系，90 年代制造业大发展和金融部分去管制的关系，2000 年之后的基础设施与房地产投资和金融相对自由化的关系。第 5 章还详细分析了地方政府融资平台、金融部分自由化、四万亿刺激计划与房地产市场发展之间的联系，以及财政刺激和金融部分去管制的可持续性。第 6 章根据中国经济增长的几个阶段，讨论了经济增长动力变迁所伴随的金融结构和实体经济结构特征，分别揭示了计划经济时期、改革开放前期、中期及 2008 年之后实体经济和金融体系演变的实质。另外，第 6 章还利用省级面板数据分析了当前地区间非标融资占比差异与房地产投资的关系，以及投资率和经济增长的关系的演变。我们在第 5 章和第 6 章所讨论的实体经济增长与金融演变的关系中，可以发现房地产泡沫发展和影子银行扩张是两个十分重要的核心问题，这二者互为前提、互相促进，并衍生出一系列其他金融问题。如果不展开对这两个问题的深入分析，我们无法很好理解中国资产负债发展的实质。因此，我们分别在第 7 章和第 8 章对这两个问题加以详细讨论。第 7 章以房地产泡沫的相关研究文献为基础，讨论了中国房地产泡沫的形成机制，运用市级面板数据估计了中国目前房地产泡沫的大小和分布，并从金融配置、地方政府投资、实体企业和个人财富四个方面讨论了房地产泡沫对实体经济的影响。第 8 章首先从财政刺激、利率双轨制、银行业管制几个方面分析了影子银行兴起的原因，之后详细地介绍了 2010—2016 年影子银行业务模式的演变，在这些分析的基础上，结合数据解析地方政府债务和杠杆率的上升、金融业的规模扩张和结构变化，从而探究中国金融风险演变的表象和实质。

第 9 章到第 12 章围绕融资结构、降低金融杠杆、家庭理财服务、实体经济如何提高效率等方面讨论中国金融改革可能采取的步骤和措施，以及这些措施的实施效果、缺陷和在长期如何解决中国经济面临的金融风险。第9章首先讨论了直接融资与间接融资在支持企业方面的差异，以此引出发展股权融资的重要性。之后分析了多层次资本市场中，主板、中小板、创业板、场外市场等各自的现状和问题，并着重分析了主板市场的上市制度存在的缺陷。对于我国的股市，政府干预是许多问题的根源，同时，由于发展时间过短，一些重要制度尚未完善，第9章针对这些现状提出了一些改进建议。第10章结合人口结构的变动讨论了金融如何为家庭服务。我国的人口结构变动不同于西方国家，具有老龄化速度快、高龄趋势明显、与经济发展不相匹配等特点，在我国长期实行的"发展建设型金融"模式下，老龄化对经济的负面影响尤其严重。金融配置模式转型有助于缓解人口老龄化的负面影响，资本走出去则能消化人口老龄化导致的资本过剩，其中的关键都在于本国金融机构的竞争力。第11章分析了国内国外去杠杆采取过的措施和成效，指出去杠杆应采取宏观微观结合的措施，微观上的措施包括债转股、资产证券化、破产清算、兼并重组等针对企业的资产腾挪及债务结构调整的政策，宏观上的措施包括宽松的财政和货币政策等。同时，这些政策都是短期的，在长期，解决高杠杆率的根本在于提高实体经济的效率。第11章还简要评估了目前的去杠杆政策的效果，并基于这些分析提出了未来的政策方向。第12章主要讨论在长期如何避免系统性金融危机。首先，高杠杆率与经济增长并不一定矛盾，甚至可能有利于经济调整，其中关键在于是否有经济增长的新动力出现。之后，第12章从要素投入、需求调节和长期供给增长三个角度分析了中国经济的动力，并基于之前的讨论，在三种假设情景下分析系统性危机发生的可能性和演进路径。最后，第12章对全书进行了总结回顾，并综合各章已经给出的政策建议整理成一个较为全面的政策建议方案。

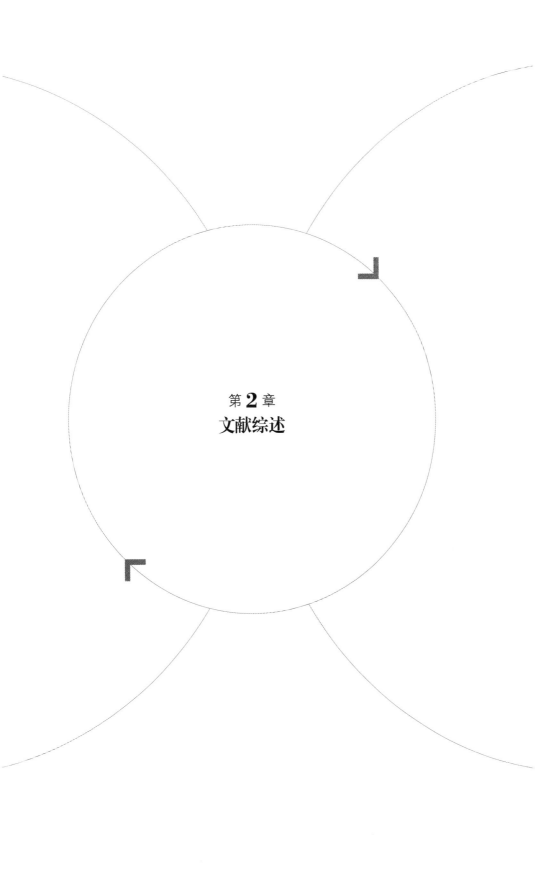

第 **2** 章
文献综述

纵观世界经济历史，经济增长与发展的根本动力起源于实体经济本身，即生产力发生巨变。如15世纪航海发展带来的商品贸易的兴起，18世纪发生在英国的第一次工业革命，极大地推动了欧洲经济的高速增长。但是，金融创新对经济的发展同样有着深远影响，每一次实体经济的迅速发展背后，金融创新、金融体系的变革都在其中发挥着十分重要的作用。从国别经济发展的比较中，我们同样看到，金融创新的多寡，金融体系的演变是否适应实体经济发展的需要，对不同的经济体有着不可估量的影响。例如，对比德国和日本（Eichengreen，2006），在1985年前，日本和德国的发展道路几乎是完全相同的：发达的制造业、出口导向的发展战略和银行主导的金融体系。1985年，日本政府放松了金融管制，允许原来只能流向实业的资金流向房地产领域，短短五年内，日本的泡沫经济发展到了巅峰，1990年资产泡沫破裂，日本经济从此陷入了迄今尚未走出的长期萧条。德国则一直通过房租管制等手段对房地产部门进行严格的规制，限制了房地产市场的泡沫，其实体经济持续保持强劲的增长。中国目前处于经济转型期，金融的支持对于实体经济转型至关重要，但金融市场本身存在一定的不完全性，可能对经济造成负面影响。同时，中国的制度环境尚不完善，也会对金融市场的结构和形态造成一定影响。本章将从金融网络、金融市场的不完全性、资产泡沫等方面介绍梳理相关文献，为金融与实体经济之间的关系，金融在发达乃至发展中国家最近几十年如何走上不断自由化的道路，资产与负债的不断扩张如何一方面成为推动经济增长的重要力量，另一方面又引发各类金融风险，以至于演变成重大的金融危机，找出学术思想的渊源，提供更深入的理论思考。这些学术总结及其理论思考可以为全书的各个章节提供统一的理论基础。

2.1　资产负债扩张与金融网络

"资产负债扩张"是贯穿本书的一个核心概念。文献中通常关注的是央行的资产负债表扩张，而本书中的资产负债扩张概念涵盖了宏观层面上国民经济的各个部门。首先是国家或政府的资产端和负债端的膨大，其中资产端包括国有土地、国有企业等，负债端包括政府债务、国债等；其次还有居民部门的资产负债，资产包括房产、存款等，负债包括居民信贷等；第三是企业部门的资产负债，资产部分包括机器设备、厂房等，负债部分包括银行贷款等；最后还有金融部门的资产负债，资产包括存款、投资资产等，负债包括居民存款等。资产负债扩张通常意味着资产和负债同时上升，政府举债修建基础设施、企业借贷扩大投资、居民借款买房等行为都会导致资产负债的扩张。资产负债扩张不仅通过投资直接影响短期经济波动，而且通过资本形成和技术创新过程左右长期经济增长（图 2.1）。

资产负债扩张并不等同于杠杆率上升。杠杆率的两种计算方式：负债/资产、负债/GDP，无论采取哪一种，只要资金得到有效利用、资产和 GDP 的上升速度超过负债，资产负债扩张便会带来杠杆率下降。但如果资金利用效率低、实体经济回报不高，资产负债的快速扩张便容易增加金融市场的赌博成分，抬高杠杆率并形成资产泡沫。自1978 年以来，随着经济增长动力和增长模式的转变，中国资产负债扩张与杠杆率的关系经历了几次转折，本书的第 5 章和第 6 章将对此进

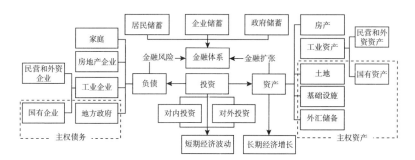

图 2.1 资产负债扩张对宏观经济影响示意图
资料来源：作者绘制。

行讨论。

　　资产负债无序扩张的后果可以用明斯基的经济波动理论来理解。明斯基的经济波动理论中提到的有关债务的关系可以归纳为三种，一是举债所进行的操作足以在约定时间内还本付息，这是正常状态；二是现金流能够支付利息但不足以在约定时间内偿还本金，这是状态不佳的情况；三是最需要避免的"明斯基时刻"，也就是所谓"庞氏骗局"状态，项目所产生的现金流不足以支付利息，更遑论本金，只能通过进一步举债来维持运营，最终结果是债务规模和金融风险的不断累积（Minsky，1986）。第三种情形显然是不可持续的，除非有极大的效率改善来增加现金流，否则，随着债务累积超过限度，金融风险由破产的企业传导到金融机构，再由金融机构传导至整个经济体系，将形成金融危机。而一旦放任资产负债在没有实体经济效率改善的情况下继续扩张，最终必然进入第三种情形。

　　明斯基之后，与本书的研究直接相关的有两类文献，一类是基于国家资产负债表对资产负债表、金融体系和金融风险的统计分析，如李扬等（2012，2015）；另一类是从"金融网络"的视角分析杠杆率和金融风险。"明斯基时刻"来临之前，往往有金融体系复杂度上升和金融机构相互联系紧密的现象，不同的金融机构之间形成复杂的网络。金融危机之前，国外关于金融网络的理论研究相对较少，比较有代表性的有艾伦等（Allen et al.，2000）、莱特纳（Leitner，2006）和布鲁斯科等（Brusco et al.，2007）等。金融危机后，时任英国央行首席经济学家的霍尔丹（Haldane，2009）指出，金融机构之间的资金借贷和产品交易关系是一张庞大而复杂的金融网络，全球一体化和金融创新都使这张网络的覆盖范围、资金规模和结构的复杂程度不断上升，最后不仅超出了所有业内交易者的想象，也超出了各国央行和国际机构的掌控，最终演变为一场无法避免的金融危机。这一观点在学术界和监管层都引起了很大反响，之后很多金融学、宏观经济学和网络经济学领域的世界一流的学者都开始从"金融网络"的视角研究一个国家金融体系的结构特征和系统风险，卡巴莱罗等（Caballero et al.，2013）、艾略特等（Elliott et al.，2014）、阿西莫格鲁等（Acemoglu et al.，2015）和卡斯蒂廖内西等（Castiglionesi et al.，2017）等的研究代表了近期理论发展的前沿。在实证方面，加伊等（Gai et al.，2011）、厄珀（Upper，2011）、米诺尤等（Minoiu et al.，2013）等提供了很多指标定义、数量测算，以及模拟预测的方法和工具，我国很多学者则基于这些方法对我国银行间市场交易、银行间同业拆借，以及基金公司共同持股等金融网络和相应的金融风险做了详细分析，比较有代表性的包括马君潞等（2007）、黄聪等（2010）、童牧等（2012）、刘京军等（2016）和隋聪等（2016）等。

从金融网络的视角分析杠杆率和金融风险的实证文献一般对数据的要求都很高，最好有金融机构之间的交易或资金流数据，或者金融机构的资产负债表，用于估计机构之间的资产负债关系。阿尔达索罗等（Aldasoro et al.，2015）创新性地将资产负债关系转换为金融机构之间的资金投入产出关系，并借助于列昂惕夫对宏观经济投入产出的分析方法，讨论金融机构网络中各家金融机构的重要性，进而分析金融风险在网络中的传播和扩散情况。这给我们很大的启发，因为从国家资产负债表的结构中可以看出，社会各个部门的资产负债表背后存在着千丝万缕的联系，一个部门资产负债情况的变动，必定会通过金融市场的传导机制，引发另一个部门资产负债的相应调整。为了从数量上刻画这种传导机制和金融风险的演化，本书第 4 章借鉴阿尔达索罗等（2015）的做法，将李扬等（2012，2015）编制的中国国家资产负债表转化为中国的金融投入产出表，并在此基础上对我国系统性金融风险的演化进行了测算和分析。

资产负债扩张的过程往往伴随着金融自由化，在不完善的金融市场中，金融自由化带来的影响是多方面的，本章的下一节将讨论这些影响及其机制。

2.2 金融自由化、金融市场的不完全性与资产泡沫

人类对金融问题有着 2000 多年的思考，古希腊思想家亚里士多德认识到货币能够充当交换媒介与价值手段，同时反对高利贷。中世纪之后地理大发现，世界贸易兴起，早期重商主义将充当货币的贵金属看成财富的唯一代表，主张国家干预，限制金银出口，或保持贸易出超，大规模积累货币资产。其后出现的英国古典经济学，确立了金融与实体经济互动的基本理论，讨论了货币的起源、货币的流通规律、资本的本质和利息的来源等学说。20 世纪 30 年代大危机之后，凯恩斯重新研究了货币与实体经济之间的关系，为国家宏观货币政策和干预实体经济确立了基本理论框架。20 世纪 50 年代以来，金融学在马克维茨等经济学家的努力下有了长足的发展，并开始独立于经济学而发展。20 世纪 70 年代以麦金农和肖等为代表的经济学家认为发展中国家经济落后的一个重要原因是存在金融抑制现象，主张这些国家实行金融自由化或金融深化，促进经济增长（麦金农，1988；肖，1988）。金融自由化的关键是要减少政府干预，确立市场机制在金融领域的基础作用。金融自由化的核心内容是利率市场化、业务范围自由化、金融机构准入自由和资本流

动自由。金融自由化在全球的推广，尤其在发展中国家的实施，促进了经济的发展，但同时也带来金融的脆弱性，金融的脆弱性导致危机，促使经济衰退。

麦金农（1988）和肖（1988）从发展经济学的视角提出的"金融抑制和金融深化"理论直接影响和推动了很多发展中国家的金融改革和金融开放。而在发达国家，大多数金融学的学者都把法玛的"有效市场假说"当成默认的事实，很多宏观经济学家则天真地认为央行行长只要遵循"泰勒规则"、调整基础利率就可以了，发达的金融体系自然能保证政策有效传导、市场自动出清、资产合理定价。但事实上，随着跨国数据的积累，在实证层面艾伦等（2002）、莱文（Levin，2005）、德米尔古克 – 肯特等（2006）等做了大量的跨国比较研究，一方面证实了金融发展对经济增长的促进作用，同时也指出各国的金融市场结构和金融制度体系存在巨大差异，并不存在所谓的"最优金融结构"和"最优金融体系"。

与简单、教条的理论模型相比，现实问题要复杂得多、困难得多。从 20 世纪 80 年代开始，全球金融体系经历了一轮又一轮的自由化和一体化浪潮，各国金融部门的规模越来越大，金融机构之间的交易和资产持有量迅速增加，放松管制和"金融爆炸"成了全球性的趋势（特纳，2016）。虽然期间也发生过拉美和亚洲金融危机，但由于危机源头都是发展中国家，影响程度有限，并没有引起足够的警惕和重视。直到 2008 年美国引爆了一场全球性的金融危机，并对欧元区经济产生重创，金融过度发展和膨胀的问题才引起广泛的关注和反思（Philippon，2012；Arcand et al.，2015；Taylor，2015；Cecchetti et al.，2016；特纳，2016）。很多最近的学术研究成果已经开始应用到系统性风险监控和宏观审慎监管的制度设计和日常操作中，具体参见周小川（2011）、弗雷克萨斯等（2017）、比夏斯等（Bisias et al.，2012）和伯努瓦等（Benoit et al.，2017）的综述。

金融过度膨胀和发展必然伴随着资产泡沫，而资产泡沫不可能无限增大，这是金融过度膨胀导致危机的直接原因。当今世界，无论是中国还是外国，都存在着一定程度的资产泡沫，中国的债务问题引发了尤为广泛的担忧。本书的所有内容几乎都是围绕着金融扩张、资产泡沫膨胀、杠杆率上升而展开，因此，资产泡沫及其产生机制的相关文献是非常重要的，本节将集中总结讨论这些文献。

2.2.1　资产泡沫的产生机制

资产泡沫指的是资产价格偏离了基本面的情形，如果一种资产今天的价格高，只是因为投资者相信明天它的价格会上涨，而与经济基本面没有关系，那么泡沫就存在了（Stiglitz，1990）。泡沫可以说是一种资产的定价扭曲。在完全的金融市场上，对应于每种可能的未来的状态，事前都可以通过对应的金融工具及其组合来对冲风险，所有的资产都能够得到正确的定价，因而不会产生资产泡沫。资产泡沫的产生是由于金融市场的某种不完全性，即缺乏某种或者某些可以用于在不同的状态之间配置资源的金融资产。金融市场的不完全性有很多不同的表现形式，我们仅讨论其中主要的表现形式。

第一种金融市场的不完全性来自隔代交易者之间不能交易，因为未来的交易者还没有出生，这就是经济学中著名的世代交叠模型（也称戴蒙德模型，以下简称 OLG 模型）。在萨缪尔森（Samuelson，1958）开创性论文的基础上，基于 OLG 模型讨论资产泡沫产生和演变的文献开始大量出现。梯若尔（Tirole，1985）在萨缪尔森（1958）的基础上证明，在理性经济人的前提下，资产泡沫只会在无限期模型中存在；而在有限期内，根据逆向归纳法，最后一期交易者将不会购买该泡沫资产，从而倒数第二期交易者也将不会购买，以此类推，这样在均衡中就不会出现泡沫。所以，OLG 模型中的无限期不完备信息是在理性预期中出现资产泡沫的关键条件。

如果市场参与者对于经济的基本面不能达成足够的共识，那么即使在有限期内也可能出现泡沫。艾伦等（1993）进一步从共识的角度指出，如果投资者之间对于市场基本面的看法不是共识，那么在离散时间且有限期的情况下，在理性预期均衡中也会出现泡沫。他们证明了泡沫存在的三个必要条件：（1）泡沫发生期间，交易者拥有私人信息；（2）交易者受到卖空的限制；（3）市场的情况在交易者之间不是共识。在这里，卖空限制也起了关键作用，卖空限制使悲观者的观点不能反映在价格上，价格只反映了乐观者的观点，从而使价格过高。

第二种金融市场的不完全性来自可以用作抵押品的资产的匮乏，信息问题和合约的实施问题都会导致信贷约束，使得有效率的项目得不到融资，信贷市场上信息不对称导致的逆向选择和道德风险，会使信贷市场出现信贷配给（Stiglitz et al.，1981）；合约的不完备性也会导致信贷约束。在这种情况下，足够的抵押品可以放松企业面临的信贷约束，提高经济效率。在这个意义上，法里等（Farhi et al.，2012）认为，外部流动性越稀缺，可抵押的公司收益越有限，也就是信贷约束越严重，泡沫越有必要也越容易产生。

第三种金融市场的不完全性表现为，金融市场中缺乏为未来不确定的状态进行保险和保值的金融工具，这样经济主体（消费者和生产者等）就要承受难以化解的风险，从而不能在不同的状态之间平滑自己的消费和产出。例如，由于道德风险问题，不存在一种针对劳动收入波动的保险。金融市场的这种不完全性不仅使得经济主体的风险分担达不到最优水平，而且会影响生产效率，因为生产者会放弃那些预期产出高但风险也高的项目。

在一般均衡中，金融市场的不完全性会扭曲那些现有资产的定价，使得一种资产要发挥多种职能。例如，如果金融市场是完全的，那么土地的价格只等于其未来产出的贴现值；但如果存在信贷约束，那么土地的价格除了未来产出的贴现值外，还包含了其充当抵押品的价值。类似地，在完全的金融市场下，均衡的住房价格应该等于其未来居住效用的贴现值，但如果存在信贷约束和风险约束，那么均衡的住房价格还应该包含住房的抵押品价值和保险价值。如果我们再引入世代交叠问题，那么住房价格还会有更大的定价扭曲。

金融市场不完全导致资产泡沫这个思想得到卡巴莱罗等（2006，2008）的支持。在大部分发展中国家，一方面存在市场不完全性，另一方面较差的制度环境又放大了市场的不完全性，为资产泡沫的产生提供了条件。发展中国家金融市场的不完全性的一个重要表现就是金融资产的匮乏，例如，居民和企业缺乏可以充当抵押品和保值手段的资产，房地产市场往往充当了抵押资产和可保值的资产。一旦放松土地和房地产市场管制，资金就会纷纷流入这些市场；在一个封闭而快速发展的经济体中资产泡沫便开始产生并且愈发膨胀起来。

总之，信贷约束和风险约束是经济发展的两个重要制约，金融市场的不完全性会严重地制约经济发展，经济欠发达反过来又会加剧这两个约束，从而使经济陷入贫困陷阱中。而金融体系发展就是通过金融市场的完备化来放松信贷约束、风险约束等制约，更好地配置资源，促进实体经济的发展。

2.2.2 房地产泡沫形成的宏微观机制

从宏观经济运行机制的角度来看，在多数发展中国家，金融体系发展的滞后导致缺乏有效的金融产品以满足财富管理需求（Holmstrom et al.，1998），从而使得财富的回报率低于经济增长率。此时非生产性的泡沫性资产（往往是房地产）扮演了储存财富、防止资本外流的"资金池"（Caballero et al.，2006）。例如，韦伊（Weil，1987）给出了世代交叠模型中的随机性泡沫存在的条件：只要经济和人口规模在增长，且无泡沫的资产经济动态无效，那么引入泡沫资产可以使经济恢复到动态有效状态，而且泡沫资产的价格将超过其基本价值，因此，在长期均衡情况下，理性经济泡沫是可以存在的。

中华人民共和国成立以来，金融体系运行的基本目的是为经济建设和发展服务，强调国家投资目标的实现，却忽视居民当前消费目标和投资收益的实现。在长期的金融抑制政策下，政府通过金融垄断压低存款利率。基于此，袁志刚等（2003）指出，中国具备产生泡沫的基本前提条件：宏观经济很可能是动态无效的，也就是资本收益率低于经济增长率。上述观点强调了金融抑制条件下，房地产泡沫对于经济发展的正向作用。但卡巴莱罗等（2006）指出，金融抑制和经济动态无效不仅造成了理性泡沫的出现，而且使得人们低估了泡沫性资产的风险。他们提出了防止理性泡沫过快膨胀的政策建议：从短期而言，政府出台规定限制过多的流动性和储蓄流向房地产部门，并利用政府债券等方式吸引流动性资本，最终挤出理性泡沫；从长期而言，政府需提高金融资产的多样性，缓解金融抑制问题。

从微观机制的角度，基于行为金融学的研究指出了非理性预期、羊群行为、正反馈效应在房地产泡沫膨胀中的作用。这些研究立足于有限理性假定，在市场不完全信息和不确定性的现实下，强调了投资人的心理倾向对金融泡沫变化的影响，又称为非理性泡沫理论。在信息不完全和市场不确定的条件下，投资者依据有限的信息对未来价格走势做出预测，从而指导当前的投资行为，这种机制称为非理性预期。塞斯等（Case et al.，2003）通过问卷调查发现住宅价格水平受居民预期推动的影响，而形成这种预期是以过去住宅价格的变化作为基准，而不是来自基本面的任何信息。投资行为还具有正反馈的特点，即价格升高导致了更高的投资需求，并导致价格进一步上涨，这种正反馈行为放大了市场价格的波动，也可称为"预期的自我实现"。作为新兴市场，中国的房地产投资者有限理性和不完全市场的特征更加鲜明。1998 年住房改革以来，我国的房价保持了单向增长的趋势，在近视价格预期作用下（即投资者根据过去住房价格趋势来预期未来住房价格变化），这种历史趋势进一步强化了投资者的看涨预期，客观上加剧了房地产泡沫的膨胀。

除了上述宏微观机制，与其他国家不同，我国的地方政府财税制度安排也为房地产泡沫的膨胀创造了制度土壤。自1998年住房改革以来，房地产业成为中国经济增长的持续动力。对于地方政府而言，房地产业的繁荣带动了城市土地市场的发展，房地产税收和土地出让收入成为地方财政的主要来源：1999年到2015年的17年间，土地出让金上涨了57倍，2010年土地出让收入占地方预算内财政收入一度高达68%，这为作为土地垄断供应者的地方政府筹集了大量城市建设资金。进入21世纪，土地抵押融资逐渐成为地方政府运营城市的主要资金来源，进一步导致城市发展与房地产业发展互相绑定。地方政府对房地产业的干预扰乱了价格随市场形势波动的机制（尤其是向下的价格波动），与此同时，进一步稳固了投资者的看涨预期，间接推动了房地产泡沫的膨胀。尽管2003年后房地产市场处于中央的密集宏观调控之下，但在政策的具体执行方面，由于政策目标不同，中央与地方存在持续博弈。因此，中国房地产泡沫的发展和破灭也不同于其他发达国家，是一个被管理的刚性泡沫。

2.3　资产泡沫与实体经济：缓解还是加剧经济中的扭曲

在金融市场不完全的情况下，由于资产泡沫的存在，经济中的投资水平会偏离社会最优水平，既可能高于社会最优水平，也可能低于社会最优水平。也就是说，资产泡沫既可以"挤出"投资，也可以"挤入"投资，因而既可以缓解经济中的扭曲，也有可能加剧经济中的扭曲。

2.3.1　资产泡沫的有利方面：缓解经济中的扭曲

在没有任何摩擦和扭曲的完全市场中，在最优配置下，经济增长中资本的边际产出应该等于人口增长率，这被称为"黄金律"。同时在竞争性市场上，资本的边际产出应该等于利率，所以，利率等于人口增长率。但是，当存在世代交叠导致的市场不完全时，利率将偏离人口增长率。一种可能是利率低于人口增长率，这意味着利率过低而投资过多，这就是动态无效率问题（Diamond，1965）。

在这种世代交叠情况下，如果能够"挤出"一些投资，就可以缓解经济中的动态无效率，泡沫资产就是一种可以挤出一定的投资而缓解经济动态无效率的金融工具。梯若尔（1985）引入了资产泡沫，在它所分析的一种均衡中，资产泡沫可以吸收一部分储蓄，从而提高利率，并挤出一些投资，使得经济恢复到动态有效率的黄金律。从某种程度来说，资产泡沫克服了 OLG 模型中的市场不完全，使得金融体系完备化，从而可以消除投资的动态无效率。值得注意的是，只有当经济处于动态无效率时，才可能存在资产泡沫，并且适当的资产泡沫可能对实体经济有好处。

在存在信贷约束的情况下，经济中缺乏可以用作抵押品的金融资产，很多有效的项目得不到融资，投资在社会意义上是不足的。这种情况下，泡沫资产本身可以作为一种抵押品，从而放松企业的信贷约束，使企业可以获得更多的外部融资，即可以"挤入"投资，从而提高经济的效率，促进经济增长。法里等（2012）在 OLG 模型的基础上进一步引入企业的信贷约束，来研究资产泡沫的作用。他们通过考查内部流动性和外部流动性论证了资产泡沫"挤入"和"挤出"投资的机制；内部流动性是指受到信贷约束的企业发行的证券（以企业未来的投资收益做抵押），外部流动性则是来自经济中其他部门的资产（资产泡沫本身属于一种外部流动性），由于泡沫资产可以充当抵押品（保值功能），因而受信贷约束的企业会投资于泡沫资产，这会使得利率上升，外部流动性的供给增加，此时非企业部门成为外部流动性的净供给者，资产泡沫使得资产从非企业部门转移到了企业部门，从而"挤入"了投资，此时资产泡沫与投资是"互补"关系，因此，与戴蒙德（Diamond，1965）及梯若尔（1985）不同的是，存在信贷约束的情况下，资产泡沫对投资的"挤入"会缓解经济中的动态无效率；而且更有趣的是，存在信贷约束时，即使在经济动态有效率的情况下，泡沫也会在均衡中存在，因为泡沫在均衡中承担了缓解信贷约束的功能。

资产泡沫对不同生产率的企业可能具有不同的影响，马丁和文图拉（Martin and Ventura，2012）进一步引入了企业的异质性，通过分析资产泡沫对不同类型企业的不同影响，研究了资产泡沫对经济增长的影响。从投资者角度来看，今天的资产价格依赖于市场对未来资产价格的预期：当投资者乐观时资产价格上升，企业净值增加，放松了投资者的信贷约束，并改善了投资的配置，同时也促进了资本积累和消费；当投资者悲观时，将出现相反的情形。在一个投资者受到信贷约束的经济中，资产泡沫提高了生产率高的投资者的抵押品的价格，从而使他们能够获得更多的信贷，其投资也更多。这样，资产泡沫使信贷市场上的资源从生产率低的投资者那里转移到了生产率高的投资者那里。在引入企业的异质性后，我们看到，资产泡沫不仅影响到经济的总体效率，还会在不同的企业之间产生再配置效应。

资产泡沫不仅影响到信贷资源在不同企业之间的再配置，还会影响资源在消费品和投资品之间的配置，从而可能提高资源配置的效率。文图拉（Ventura，2012）通过区别消费品和投资品，认为资产泡沫减少了非生产性投资，降低了投资品价格，使得生产率高的投资者投资更多。同时，资产泡沫也使得资源从非生产性投资者那里转移到了生产性投资者那里。

2.3.2　资产泡沫的不利方面：加剧经济中的扭曲和波动

在一定的条件下，资产泡沫又会加剧经济中的扭曲，并加剧经济的波动。这部分我们侧重于讨论经济中的效率扭曲,而在后面专门讨论周期性波动。资产泡沫毕竟会吸收一部分储蓄,这在总量上会"挤出"一些投资;如果泡沫资产充当抵押品时放松企业信贷约束的作用("挤入效应")比较小,那么资产泡沫的存在就会使得投资水平低于社会最优水平(Martin et al.,2012;Farhi et al.,2012)。资产泡沫对资源配置的净效益将取决于挤出效应和挤入效应的相对大小。资产泡沫破灭的时候对实体经济投资的挤出效应更加明显:资产泡沫的破灭往往引起利率下降,外部流动性的供给随之增加并且需求增加,此时非企业部门成为外部流动性的净需求者,资产泡沫使得资产从企业部门转移到了非企业部门,从而挤出了投资,此时资产泡沫与投资是替代关系。

资产泡沫对资本配置最为严重的影响是引起资金从实体经济部门流向业已过度繁荣的房地产市场和证券市场。在挤出效应占主导的情况下,资产泡沫会吸引众多单纯出于投机或者资产保值动机的投资者,从而使社会有效投资或者说生产性投资下降,生产部门萎缩,投机盛行,资源配置效率低下,长期内经济增长缺乏动力。日本在20世纪80年代通过立法和行政命令对不动产投资采取各种优惠政策,并且通过修改证券交易法、放宽企业上市资格标准等举措把民间资金吸引到房地产市场和股票交易市场。日本的地价和股价从1984年左右开始上升,地价和股价的上涨又进一步将资金吸引到了股票和房地产市场,投机热潮兴起,生产性投资下降,实体经济部门受到挤压。

通过以上的讨论,我们看到,资产泡沫对实体经济效率的影响高度依赖于金融结构、金融发展程度和有效的监管,在评价资产泡沫的影响时,需要清楚地识别出经济中存在哪种或者哪几种金融市场的不完全性,需要研究它们之间的交互作用对经济的效应。金融发展和资产泡沫,除了影响经济增长之外,还会影响到经济的周期性波动,我们将在下一部分更深入地讨论金融发展对经济波动的影响。

这些关于资产泡沫产生的可能条件、资产泡沫存在对于实体经济的挤入效应或挤出效应的分析，对于我们理解中国自 1998 年房地产改革以来，房产价格的发展及其泡沫程度的判断，对于资产泡沫与实体经济间关系的研究，具有重要的理论启示意义。

2.4 不完全金融市场、金融结构与经济波动

传统的实际经济周期模型假设金融市场是完全的，因此金融体系是不起作用的（或者说对经济的影响是中性的），唯一引起经济波动的是实际的技术冲击。伯南克等（Bernanke et al.，1989）在实际经济周期中最早引入融资合约中的代理问题来研究金融市场是如何加剧经济波动的，这里的金融合约的代理问题是汤森（Townsend，1979）意义上的高成本的状态验证（costly state verification），即投资者和企业之间的信息不对称来自状态的难以验证性。代理成本的存在意味着，企业在使用来自投资者的外部资金时必须付出额外的成本，因此企业将首先利用自有资本进行投资。这样企业的资产负债表的净值就变得很重要：在经济状况好的时候，企业的净值比较高，企业的融资成本就比较低，企业的投资就会比较高，这会推动经济的繁荣；相反，在经济状况差的时候，企业的净值比较低，而融资成本就变得高了（因为必须从外部融资），从而会抑制企业的投资，这样会使得经济更加萧条。经济周期就这样被金融合约的问题放大了。值得注意的是，在伯南克等（1989）的模型中，企业受到的局部负面冲击，会转化成整体的经济波动。他们发现企业资产负债表的净值对经济波动的影响与费雪（Fisher，1933）早年提出的债务—萧条理论非常一致，或者说在一定程度上模型化了费雪的理论。

与伯南克等（1989）的状态不可验证性这种合约问题不同的是，清泷信宏等（Kiyotaki et al.，1997）关注了金融合约的不完备性，从而明确地引入了抵押品约束问题。另外一个不同点是，他们还在经济中引入

了异质性：经济中有一个高效率的生产部门和一个低效率的生产部门。在他们的模型中，生产性资本既参与生产过程，又可以充当外部融资的抵押品。在经济繁荣的状态下，生产性资本的价格较高，从而能够为融资提供的抵押价值也越高，企业就越能得到有效的融资；而在经济萧条的状态下，生产性资本的价格很低，其作为抵押品的价值也很低，企业的融资就会受到很大的制约。这样，合约的不完备性引起的抵押品约束的问题也会加剧经济的波动性。

清泷信宏等（1997）的一个缺陷是，在他们的模型中借债的杠杆率相对而言是外生的，因此他们模型中的金融合约不是内生的。吉纳科普洛斯与他的合作者们发展了一个内生抵押约束和内生杠杆率的一般均衡理论（Geanakoplos et al.，2014）。这个理论的核心思想是，由于经济中抵押品的稀缺，不同抵押品的金融合约（即使它们的其他方面如收益是相同的）是不同的，均衡的金融合约的价格是由金融合约市场和抵押品资产市场的互动决定的，即抵押品资产的价值是在与金融合约的价格互动中内生决定的。值得注意的是，金融合约进而金融市场的不完全性在他们的模型中是内生决定的：只有那些具有足够抵押的金融合约才能在均衡中出现和得到交易，而大量的金融合约在均衡中是不会出现的。

福斯泰尔等（Fostel et al.，2008）进一步在这个内生金融合约理论的基础上发展出了一个动态的杠杆周期理论来理解杠杆率和资产价格的周期性波动。在他们的模型中，投资者是异质的：他们对经济的未来持有不同的看法，乐观的投资者更看好未来（认为好的状态会以更高的概率出现），悲观的投资者则相反（认为坏的状态更有可能出现）。乐观者将是资产的购买者，而悲观者将是资产的出售者，在投资者连续分布的情况下，均衡的资产价格是由边际（在卖与买之间无差异的）投资者的类型决定的。经济中出现坏消息会引发金融危机。坏消息会动摇投资者的信心并增加他们之间看法上的分歧，紧张的放贷者会要求更高价值的抵押品，这样就会出现去杠杆化；而恰恰是那些乐观的人会去借钱买资产，所以乐观者会遭遇去杠杆化，资产价格会暴跌；资产价格暴跌则会进一步加剧这个去杠杆化的过程。按照这个理论，在经济繁荣时期，杠杆率过高；而在经济危机时期，杠杆率过低。这个理论对于我们理解当代金融体系具有重要意义，因为当代金融体系的很多金融合约背后都有抵押品资产，如引发近期金融危机的电子银行体系中的资产抵押证券（ABS）。这个理论的一个重要的政策含义是，通过对杠杆率进行适度监控，政府的干预可以缓解经济的周期性波动。

实证方面的研究也确认了金融发展对经济增长的波动性具有重要影响。雷米等（Ramey et al.，1995）在一篇有影响的研究中，发现了金融发展和经济增长的波动性显著负相关，而且这种关系非常稳健，他们将其解释为金融发展与经济增长波动性之间的因果关系。阿吉翁等（Aghion et al.，2010）进一步区分了不同的项目：生产率低的短期项目和生产率高的长期项目。在金融市场完全的情况下，长期项目的收益是反周期的，会降低经济的波动；而在金融市场不完全的情况下（存在信贷约束和风险约束），长期项目更容易遇到流动性风险。因此，金融市场的不完全会同时决定经济增长的高波动性和低增长率。他们的这些发现得到了跨国面板数据的验证。

2.5 制度与金融

我们还需要进一步追问，究竟是什么因素决定了一个国家的金融体系结构和不完全程度呢？接下来，我们将讨论一些代表性文献，这些文献研究了一个国家的制度质量和结构对于金融体系和金融发展的重要决定作用；换言之，金融市场的完全性程度和金融结构是内生的。现代金融市场的一大特点在于纷繁复杂的信息交流机制。根据经典经济学描述，信息交流的复杂程度越高，无论是源于信息披露不足还是信息甄选成本过高，那么代理问题、搭便车问题和欺诈问题出现的概率就越高，从而引申出对制度质量的需要。一个经济体的制度质量会对其金融结构进而对金融市场的完全性有重要影响。这里所说的制度主要是指在投资者的产权保护、合约实施等方面建立的正式的法律制度和体现在社会习俗和文化中的非正规制度。

2.5.1　制度质量和内生的金融结构

本书的第 9 章将讨论我国改革开放以来，银行融资、股权融资和债权融资的结构变化的一些特征，以及这些特征对我国资产负债发展和金融杠杆率的影响。相对于银行融资，我们为何在股权融资的发展上，总是矛盾重重，阻力巨大？尽管大力发展股权融资对于我们目前降低杠杆率、提高金融资源的配置效率是重要的，但是，资本市场的改革需要更多其他制度的配套。因此，制度对于金融结构的演变是重要的，需要我们深入思考。具体而言，制度对金融结构有三个方面的影响。

首先，制度影响金融体系中均衡的金融合约。合约不完备性和信息不对称性问题是金融市场失灵的主要原因。不同的金融工具对法律体系等制度基础设施的要求是不同的，从金融体系设计的角度来讲，债权类金融工具（相对于股权类金融工具来说）更适合法律体系不健全的国家。这是因为，从状态验证的角度来讲，债权的法律实施在事后只需要对两种状态——正常状态和（违约）破产状态进行验证，而股权的实施则需要对无穷多的状态进行验证（Townsend，1979）。换言之，债权只要在非违约状态，就是对信息不敏感的（information insensitive），因此不容易在金融市场引发逆向选择，从而维持正常的金融交易（流动性）；而股权是对信息最敏感的，也是最容易引发逆向选择的。最近的经济学研究发现，债权是能够最大化交易量（流动性）的金融工具，而股权是最小化交易量（流动性）的金融工具

（Dang et al.，2015），其他的金融工具则介于这两个极端之间。所以，对于制度比较弱的发展中国家来说，最适合的金融工具是债权类金融工具，而不是股权类金融工具，杜巨澜（Du，2008）的实证研究也发现，在腐败程度高的国家，企业融资呈现股权集中和依赖于债权融资的特征，这有助于保护投资者的利益。

这些理论发现也得到了《法与金融》文献（La Porta et al.，1998）的实证支持。在现代世界经济发展过程中，金融体制逐渐形成了两大模式，一是以美国和英国为代表的直接金融主导的金融体制，二是以德国、日本为代表的间接金融主导的金融体制。这两种类型的金融体制又可以分别对应于两大主要法系，即英美法系和民法法系。立法、司法等方面的规则为金融规则的制定提供了制度背景，两大法系的区别也决定了金融创新的潜在可能。英美法系的立法以经验的归纳为主，并不像民法法系中首先对权利和义务进行绝对化的定义，并在此基础上通过演绎来确定人们的行为正当性，在许多情况下是采用对人们已经发生过的行为方式的事后定性来制定规范。由于英美法系对权利和义务的规定相对灵活，更倾向于通过现实社会需求来进行修正，这种实用主义的态度使得他们在应对快速创新的内容方面具有一定的效率优势。如果就直接融资和间接融资进行比较，我们会发现前者所对应的创新活动更为活跃，而来自传统的银行业的创新需求并不高，现实的创新活动也并不太多。于是我们知道，在直接融资领域更容易产生私人信息优势，使得投资者利益遭受一定的损失，对整个金融系统的效率和风险管理造成威胁。英美法系发达经济体之所以能够拥有发达的直接金融市场与其法律传统以及发达的金融监管机制是分不开的。

罗伊（Roe，2006）整理了两大法系之间在证券市场监管方面的预算数据。通过比较我们可以发现，普通法系经济体对证券市场的管理经费预算相对大陆法系更高。那么我们是否可以直接认定，法系在

表 2.1　普通法系国家用于证券市场监管的预算较高

持股人享有较高权利的国家			持股人享有较低权利的国家		
国别/地区	预算 （每十亿 GDP） （美元）	法系	国别/地区	预算 （每十亿 GDP） （美元）	法系
卢森堡	1043972	民法	丹麦	92925	民法
中国香港	665801	普通法	芬兰	88199	民法
新加坡	483016	普通法	奥地利	86853	民法
美国	425827	普通法	葡萄牙	84615	民法
澳大利亚	413265	普通法	瑞典	83373	民法
爱尔兰	316872	普通法	瑞士	83301	民法
以色列	278641	普通法	挪威	83258	民法
英国	276788	普通法	法国	74533	民法
韩国	268509	民法	新西兰	73026	普通法
加拿大	148908	普通法	西班牙	53057	民法
荷兰	144031	民法	希腊	52023	民法
比利时	142715	民法	意大利	50648	民法
阿根廷	141473	民法	德国	45441	民法
高监管标准的平均预算	365371	8 个普通法国家/地区	日本	32825	民法
			低监管标准的平均预算	70291	1 个普通法国家

资料来源：Roe（2006）。

证券市场监管方面起着直接的决定作用呢？事实上，如果我们将这些国家的证券市场监管预算与证券化率进行比较（图 2.2），就会发现，普通法系地区的高监管预算与其高证券化率具有十分明显的相关性。图 2.2 中的监管预算数据来自罗伊（2006）（即表 2.1），而证券化率数据来源于这些相应的经济体自 1995 年到 2012 年证券化率的平均值，虽然时间上并不完全匹配，但对于后者我们所关注的是不同经济体之间证券

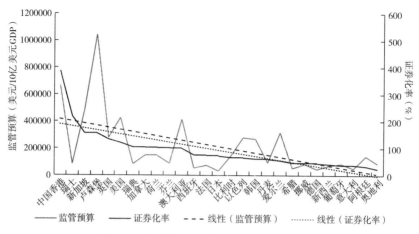

图2.2 证券市场监管预算比例与证券化率

资料来源：根据 Roe（2006）、世界银行数据整理。

市场的发育情况。二者的关系更多考虑的是序列的相对顺序而非绝对数值。经济体按照证券化率进行降序排列，从线性拟合上可以看到，监管预算和证券化率的线性拟合基本是重合的，这也就意味着证券化率与监管预算比例存在十分显著的相关性。

其次，制度质量还会内生地决定债权类金融工具的最优期限。戴蒙德（2007）深入研究了法律制度与一国金融结构之间的关系。他认为当对投资者的保护较差时，就有必要对借贷进行监管，这将导致银行主导的金融体系或家族企业。对银行实施监管的法律环境是一国金融体系成功的关键，当法律的实施成本较高或存在腐败时，金融合约必定是短期性的。法律保护的力度以及法律实施的成本决定了银行或企业债务的期限结构。如果一国的金融活动以及投资行为均是短期性的，必然不利于一国的长期发展。

最后，制度质量还会内生地决定一个国家的债券类工具的杠杆率。当一国的制度质量较弱时，投资者担心金融合约的违约，所需要的抵押率一般较高，这会使得信贷约束更为严重。传统文献比较关注债务合约的利率，而没有关注杠杆率。实际上，在存在信息和合约问题时，借贷双方会同时考虑利率和杠杆率，它们都在均衡中被内生地决定（Geana-koplos，2010）。制度质量（对债权人权利的保护程度）越高的国家，所需要的抵押率（抵押品占贷款的比例）就越低，相应地，杠杆率就越高；反之则反是。更进一步，制度质量还影响到哪些资产可以用作抵押品，制度质量越低，流动性高的资产越容易成为抵押品，而流动性低的企业的专用性资产则越不容易成为抵押品；反之则反是。利贝蒂等（Liberti et al.，2010）等的实证研究验证了上面的理论。

　　总之，制度质量会影响到金融合约的结构（如，股权还是债权、期限结构、杠杆率等），进而会影响到金融市场的完全性程度（金融发展程度）。证券市场越是发达的地方，监管也就越严格。这是由于发达的证券市场中所应用的金融产品的复杂性以及交易的频率都可能导致内幕交易等非法操作的盛行，交易规模的扩大又意味着其涉及的流动性规模足以在较大范围内对整体经济造成影响，对系统性风险的管理和控制又是金融当局及相应辅助机构的重要使命之一。对系统性风险的管控在很大程度上要求收紧流动性释放，在技术上不能实现及时监控反应的情况下，大规模流动性对市场的扰动足以使市场操纵等行为在各种波动中不显山露水地完成。利率管制、分业经营等政策的实施正是出于这一考虑，而在这个过程中，金融市场发生了巨大的变化——在严格的监管之下，证券市场却有了长足发展。虽然数据表面上无法确定证券市场的发展和严格的监管之间的因果关系，但是通过比较普通法系和大陆法系之间的证券化率，依然可以明确证券市场的发展水平与法律环境是分不开的。普通法系往往伴随着严厉的监管，严厉的监管带来的流动性限制在一定程度上强迫金融主体创新。竞争之所以能够促使企业创新，根本原因在于其造成的巨大的生存压力；政策所带来的压力只要没有从根本上将企业窒息，存活下来的几乎总是具有较强创新力的企业。如果监管只是限制了金融主体的选择，后者将会以新的策略来弥补这一缺憾，资本对利润的追逐并不会因为监管机构的存在而稍有停歇。

下一部分我们将讨论，在金融开放的情况下，国内的制度质量还会影响到金融开放与经济发展和经济波动之间的关系。

2.5.2 金融开放

与贸易开放不同的是，金融开放对经济增长和经济波动的影响是非常复杂的。金融自由化对一个经济体带来的影响取决于其金融发展程度。在经济波动方面，金融市场的摩擦可能放大经济的周期性波动，也可能成为经济波动的一个来源。开放经济条件下引起经济波动的一个重要方面就是资本流动的波动，而金融发展程度同样是影响资本流动波动的一个重要因素。

在资本账户开放的情况下，实际汇率——非贸易品和贸易品的相对价格——也成了经济波动的一个来源：经济繁荣时一国实际汇率上升，挤压了利润，借贷和投资下降，经济增长放缓（Aghion et al.，2005）。资本流动则使得情况更为复杂，它使得经济繁荣时投资增长过快，本来在封闭的资本市场上由于资本数量有限，经济对于资金流冲击的反应是有限的，但资本市场的开放使得资金来源更为复杂多样，经济波动的范围和幅度扩大（Aghion et al.，2005）。此外，阿吉翁等（2005）还论述了另外一种引起经济波动的机制：在经济繁荣时期，随着投资的增加，国内要素的价格因需求增加而提高，这最终导致投资者的借款能力下降，由此国内要素的需求也随之下降。此时，宏观经济经历了一个衰退期，国内要素的相对价格下降，由于投资不足一部分要素也被闲置。然而，随着要素价格的下降，利润又开始增加，投资也被拉动起来，新的一轮经济繁荣又开始出现。在此过程中金融发展程度扮演着重要角色：金融发展程度较低时投资水平也较低，投资需求不足以推高国内要素的价格；金融发展程度较高时投资需求总能维持一个正的国内要素价格；金融发展程度中等时资金流的冲击成为经济波动的一个来源。

以上文献都没有明确地将资产泡沫引入分析。文图拉（2012）首次明确地将资产泡沫引入国际资本流动分析。他假设国际产品市场是高度一体化的,从而长期内各国的经济增长率正相关,这意味着储蓄率高、技术先进、政策更灵活的国家平均来说更富裕,但增长速度较慢,而国际金融市场由于交易成本、信息不对称以及政策性壁垒等不是一体化的,从而各国金融市场上有不同的资本回报率。这样,资产泡沫自然很容易在那些资本的期望回报率低于经济的平均增长率的国家产生,因为其缺乏高效率的项目(Ventura,2012)。在生产率较低的国家产生的资产泡沫,吸收了一定的储蓄,从而挤出了一些低效率的投资,并增加了本国消费。这种需求的变化降低了各国间投资品相对于消费品的价格,增加了高生产率国家的投资,从而改善了资源在各国间的配置。由于这种资源的转移是通过价格变化完成的,并没有涉及资本流动,因此在这种情形下资产泡沫是对国际资本流动的一种替代。总体而言,资产泡沫通过改善投资效率提高了世界经济增长率。同时,在经济的波动方面,由于资产泡沫使投资从低生产率国家流向了高生产率国家,世界经济对于这些高生产率国家产生的冲击会更加敏感,换言之,这些高生产率国家经济的波动会转换成世界经济的波动。

传统观点认为:金融自由化将引起资本流入,使投资增加,经济波动性下降,经济得到发展;此外,正如经常账户自由化能使发展中国家获得先进技术一样,资本的自由流动还可以使国内金融市场加速发展,从而资本和个人风险在国内得到更为有效的配置和分担。然而,各国的经验表明,金融自由化并不必然带来上述结果。在一些经济发展程度较高的新兴市场国家,确实获得了大量资本流入,但在另外一些经济发展程度较高和大部分经济发展程度较低的国家,资本流入量很低甚至为负(Bonfiglioli,2008)。总之,金融自由化给一个国家带来的资本流动净效应是不确定的,并且也使得消费和产出的波动性增大(Kose et al.,2003),有时还会引起金融市场大幅动荡甚至产生金融危机。金融自由化给不同国家带来的不同影响,大致取决于三个方面：该国的经济发展程度，该国的金融发展程度，以及该国的制度质量的好坏（Broner et al.，2006；Papaioannou，2009）。传统观点之所以与现实情形相背离，是因为传统观点忽略了金融自由化过程中的合约实施问题，忽略了外国和本国债务合约的相互影响，并隐含地假设对外国债务合约有可能违约而本国债务合约总是能够被实施。然而这种差别对待在现实金融市场中几乎是不可能的，例如，在债券和股票市场上，对外国投资者的歧视就很困难，因为他们可以在二级市场上将这些资产转手。

布罗内尔等（Broner et al.，2010）则明确地将债务合约的实施问题引入金融自由化研究中。他们的模型可以解释，为什么一些新兴市场经济国家在金融自由化之后只有很少资本甚至负资本流入。其原因在于当债务合约的执行无法差别对待时，违约不仅影响外国投资者，也影响本国投资者。违约一旦发生，国内投资者的部分甚至全部储蓄将流向国外，这种"资本外逃"意味着金融自由化不仅增加了高风险的外国资本，也减少了风险性较低的本国资本。这样总的资本流量虽然增加了，但资本流动的净效应却是不确定的。他们的模型也可以解释，为什么一些经济发展程度较高的新兴市场经济国家的金融自由化带来了大量的资本流入，原因也在于当债务合约的实施无法差别对待并且国内金融市场较完全时，本国与外国的债务合约都将被执行，机会主义的违约将减少甚至消失，因此国外借贷的风险降低，资本流入增加。

另外，他们的模型还可以解释，为什么金融自由化会引起金融市场动荡以及产出、消费等的波动性增大，这主要取决于投资者关于未来状态的看法对上述两种效应的影响。如果投资者较悲观，认为违约发生的可能性较大，他们就会将大量储蓄转向国外，资本流入较少甚至为负。如果相反的情形出现，投资者较乐观，认为违约发生的可能性较小，那么储蓄就会留在国内，资本流入较多。

值得注意的是，由于发展中国家的金融市场不完全，金融全球化后企业不仅面临国内的信贷约束，还面临国际抵押品（如企业用于借款抵押的出口部门的收益等）短缺所引发的国际信贷约束。卡巴莱罗等（2001）首次考虑了国内抵押约束和国际抵押约束这两个约束的互动，导致利率上升和国内资产的低价交易，从而使得银行的资源再配置功能减弱并削弱了企业应对冲击的能力，加剧了外生冲击的影响。例如，尽管存在国际信贷约束，然而新兴市场国家却存在过量的以美元计价的债务。杜利（Dooley，1997）认为固定汇率为美元计价的企业债务提供了免费的保险，因而鼓励了以美元计价的借贷。事实上各个新兴市场国家却不尽是固定汇率制度。卡巴莱罗等（2003）认为，选择以何种货币计价的债务等价于在国际抵押品短缺时购买多少保险的问题；以本国货币计价的债务保险程度更高，而不完全金融市场造成的扭曲使得这种保险的价值被低估，从而国内企业更多地选择了以美元计价的债务。

在实证研究方面，布罗内尔等（2006）的研究发现，新兴市场国家较发达国家而言资本流动的波动性更大。他们认为经济发展水平可以作为这一波动性的一个很好的指标。他们主要考虑了反映不同国家不同经济特征的三个变量——人均 GDP、金融发展程度、制度质量。他们通过利用 1990—2003 年的跨国数据就资本流动的波动性与上述三个变量的关系所做的实证研究发现，人均 GDP、金融发展程度、制度质量与资本流动的波动性负相关，而且这三个变量的解释力，从强到弱依次是金融发展程度、制度质量和人均 GDP。杜巨澜（2000）提出了金融自由化后的外资流入通过制度因素影响经济和金融危机的分析框架。他指出，由于债权投资的透明度以及债务拖欠的可证实性，外债债主相对于股权投资者更能减少当地政府和企业管理层对其利益的侵蚀。在新兴的资金吸收经济体中，由于其不健全的法律制度和公司治理结构，外资的流入倾向于以外债为主，尤其是短期外债，而不是以外国直接投资或股权投资为主。因此，不健全的法律制度会引起外资流入中的杠杆率升高，从而导致更频繁的破坏程度和更深的金融危机。他利用1997—1998年的亚洲金融危机作为案例提供了经验佐证。

2.5.3 直接融资与间接融资的差异与互补

制度质量与金融结构有密切的关联，中国目前的制度尚不完善，但实体经济的需求决定了中国既需要间接融资渠道，也需要充分发育的直接融资市场。直接融资与间接融资之间有竞争，但更多的是互补。它们在以下几个方面存在差异：

第一，银行可以同时转移资产的流动性以及信用风险（Bhattacharya et al.，1993），表现为银行将来源于无风险的定期存款，投资于有风险的贷款；从流动性较高的活期存款获得融资，投资于流动性差的贷款；从而实现了对风险以及期限的转换。从这个角度来看，银行提供的是安全的流动资产，而资本市场提供的是有风险的流动资产（Dang et al.，2017）。

第二，相比资本市场，银行与客户的关系大部分是长期和持续的，对客户的业务范围涉及较多，对客户信息了解更深入。比如，客户会透露专有信息给贷款给他们的银行，却可能不愿向金融市场透露。且银行更有动力去获取信息，而资本市场存在搭便车的情况，信息获取动力不足。然而，银行与客户的借贷关系虽然在信息对称方面有优势，但也存在其他不足之处。比如（1）套牢问题：由于信息的垄断性，银行可能要求企业支付更多的贷款利息（Sharp，1990；Rajan，1992；Boot，2000），同时，合同的条款也可能随时更改。（2）软预算约束问题：如果大笔资金已经贷给了企业，而企业发生了财务困难，银行会倾向于继续救助该公司，以免贷款变成坏账（Dewatripont et al.，1995），资本市场则不愿意继续为亏损的企业融资。

第三，在风险分担方面，金融市场提供跨截面的风险分担，可以对冲多样化的风险；而银行擅长对冲跨期风险（Allen et al.，1997）。对于居民资产负债表引发的金融危机，难以通过多样化来对冲此类风险，因此需要有银行来进行期限调配。

第四，就公司治理而言，银行融资的优势在于及时发现企业的错误，并具有一定的直接干预能力，而资本市场在这方面效果不佳，因为有所有权与控制权分离的问题（Shleifer et al.，1997）。当然，股市的公开交易能通过将管理者薪酬与股价挂钩来绑定管理者与所有者的利益（Diamond et al.，1982；Jensen et al.，1990），但资本市场在公司治理功能方面发挥优势的前提是价格对信息的反应敏感，通过价格调节机制产生作用。

第五，资本市场金融创新的优势体现在以下功能上：分散化投资、分散风险、降低交易成本、减轻企业和投资者之间的信息不对称。但金融创新也会导致金融产品过于复杂、风险难以识别以及庞氏骗局等不稳定现象。资本市场鼓励金融创新，并且在鼓励创新与企业家精神方面更有效，也有利于实体经济的创新。艾伦等（1997）指出，在创新项目的初期，大家往往对项目的未来预期分歧很大，银行需要有比较一致的预期才会提供贷款，而资本市场较为分散，创新项目可以获得对其较为肯定的投资者的投资。因此，资本市场有利于培养创新项目，银行则没有这个方面的优势。

总体而言，银行主导与资本市场主导的金融体系是相互竞争的，但更多的是互补性，包括业务链条上的互补。例如，资产证券化的金融资产是由银行发出来、在资本市场上交易的，所以资本市场上的金融资产质量很大程度上取决于银行。在实证上，从经济增长的角度来看，没有证据证明资本市场融资一定比银行融资来得好。数据显示，1790—1840 年美国经济的快速发展得益于银行与资本市场的完美互补（Sylla，1998）。因此，并没有哪一种融资方式必须占主导地位，重要的是各部门的配合协调、金融体系的整体有效性及金融主体的整体服务质量。而直接融资与间接融资紧密混合的体系，将对监管提出更高的要求。

2.6　小结

现代金融制度的发展历史并不长，尤其是现行复杂的、抽象化的金融市场的存在更是只有短短数十年的时间。全球金融市场所容纳的流动性规模已经远远超过世界经济总量，金融业在经济发展过程中甚至占据了主导地位，历次经济危机都首先由金融危机引发。由于金融市场的不完全性，理性资产泡沫总是存在。在金融体系不完备的情况下，泡沫资产可以成为保值的一种工具，因而可以作为抵押品而放松企业受到的信贷约束，提高资源配置效率，挤入投资，促进经济增长。然而，资产泡沫的堆积超过一定的限度，则会挤出投资，并加剧经济波动乃至引发经济危机。

现代金融业的发展以英国、美国等普通法系国家和地区最为先进，这有一定的法律制度和历史原因。一般认为，较为灵活的普通法系更有利于金融创新和金融市场发育，严格的监管和较高的制度质量也会提高经济的证券化率并增加长期融资的比例。就金融开放而言，其对经济增长和经济波动的影响是非常复杂的，取决于该国的金融市场发育程度和经济发展程度。

中国已经摆脱了资本匮乏的时代约束，高储蓄率和快速的经济增长使得中国资本供给越发充分，但债务压力是中国金融业面临的严峻问题，必须通过中国金融业的改革和发展来加以解决。归根结底，中国金融业的改革和发展必须从服务实体经济发展、促进真实生产力提升的角度来考虑，同时，中国作为发展中国家，制度也较为落后，需要谨慎对待金融开放。

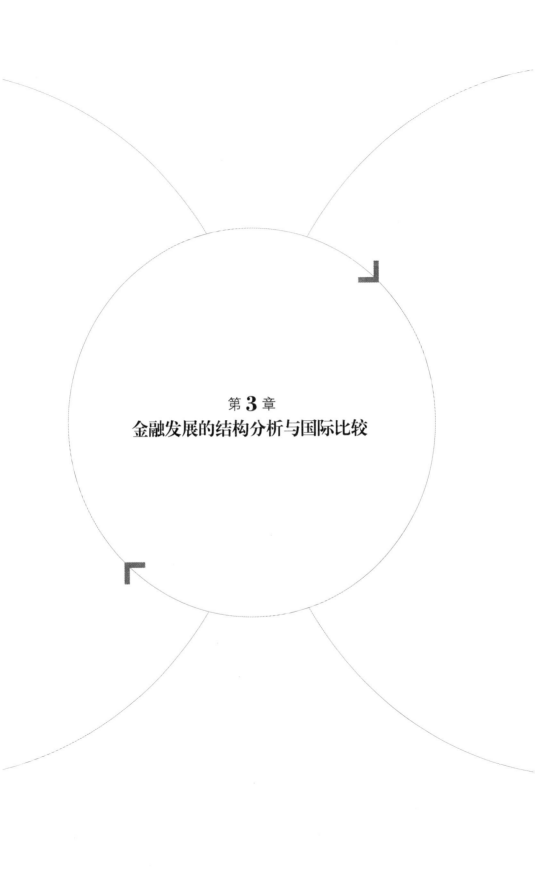

第 **3** 章
金融发展的结构分析与国际比较

习近平总书记多次强调金融为实体经济服务的重要性，明确提出"要改善金融服务，疏通金融进入实体经济特别是中小企业、小微企业的管道"，"使金融体系真正依靠、服务、促进实体经济发展"。从宏观层面来看，实体经济包括三个部门：居民、企业和政府。我们认为，金融为实体经济服务，简单地讲就是为家庭理财服务，为企业融资服务，为各级政府建设基础设施和提供公共产品服务，为中央政府进行宏观调控提供金融支持和服务。具体而言，金融机构和金融市场应该为家庭提供更广泛的投资渠道，提高财产性收入；为企业提供更便利的融资服务，减少财务成本；为政府提供更专业的金融服务，在实现国有资产保值增值的同时严控金融风险，使国民经济取得平稳、健康的发展。

标准的金融学理论和很多金融改革政策，都把充分发挥金融市场在资金配置中的基础性作用、提高效率、控制风险，作为发展和完善金融体系的首要目标。但近年来，在金融自由化、全球化的浪潮中，金融行业过度发展、金融资产和负债过度膨胀的问题，已经引起越来越多的关注和反思。数据显示，2008年金融危机之前的十几年间，全球范围金融部门的规模越来越大，不仅实体部门拥有越来越多金融资产和负债，金融部门内部金融机构之间相互拥有的资产与负债也急剧增加。金融机构相互之间的金融交易量远远超过相应的实体经济之间的交易。例如，石油期货的价值是实际石油生产和消费的10倍，全球外汇交易量是全球贸易量的 73 倍，全球利率衍生合同是全球 GDP 的 9 倍。而在危机之前，大多数政府监管者、中央银行和经济学家都秉持这样的信念，即不断扩张的金融活动和金融创新具有很强的积极效应，而更完善、流动性更强的市场被认定为有助于保证更高效率的资本配置，从而提高实体经济的生产率。金融创新使居民和企业部门更加容易获得贷款，并推动经济发展，同时成熟的风险控制体系保证了金融体系的复杂性不会损害其稳定性，从而使得经济发展也更加稳定。但显然，事实没有这么简单（特纳，2016）。

如何把握金融发展和金融改革的目标和方向？如何确定金融机构和金融市场的适度规模？如何避免金融资产积累的马太效应对收入分配的不利影响？如何严控金融风险，守住不发生系统性和区域性金融风险的底线？要回答和解决这些重要的理论和现实问题，需要进行具体深入、科学严谨的分析，本书各个章节的写作也都是为这个宏大的目标而努力。本章将以中国、美国、日本和欧盟各国的国家资产负债表为基础，通过对宏观数据的梳理和对比，厘清我国以及世界主要经济体资产负债扩张的时间趋势和结构特征。只有在更长的历史区间、更广的国家范围内梳理清楚"金融如何为实体服务"的特征事实，才能在很多现实问题上少些争论、多些共识，才能促使学界、业界和政府有关部门进一步携手努力解决问题，协同合作推动改革。

本章将从"国家资产负债表"的角度，对现实世界中金融机构和金融市场的功能发挥情况，做初步的分析和讨论。我们将通过数据分析和国际比较，在一个更长的历史跨度、更广的国家范围内讨论"金融发展为实体经济服务"的内涵与事实，并给出相应的政策分析和建议。下面第 1 节将简要说明国家资产负债表的分析框架，第 2 节分析中国各部门的金融资产负债情况，第 3 节则对比分析美国、日本和欧洲主要国家在危机前后金融资产负债的变化，第 4 节做简要的小结并给出相应的政策建议。

3.1 国家资产负债表的分析框架

中国经济近40年的高速增长得益于金融体系不断将国民储蓄向社会投资的转化过程。在全社会投资需求得到满足的同时，中国经济自身也积累了巨大规模的资产负债。

中国的债务水平引发了各方关注。自1998年以来，中国的债务明显攀升。1998年以后，中国的债务增长速度超过其他国家。1998年，非金融部门信贷总额占GDP的比重仅为98%。根据国际清算银行（BIS）2015年的数据显示，中国非金融部门信贷总额占GDP的比重已达205.2%，高于其他主要经济体。

就某种程度而言，中国的巨额债务事出有因，因为中国的金融体系将高额的储蓄转换为债务。中国的储蓄占GDP的比重超过了40%，当金融体系以间接融资为主时，通过信贷的积累支撑了投资，储蓄没有转换为股权融资。中国广义货币/国内生产总值（M2/GDP）比值较高的原因也在于此。但这并不意味着货币供应过剩。金融体系中的间接融资将高额的储蓄转换为债务，信贷积累的同时促使广义货币增长，但CPI保持稳定。因此，中国的债务问题在于债务分布，而不在于债务水平。一个经济体的资产和负债的发展是同步的：一部分人的资产是另一部分人的负债。中国的债务分布于非金融企业、政府、家庭和金融业。中国的资产分布于金融资产和非金融资产，两者各自约占一半。进一步地，中国的资产和负债还可以细分为更为复杂的结构。资产与负债的结构演变是十分重要的，它不仅反映了金融与非金融部门之间的关系，而且反映了实体经济各部门之间的关系，以及政府和家庭与企业之间的关系。同时，它不仅反映了金融资源的流动和配置，更反映了一个国家国民收入流量在不同部门之间的分配。因此，建立在图2.1资产负债扩张和实体经济增长之间关系图之上的各类结构性分析是我们这一章关注的中心问题。

我们首先简要介绍国家资产负债表的部门分类与科目关系，本章及第 4 章的很多内容都是在这个分析框架上展开的。国家资产负债表将国内部门分为金融部门 B 和非金融部门，非金融部门具体包括居民部门 H、非金融企业 F 和政府部门 G，国外部门以 f 表示。在科目关系上，主要会计核算公式有：

（1）总资产 = 非金融资产 + 金融资产 = 总负债 + 净资产

$$A_i = M_i + S_i = D_i + NA_i \tag{3.1}$$

（2）净金融资产 = 金融资产 – 金融负债

$$NFA_i = S_i - D_i \tag{3.2}$$

其中 A_i 为总资产，M_i 为非金融资产，S_i 为金融资产，D_i 为总负债或金融负债，NA_i 为净资产，NFA_i 为净金融资产，下标 i 可以是 B、H、F、G、f，表示不同部门。具体来看，各部门的资产负债表如下表所示：

表 3.1　不同部门的资产负债表

居民		企业		政府	
M_H	D_H	M_F	D_F	M_G	D_G
S_H	NA_H	S_F	NA_F	S_G	NA_G
金融		国家		国外	
D_{HFGf}	S_{HFGf}	M_C		S_f	D_f
	NFA_B	NFA_C	NA_C		NFA_f

其中，居民、企业和政府部门的非金融资产加上金融资产等于总负债加上净资产，金融部门的负债为其他部门的金融资产加金融部门的净金融资产，国家的非金融资产加净金融资产为净资产，国外的金融资产为金融负债加净金融资产。

在这一框架的基础上，我们可以构建一些统计指标，用于分析一个国家以及国家内部各个部门的资产负债规模、结构和风险状况。常用的指标包括：（1）资产（负债、净资产）与 GDP 之比，在讨论金融市场发展状况时，可以用净金融资产与 GDP 之比；（2）杠杆率，即金融负债与总资产（或金融资产）之比。之后，利用国家资产负债表的数据来计算这些指标的具体数值。

3.2 中国国家资产负债表的规模扩张与结构演化

本节将着重分析我国国家资产负债表的规模和结构变化。目前，我国整体净金融资产为正，对外是净债权国，不存在外债风险。从国内来看，居民家庭是主要的资金供给者，非金融企业是主要的资金需求者，资金融通规模逐年上升。2009 年之后，非金融企业部门存在明显的"脱媒"现象，非银行贷款和企业间信用占比上升，这种现象在2012 年之后尤甚。银行部门资产结构相对稳定，但负债结构中来自居民储蓄的占比持续下降，折射出"影子银行"等表外业务的迅速发展。

3.2.1 国内各部门净金融资产规模

净金融资产是揭示一个部门在金融市场所承担的角色和风险的最简单又直观的指标。众所周知，我国由于长期的贸易顺差，一直是对外的净债权国，发生资不抵债的主权债务风险的可能性不大。因此，在本节我们重点关注中国国内各部门的净金融资产情况。另外，在中国的金融市场，银行等间接金融机构仍旧占据绝对的主导地位，因此我们在分析国内的金融部门时，便以银行的资产负债情况作为金融部门的代表。

图 3.1 展示了 2007—2012 年中国国内各部门的净金融资产分布情况。从中我们可以看出，在我国，居民部门的净资产总量最大，是整个金融市场中最主要的净债权者。而非金融企业则是整个金融市场中的净

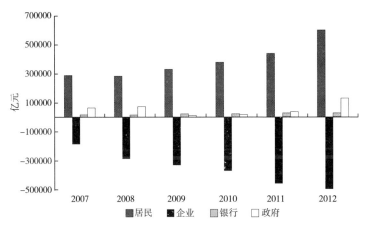

图 3.1　中国国内各部门净金融资产

注：居民和非金融企业部门的数据来自 Wind 提供的李扬等（2015）。

债务者。这与传统宏观理论所揭示的金融市场的资源配置功能是一致的，即居民部门的储蓄作为整个金融市场最重要的资金来源，通过金融市场的流通和配置作用，输送给企业部门，实现经济增长。

而金融机构（银行），作为连接居民的储蓄和企业投资的"中间站"，其本身并不会创造出很高的净金融资产，而是发挥着在居民、企业和政府之间配置资源、消化风险的功能。虽然银行部门的净金融资产不高，但是这薄薄的一层净金融资产对于银行来说却是在危机中生死存亡的关键。一旦银行部门的净金融资产受到负面冲击，资不抵债的危险就会迅速将银行推向破产的边缘。但是，银行部门存在的目的之一就是消化和分散与资源的时空配置并存的风险，因此，当整个经济出现系统性风险时，银行部门必然处于对抗风险冲击的第一线，薄弱的净金融资产在危机中很难安然无恙。由此，现代经济危机通常以金融危机或银行业危机的形式出现。至于风险产生的原因和在部门间的传导机制，以及最终对银行净金融资产的冲击程度，将会在第 4 章进行详细分析。

所幸，我国银行部门的净金融资产在图中所示的 2007—2012 年都

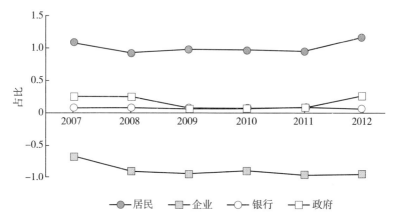

图 3.2　中国国内各部门净金融资产与 GDP 之比

比较稳定，2008 年危机的前后并未发生太大波动，显示出我国的银行部门的抗风险能力较好。

3.2.2　非金融企业的资产负债规模与结构

非金融企业是整个经济的生产性部门，金融市场应服务于非金融企业，并提高效率。非金融企业的效率不仅是影响金融机构的利润和风险的重要因素，也是决定整个经济在长期能否健康成长的关键。通过分析非金融企业的资产负债结构，我们能大致了解金融市场对于非金融企业而言到底发挥了怎样的作用。

首先，从非金融企业的金融资产来看（图 3.3），企业间信用和银行存款是最主要的资产项。2008 年金融危机之前，非金融企业的银行存款占比在缓慢上升，而企业间信用占比缓慢下降。2009 年之后，企业的银行存款占比又开始出现下降趋势，企业的直接金融资产（长期股权投资和其他金融资产）占比在 2012 年出现了明显的跳跃上升。

再从非金融企业的负债结构来看（图 3.4），不难发现我国的非金融企业自 2000 年之后存在着明显的"脱媒"倾向，即银行贷款作为企业负债来源的占比显著降低，企业间的信用越来越成为重要的短期流动性来源，同时，直接融资的重要性也有所提升。但总体而言，来自银行的间接

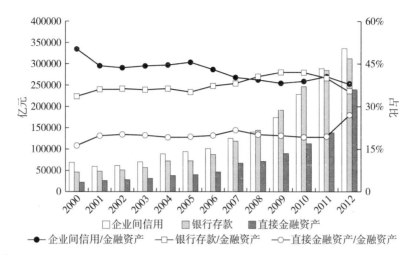

图 3.3 非金融企业的金融资产

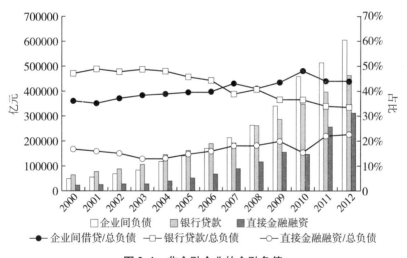

图 3.4 非金融企业的金融负债

融资依旧是非金融企业部门主要的长期资金来源。

3.2.3 银行部门的资产负债规模与结构

如图 3.5 和 3.6 所示,从银行的资产端来看,企业贷款占比最高,但在长期中呈现下降趋势,这从银行端印证了"脱媒"趋势。2008 年

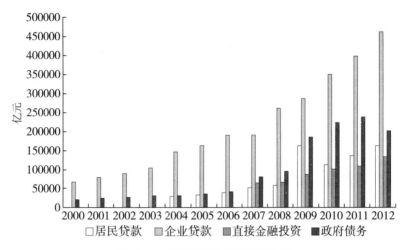

图3.5 银行部门的金融资产规模

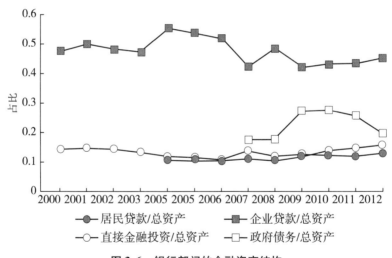

图3.6 银行部门的金融资产结构

金融危机之后，政府债务出现了跳跃式上升，其占银行总资产的比例从 2007 年的不到 20%，一跃增加到 2009 年的将近 30% 的水平。其中，2012 年的政府债务统计不完全，与前几年相比缺少地方政府公共部门债务的数据，因此在图上呈现一定的"下降"。危机之后另一个比较明显的变化，就是银行向居民部门发放的贷款所占比例在缓慢上升。

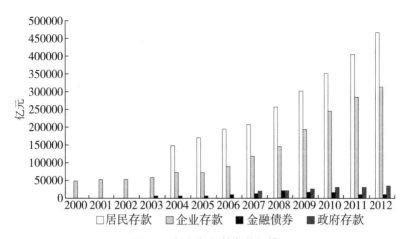

图 3.7　银行部门的负债规模

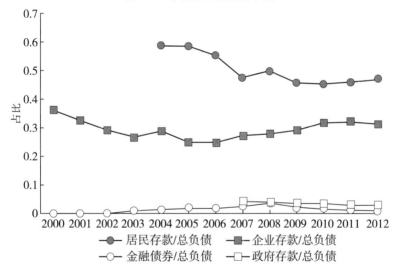

图 3.8　银行部门的负债结构

从银行的负债端来看，见图 3.7 和图 3.8，最大的资金来源——居民存款，在 2007 年的占比有一个明显的下降，这反映出，随着国内互联网金融平台的兴起，大量居民存款从银行体系流入直接融资机构，使银行在竞争存款时面临的压力明显上升。除此之外我们还看到，银行金融债券占总负债的比例出现先上升后下降的趋势，其分水岭就是发生金融危机的 2008 年。非金融企业的存款占比在金融危机前则呈现下降趋势，但在危机后开始缓慢上升。政府的存款则保持着相对稳定。

3.3 对美国、日本和欧洲主要国家的分析

本节将聚焦美国、日本和欧洲主要国家的资产负债状况，各个国家和地区之间存在很大差异。2008 年金融危机之前，美国居民和金融部门的杠杆率明显上升，危机之后，联邦政府和金融部门的债务持续上升，居民部门的资产负债表得以修复。1994—2014 年，日本广义政府部门的净金融资产持续下降、杠杆率持续上升，积累了很大的财政风险。包括英国、德国、法国在内的欧洲主要国家在 2008 年金融危机之后政府债务和对外负债持续上升，存在一定的财政和外债风险。

3.3.1 美国

从金融总量来看，1960 年美国的总金融资产为 2.8 万亿美元，2014 年达到 196.8 万亿美元，年增长率高达 8.22%，远高于此间 GDP 年均 2.8%的增速。美国不仅是排名第一的"经济大国"，更是无可争辩的"金融大国"。

首先，从分部门的净金融资产结构来看（图 3.9）：（1）居民部门一直是主要的资金供给者，2008 年金融危机之前净金融资产与 GDP 之比稳定在 2.3 左右，金融危机之后居民部门的净金融资产显著上升，资产负债表很快得以修复。（2）企业和联邦政府作为主要的资金需求者，在危机前的大稳健时期较为平稳，金融危机后联邦政府的国债负担上升，企业部门的股票和基金等资产缩水，两个部门的净金融资产持续下降，债务风险居高不下。（3）金融部门的净金融资产波动较大。1973 年布雷顿森林体系解体之前基本为负；此后由于美元兑主要货币大幅贬值，美国对外负债缩水、资产升值，净金融资产为正，这一状况一直延

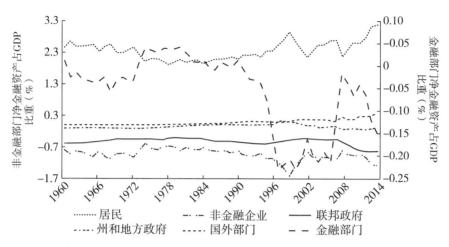

图 3.9　美国各部门净金融资产占 GDP 的比重

资料来源：原始数据来自 Wind。

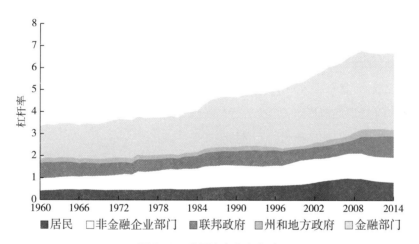

图 3.10　美国各部门杠杆率

注：杠杆率为除股份及基金份额以外的债务与 GDP 的比值，下同。

续到 1990 年；之后受 1997 年和 2008 年两次金融危机的冲击，美国金融部门的净金融资产与 GDP 之比始终为负，2014 年为 – 15%，系统性金融风险并没有得到有效化解。

其次，从各部门的杠杆率来看（图3.10）：（1）美国居民部门的杠杆率在1985年以前一直较为平稳，保持在0.4到0.5之间的水平；1985年之后持续上升，2008年杠杆率高达0.97。居民部门过度负债成为次贷危机的源头。金融危机之后美国居民部门开始修复资产负债表，2014年杠杆率回落到0.81。（2）非金融企业部门的杠杆率在金融危机之前也基本呈现上升态势，2008年之后保持平稳，2014年杠杆率为1.13。（3）联邦政府杠杆率从20世纪90年代末期到2008年以前较为平稳，2008年以后不断上升，2014年与GDP之比达到0.97。（4）从80年代中后期开始，美国金融部门的杠杆率持续迅速上升，2008年金融危机之前达到4.59；金融危机之后美联储执行了激进的货币扩张政策和"大而不倒"的金融救助政策，使金融部门的杠杆率不降反升，2014年达到5.04，金融部门的总负债是GDP的5倍之多！

综上，我们认为，美国虽然在金融资产总量上是"金融大国"，在金融机构经营效率和金融市场发育程度上是"金融强国"，但也存在着金融创新过度、系统风险过大、金融发展脱离实体经济的严重问题。前面的数据分析表明，美国的"金融泡沫"并没有破裂，而是从房地产市场和证券市场转移到了中央银行和联邦政府，成了一个规模更大、更具危机性和潜在破坏性的"金融核弹"。

3.3.2　日本

1994年日本的金融总资产为4918.4万亿日元，2014年达到6942.7万亿日元，年增长率只有0.75%，而同期名义GDP的年均增长率为-0.04%。可以说，日本的实体经济和金融体系都经历了"失去的20年"。下面参照图3.11和图3.12分部门来看：

首先，居民部门是唯一的资金供给者，由于人口老龄化和保险市场的发展，居民持有的净金融资产稳步上升，与GDP之比从1994年的1.60上升到2014年的2.73，同时杠杆率持续下降。

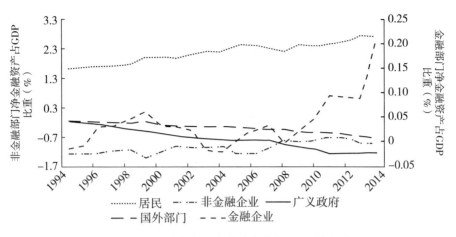

图 3.11　日本各部门净金融资产占 GDP 的比重

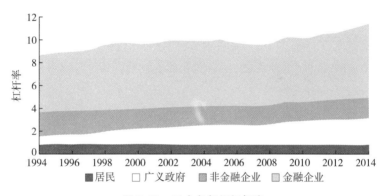

图 3.12　日本各部门杠杆率

其次，广义的政府部门是日本最大的资金需求者。1994 年以来，日本政府部门的净金融资产持续下降，2014 年与 GDP 之比为 −1.26，同时杠杆率持续上升，财政风险不断累积。日本政府"债台高筑"主要有三方面的原因：一是人口老龄化和高福利的养老体系使日本政府不堪重负；二是 1990 年"泡沫经济"破灭后日本国内经济增长乏力、产业空心化问题严重；三是长期的经济衰退和几次金融危机的冲击，使实体和金融部门都对宽松的财政和货币政策产生了"药物依赖"，历届政府虽然明知是饮鸩止渴也难以退出。

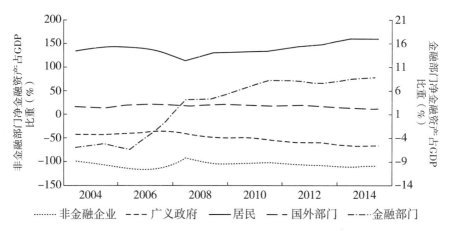

图 3.13　欧洲 28 国整体各部门净金融资产与 GDP 之比
资料来源：EuroStat。

再次，企业和国外部门也是资金需求者。其中日本国内企业在 1990 年"泡沫经济"破灭后一直在压缩和修复资产负债表，杠杆率非常平稳并有所下降。同时很多企业转向海外扩张和投资，使日本成为全球最大的债权国。

最后，日本金融部门的杠杆率始终较为平稳，净金融资产与 GDP 之比从 2009 年的 2% 上升到 2014 年的 21%，说明金融危机后金融部门的资产负债状况显著改善，金融风险不大。

3.3.3　欧洲及其主要国家

从欧洲 28 国整体的金融发展情况来看，居民部门和国外部门是资金供给者，非金融企业和广义政府则是资金需求者。2008 年之前金融部门的净金融资产为负，危机之后，由于欧盟的救助，金融部门的资产负债表得以修复。从 2015 年的数据来看，欧洲 28 国金融部门净金融资产占 GDP 的比重达到 8.7%，整体来看金融风险可控，但有较大的财政风险和一定的外债风险。

下面以德英法和 PIIGS 五国（指葡萄牙、爱尔兰、意大利、希腊和西班牙）8 个欧洲国家为例，分析不同类型国家的具体情况。

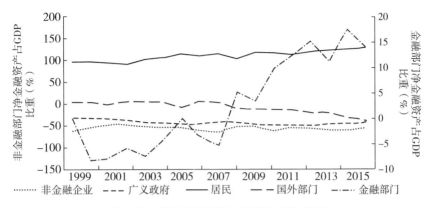

图 3.14 德国各部门净金融资产占比 GDP

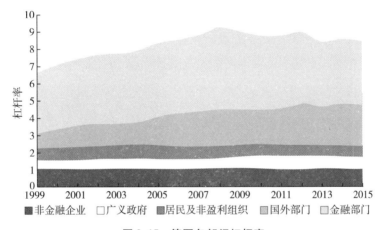

图 3.15 德国各部门杠杆率

德国居民是其国内其他部门的主要资金供给者，净金融资产稳步上升，主要在于通货存量和保险及福利金的上升以及居民贷款的下降，2014 年达到 GDP 总量的 1.27 倍。国外部门的净金融负债自 2008 年之后由于德国增持国外债券和股权幅度大于国外增持德国的债券而开始增加，2007 年国外部门净金融资产占 GDP 的 2.3%，2008 年净金融负债占 GDP 的 11.3%。广义政府和企业部门的净负债占 GDP 比值基本稳定在 50%，其中政府债券占政府总负债的 74.7%，而企业的债务主要以股权形式存在，占企业总债务的 55.3%。金融部门（图 3.14 右轴）净资产在 2008 年危机以前基本维持收支平衡，在危机之后净资产开始增加。以 2015 年为例，金融部门中的资产端有 32% 为发放的贷款，21.5% 的同业存款及 19.6% 的债券，而负债端则 44.9% 是存款。德国经济是欧洲国家中最为稳定的。从杠杆率来看，非金融企业一直在 1 左右上下波动，广义政府的杠杆率在危机后显著上升，从 2008 年的 0.687 上升到 2012 年的 0.876，之后有所回落。居民的杠杆率一直处于下降阶段，从 2000 年的 0.716 下降到 2015 年的 0.54，主要原因在于居民的长期贷款不断下降。国外部门的杠杆率总体上升，2015 年达到 2.41，但是德国对外的净金融资产更多，因此没有外部风险。金融部门杠杆率经历了一个先上升后下降的过程，2008 年达到最高为 4.77，2015 年为 3.656。

英国资金供给者——居民的净金融资产在 2008 年之后不断上升，总量突破 2 倍的 GDP 水平，2015 年金融资产中近 60% 是社会保障基金。广义政府和企业的净金融资产则不断下降，政府净金融负债逼近其 GDP 水平，其负债增加主要体现在政府债券的发行，从 2008 年占 GDP 的 43% 到 2015 年占 GDP 的 95%，占总负债的 81%。而企业净金融负债高达 1.7 倍 GDP，其中企业的负债端有 50% 是以股权形式存在。国外部门净金融资产基本维持平衡，但在量上来看，存款、股权和衍生品都经历了危机前上升、危机后下降的趋势。金融部门的净金融资产基本为 0，但在量上看，金融部门资产从 1995 年相当于 GDP 的 4.5 倍上升到 2008 年最高点的 15.1 倍，之后缓慢回落，2015 年为 10.9 倍于 GDP。再来看杠杆率，总体来看，杠杆率的两个峰值明显，分别在 2008 年金融危机和 2011 年欧洲债务危机的两个时间点，峰值的出现主要是金融部门和国外部门两个部门的波动造成。金融部门的杠杆率在 2007 年达到 9.49，2008 年高达 14.4，而在 2000 年杠杆率不过在 5.4。国外部门较金融部门稍有缓和，2007 年杠杆率为 4.1，2008 年为 6.2。非金融部门企业杠杆率在 2008 年和 2012 年分别达到小峰值 1.423，总体上杠杆率一直处

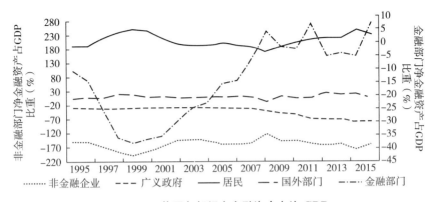

图 3.16　英国各部门净金融资产占比 GDP

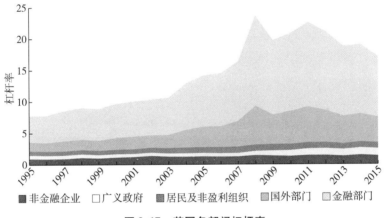

图 3.17　英国各部门杠杆率

于上升阶段。居民部门的杠杆率经历了一个先上升后下降的过程，在
2009 年达到最高值 1.04，2015 年杠杆率为 0.93。

在法国，居民是金融部门资金的主要供给者，其资产中大部分是通
货、股票和保险，金融危机之后的净资产上升主要是由后两者上升而带
动。金融危机之后，政府净金融负债持续上升，主要是由于政府债务的
上升，政府债券占 GDP 比重从 2008 年的 61.4% 上升到 2015 年的
94.8%。但企业部门仍是资金的主要需求者，在 2000 年之后一直维持
在负资产边缘，但以 2015 年为例，其负债中近 60% 是以股权形式存在，

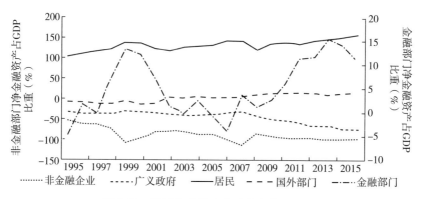

图 3.18　法国各部门净金融资产占比 GDP

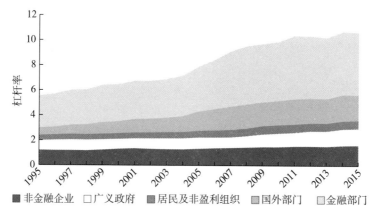

图 3.19　法国各部门杠杆率

近 25% 为贷款，6.8% 为债券。国外部门的净金融资产在 2002 年之后一直保持正值，在 2011 年达到最大值，占 GDP 的 15.1%。金融部门总体收支平衡，相较于英国来说，金融部门的资产负债扩张更为平稳，危机前后也没有大起大落。从杠杆率上看，非金融企业的杠杆率持续上升，主要是由于贷款负债上升，从 1998 年的 0.76 上升到 2015 年的 0.9。广义政府杠杆率在 2008 年以后超过 1，之后仍不断上升，2015 年达到 1.33。居民部门杠杆率在 2011 年达到最高 0.66，之后稍有下降，较之 2000 前后的 0.45，总体上升明显，主要在于长期贷款在不断上升。国外部门杠杆率上升明显，虽然 2013 年有小的回落，但之后在 2014 年又回升到最高 2.08。金融部门的杠杆率的增长速度以 2003 年和 2008 年为界，中间 5 年上升速度很快，从 3.1 上升到 4.66。危机之后上下波动，2015 年杠杆率为 4.99。

意大利居民部门是资金的主要供给者，自 2000 年后保持 2 倍于 GDP 的净金融资产，政府和企业成为主要的资金需求者，净负债超过 GDP 总量。政府的金融资产负债在 2003 年达到最低，之后开始回升，但是负债的上升速度远大于其资产的上升速度。非金融企业的净金融负债在 2006 年达到最大值，约 1.33 倍于 GDP 水平，之后开始缓慢回落，2015 年为 1.21 倍于 GDP。其金融资产变化平稳，但负债总体上升，以 2015 年为例，股权占负债的 45.6%，贷款占 30.4%。再来看杠杆率，非金融企业在 2002 年超过 1，之后一直上升，在 2011 年达到最高 1.30，之后缓慢回落到 2015 年的 1.22。广义政府的杠杆率由于债务积压没有得到有效的缓解而不断上升，在 2013 年之后债务扩大的速度加快，从 1.28 增加到 1.64。居民的杠杆率由于贷款数增加而逐渐上升，但在 2009 年以后贷款增加基本停滞，从金融部门的贷款资产来看也基本处于零增长状态，即金融部门创造信贷和流动性的功能也基本失效。金融部门的杠杆率在 2012 年以前一直处于上升阶段，在 2012 年以后基本停滞。总体来看，也正因为政府债务居高不下，当危机发生时，意大利不能像德国或美国那样采取有效措施转移金融部门的风险，使得各部门的资产负债从危机发生前一直扩张到危机后。

爱尔兰在金融危机之后，国外部门的净金融资产代替居民部门成为主要资金来源，政府负债逐渐缩小。居民部门在危机之后的金融资产上升主要是因为社会保障的上升，通货和股权都处于下降阶段，2014 年之后社会保险资产也开始下降。爱尔兰的广义政府债务在危机前是欧洲八国之中财政纪律最好的，在危机之后由于政府债券的发行和贷款（主要

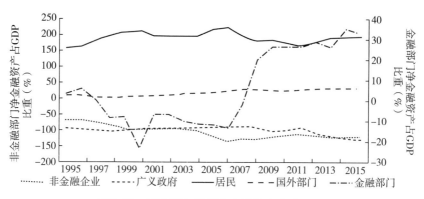

图 3.20　意大利各部门净金融资产占比 GDP

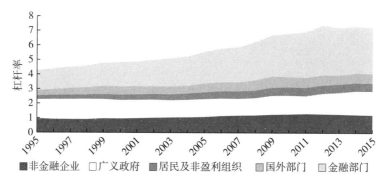

图 3.21　意大利各部门杠杆率

在 2010 年及之后）开始有了一定的负债，2014 年之后逐渐缓解。尽管爱尔兰在 2014 年退出欧元区经济援助，但其 12.5% 的公司税率吸引了大量 FDI，使得国外部门的净金融资产不断上升。

从杠杆率来看，爱尔兰的非金融部门杠杆率在 2008 年从 1.5 上升为 2.04，2015 年达到 3.6；广义政府债务在 2007 年以前杠杆率一直维持在 0.3 上下，危机后上升至 2009 年的 1.22，之后有所回落至 0.94。居民部门的杠杆率经历了一个先上升后下降的过程，在 2009 年达到最大 1.22，2015 年杠杆率 0.63，但根据 OECD（经合组织）的统计，爱尔兰居民部门的债务总额占可支配收入的比重超过 220%，在 OECD 国家中

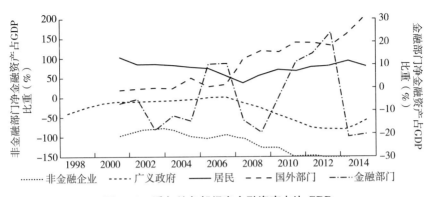

图 3.22　爱尔兰各部门净金融资产占比 GDP

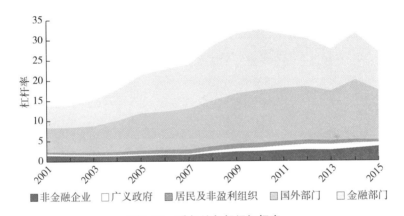

图 3.23　爱尔兰各部门杠杆率

排名第二位。国外部门的负债在 2013 年有个急剧上升，主要是衍生品对外投资的增长近乎该年爱尔兰 GDP 的总量，债券的购买和对外贷款也各增长了相当于 GDP 的 0.5 个点和 0.8 个点。到了 2014 年，除了贷款，债券和衍生品的对外投资各下降了相当于 GDP 的近 0.6 个点和 0.7 个点。爱尔兰在 2014 年的 GDP 增速达到 5.2%，基本恢复危机前 2007 年的增速，2016 年 GDP 增速为 4%。作为最早退出欧洲三驾马车救助的国家之一，除了债务违约率（按逾期超过 90 天）仍居高不下（截至 2014 年三季度，债务违约率超过 18%），其失业率、全要素生产率增长率等都出现明显好转。

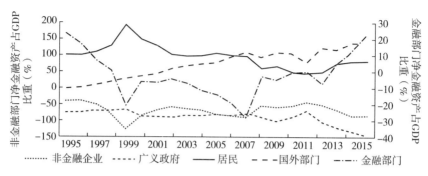

图 3. 24　希腊各部门净金融资产占比 GDP

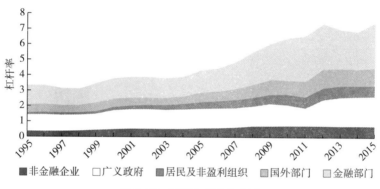

图 3. 25　希腊各部门杠杆率

　　希腊作为此次债务危机的源头，其国外部门的资金支持在 2007 年后就超过了居民部门的供给，成为其他部门的主要资金来源，2015 年国外部门的资产中有 53.2% 是贷款，而政府和企业是主要资金需求者，政府的负债甚至高过企业。值得注意的是，居民部门、非金融企业部门和金融部门在 1999 年的净金融资产均有一个突变，主要原因是：希腊股市由于加入欧元区的美好预期和对降息的预期同时导致股票指数大幅上涨。但是，事实上希腊是 1999 年唯一被拒绝加入欧元区的申请国，雅典证交所的指数从 1999 年 9 月的最高点 6355 直线下降到 2000 年 8 月的 3430，而拒绝理由正是希腊政府的预算赤字和负债率过高。掩盖真实政府负债率的希腊在进入欧元区之后，借欧元区

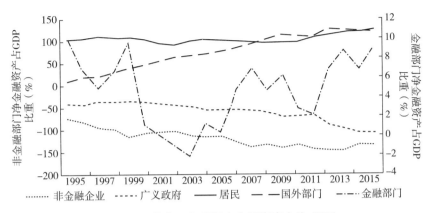

图 3.26　葡萄牙各部门净金融资产占比 GDP

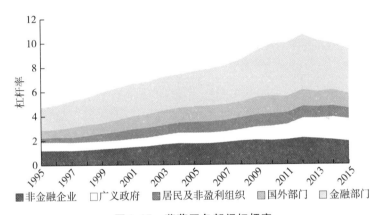

图 3.27　葡萄牙各部门杠杆率

整体经济实力的东风，能够以较低利率扩充其政府开支来源，而其政府开支主要集中在国防、公务员及居民福利，没有投资于生产力建设，这相当于一次性消费，是不可持续的。被高福利绑架的希腊政府为求得政权的合法性，不惜以经济结构失衡为代价，一次次掩盖事实。希腊的产业结构中 85% 是服务业，旅游业和航运业是其支柱产业，而这两个产业在金融危机影响下开始走下坡路，希腊的债务危机不得不被公之于众。再看杠杆率，希腊政府在 2008 年债券负债下降，贷款数量上升，总体表现为杠杆率上升。

在葡萄牙，居民部门净金融资产在 2011 年后略有上涨，资产端主

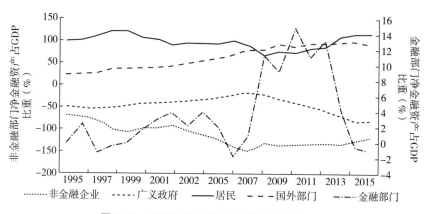

图 3.28　西班牙各部门净金融资产占比 GDP

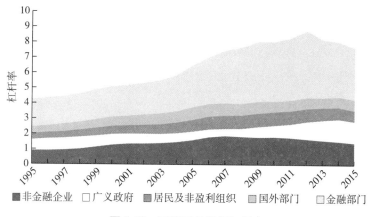

图 3.29　西班牙各部门杠杆率

要是债券持有和保险资产上的增加大于负债端贷款额的增加。国外部门的净金融资产快速上升，在 2008 年金融危机之后和居民部门一起成为其他部门的主要资金供给者。以 2015 年为例，近 3 倍于 GDP 的资产中通货、债券、贷款和股权分别占 27%、22%、24% 和 24%。在非金融企业，以贷款和股权为主的债务的上升速度大过资产的上升速度，使得葡萄牙的企业始终处于资不抵债的局面。整个金融部门资产负债扩张明显，在 2012 年后略有收缩，因此没有过大的金融风险。从杠杆率看，除了广义政府部门，其他部门的杠杆率在 2012 年之后都出现了回落。

金融部门主要是因为存款数额下降，非金融企业则是债券、贷款和企业间的应付都出现了下降；居民部门则是贷款下降，国外部门负债下降主要是通货和对外的债券投资下降。

西班牙和葡萄牙一样，国外部门和居民部门一同成为资金供给者。政府在 2008 年以后的负债增长主要是发行政府债券，2011 年又增加了贷款，但在 2014 年后开始略有好转。非金融企业负债在 2015年达到 3.2 倍 GDP，其中股权和贷款分别占 54.8% 和 32.4%。从杠杆率看，西班牙也是除了广义政府部门，其他部门的杠杆率在 2012 年之后都出现了回落。非金融企业部门和居民部门主要是因为贷款的下降，金融部门主要是因为债券和贷款的同时下降，国外部门负债基本不变。

总体来看，危机之后，以上 8 个国家中，除了德国，其他 7 个国家都依靠资金流入和财政扩张来修复资产负债表，而德国作为唯一的资金流出国，财政稳定，金融部门依靠自身力量去杠杆、逐步提高净资产。因此，除德国外，各国都存在一定的外部风险和财政风险，而英国金融部门的净资产为负，存在一定的金融风险。

3.4　小结与政策建议

综合前面的分析，我们把中国和世界主要国家和地区的净金融资产结构列为表 3.2，从中可以发现这样几个特征事实：

首先，各国的居民部门都是资金供给者，企业部门都是资金需求者，金融部门的主要功能就是把居民部门的储蓄转化为企业部门的投资。从这个意义上讲，金融为实体经济服务最根本的任务就是为家庭理财、为企业融资。

其次，政府部门一般都是资金需求者，中国政府是唯一例外。造成这种现象有几方面的原因：一是由于上市公司大多是国有企业，证券市

表 3.2　国家净金融资产结构分析与国际比较

	资金供给者	资金需求者	金融部门净金融资产	潜在风险
中国	居民、政府	企业	始终为正	影子银行
美国	居民、国外	企业、政府	20世纪90年代以来始终为负	金融、财政
日本	居民	企业、政府和国外	2008年之后为正且持续上升	财政
欧洲28国	居民、国外	企业、政府	2008年之后为正且持续上升	财政、外债
英国	居民、国外	企业、政府	2008年之后围绕零波动	财政、外债
法国	居民、国外	企业、政府	2008年之后始终为正	财政、外债
德国	居民	企业、政府和国外	2008年之后为正且持续上升	无

场过高的市盈率就意味着高估了国有金融资产;[1]　二是各级地方政府融资平台和大型国有企业可以用较低的利率从银行获得贷款或上市发行债券,从而低估了显性的财政负债;三是低估了隐性的、或有的财政负债,比如国家对国有企业和国有银行的隐性担保、养老基金和社会保障基金缺口没有真正披露等。这些体制上的原因使中国的政府部门"不差钱",在财政和金融两个层面都存在严重的"软预算约束"问题,导致过度投资、效率低下。只有通过金融体制的深化改革,加上财政、土地和国有企业多个领域的配套改革、整体推进,才能硬化各级政府的"金融约束",建立金融与政府之间有距离、有合作的良性关系。[2]

　　再次,美国、英国、法国和大多数欧洲国家都是资金的净流入国,

---

[1]　对国有土地等实物资产的分析参见本书第7章,对股票市场市盈率的分析参见本书第9章。

[2]　在我国金融部门为政府"过度服务"的问题在第4.1节关于金融发展的"收入分配效应"部分也有分析。

日本和德国则是全球主要的资金净流出国。资金是流入还是流出与一个国家的人口年龄结构、产业结构和经济增长潜力都密切相关。一般来说，如果一个国家可贸易的制造业部门竞争力较强，储蓄率就较高，如果国内人口老龄化严重、经济增长率较低，国内投资吸收不了储蓄，资金就会流出；反之，不可贸易的服务业部门占比较高的国家储蓄率可能偏低，需要外部资金流入补充投资。未来一段时间我国人口年龄结构和产业结构的变化趋势可能与德国比较类似，因此金融部门应该顺应这一历史趋势，尤其是抓住"一带一路"建设的历史机遇，助推中国实体企业和产业资本走出去，同时完成中国金融的全球布局，实现中国从"制造大国、金融大国"成长为"制造强国、金融强国"的伟大梦想。

最后，从金融部门和金融体系自己的发展来看，与美国、日本和英国、法国等欧洲大多数国家相比，我们目前的财政和金融体系都比较安全，也不存在明显的外债和汇率风险。但同时也应看到，2012 年以来由于企业脱媒和银行理财产品等"影子银行"业务的发展，以及我国目前"一行三会"的监管框架存在一些"灰色地带"和"监管套利"的空间，造成一定的系统性风险的隐患（详见本书第 8 章的分析）。因此，今后一段时期，我们仍需要强化、完善和创新现有的监管体系和监管制度，把各项微观审慎监管和宏观审慎监管政策落到实处，坚决守住不发生系统性、区域性金融风险的底线。

第 **4** 章
金融发展的收入分配效应与系统风险演化

第 3 章聚焦了金融流量在居民、非金融企业、金融部门和政府等各部门之间配置的问题,也即回答了金融究竟是为谁"服务"以及如何"服务"的问题,揭示了中国金融配置的部门结构及其比例特征,并将这些结构性特征放在国际环境中进行比较分析。我们对美国、日本及欧洲国家的金融配置的部门结构及其比例特征进行分析,寻找金融风险上升和债务危机发生的背后原因。在本章,我们将关注金融发展过程中另外两个非常重要也非常敏感的问题:金融资源配置带来的收入分配结果,以及收入分配与系统性风险发生之间的关系,并同样通过数据整理和国别比较研究,总结特征事实,在此基础上提出政策建议。我们将根据"国家资金流量表"和"国家资产负债表"等宏观经济数据,从两个方面展示和分析金融服务实体经济的实际效果。第 1 节以国家资金流量表(实物交易)为基础,从金融市场的"收入分配效应"视角,再次解读"金融为谁服务"的政治经济学问题。第 2 节以国家资产负债表为基础,创新性地提出金融投入产出表和金融乘数的概念,深入分析近年来我国金融体系发展的主要成就和潜在问题。最后第 3 节将做简要的政策分析。

4.1 金融为谁服务:基于金融市场收入分配效应的分析

之前已经提到,原则上我们认为,金融为实体服务就是要为家庭理财服务，为企业融资服务，为各级政府建设基础设施和提供公共产品服务，为中央政府进行宏观调控服务。那么，现实世界中，金融机构和市场有没有很好地提供上述金融服务？本章将采用一种非常直观而简单的评价方法：通过分析"国家资金流量表（实物交易）"中各个部门的收支情况，看居民、企业和政府部门通过金融活动有没有获得更多财产性收入，或者减少相应的财产性支出。

4.1.1　国家资金流量表 （实物交易） 的基本结构

首先简要介绍一下国家资金流量表（实物交易）的基本结构。与国家资产负债表类似，国内的经济部门一般可分为金融部门和非金融部门两类，前者指银行、证券公司等专门从事金融活动的间接或直接金融机构，后者可再细分为居民、非金融企业和政府三类经济主体。这四个经济部门以资金借入或借出者的身份参与直接或间接金融市场的活动，金融市场则通过在各个主体之间转移收益、分散风险，进行资金的优化配置。

与第 3 章不同的是，我们暂时忽略国外部门，则国内四个经济部门（金融部门 B、居民 H、非金融企业 F 和政府 G）的可支配收入核算公式为：

$$可支配收入 = 增加值 + 劳动者报酬 + 生产税净额$$
$$+ 净财产性收入 + 净经常转移 \tag{4.1}$$

根据（4.1）式，通过分析净财产性收入占可支配收入的比重和变动趋势，可以看出金融市场对居民、企业和政府收入和福利的影响，也能直接回答"金融为谁服务"的问题。

净财产性收入的核算公式为：

$$净财产性收入 = 财产性收入（来源）- 财产性支出（运用）$$
$$= 净利息 + 净红利 + 净地租 + 其他净财产性收入 \tag{4.2}$$

根据（4.2）式，通过分析利息、红利和地租占财产性收入（或支出）的比重及变动趋势，我们可以看到各类主体在参与金融市场活动过程中的细分收支结构的变化，从而更好地评价金融为实体服务的效果。

4.1.2 我国金融市场的收入分配效应

下面我们来定量地分析金融市场的收入分配功能。如图 4.1 所示，1992 年以来我国居民和政府都存在净财产性收入（即财产性收入大于财产性支出），而金融机构和非金融企业则体现为净财产性支出。因此，我国金融市场在为家庭理财、为企业融资、为政府服务的过程中，也实现了将财产的净收益从非金融企业和金融机构，转移给居民和政府部门的收入再分配功能。

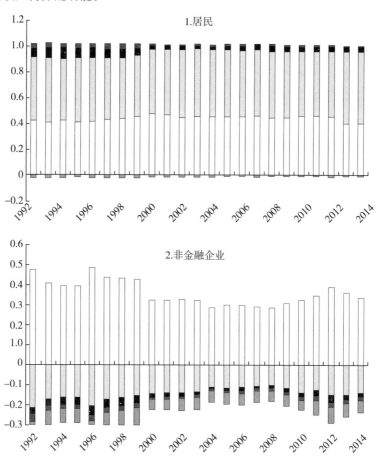

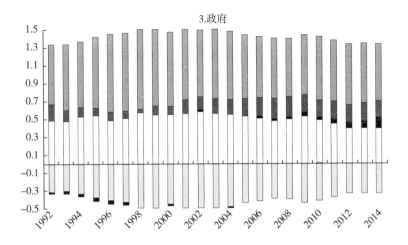

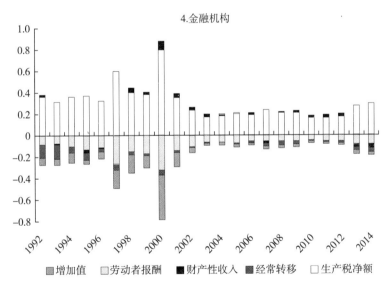

图 4.1　中国各部门可支配收入中财产性收支占比

资料来源：iFind。

为了进一步了解金融市场的收入分配作用，有必要对各个部门的财产性收入进行分解。我们定义的财产性收入包括利息、红利、地租和其他收入，其中其他收入主要来自金融市场的一些理财产品的收入。从图4.2 中可以看出：

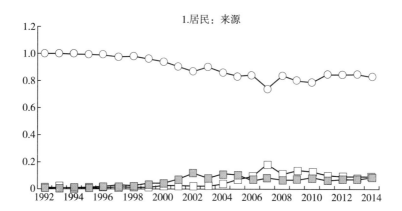

1.居民：来源

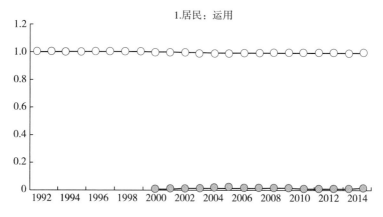

1.居民：运用

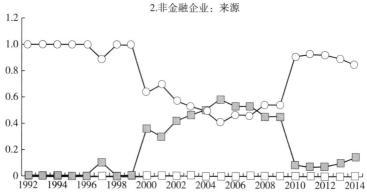

2.非金融企业：来源

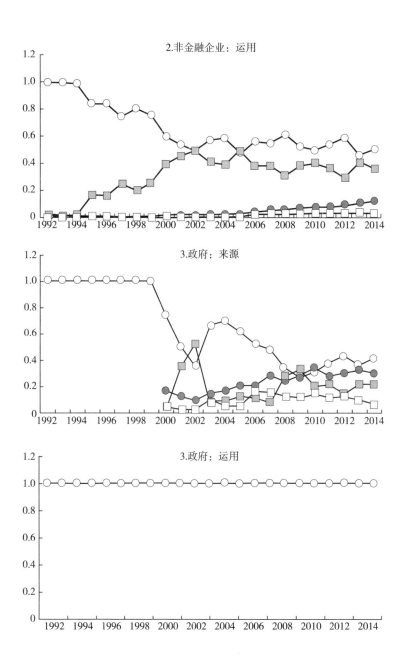

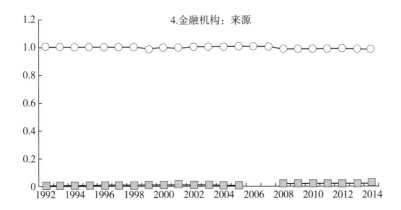

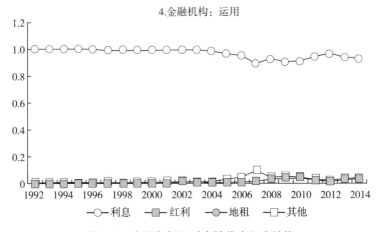

图4.2　中国各部门财产性收支细分结构

资料来源：iFind。

（1）首先对居民而言，2000年之后居民的利息收入占财产性收入的比重从1992年的99.6%下降到2014年的82.6%；而居民的其他收入在1992年的占比只有不到0.2%，在2014年则增加到9.3%。中国的居民从金融市场中获取的红利收入在2000年之后几乎没有增长，占居民总财产性收入的比重一直在10%以下。

（2）就非金融企业而言，2000年之前企业的利息支出比重和红利支出比重有一个非常明显的反向变化趋势，其中利息支出占比从1992年的接近100%下降为2000年的59.2%，而红利支出的占比则从不到

1%上升为39.3%。但是2000年之后，这一变化趋势完全停止，非金融企业的红利支出占比反而开始缓慢降低，利息支出比重维持在财产性支出50%左右的水平。2000年之后掀起的被大家热议的股权分置改革，理论上对于提高广大中小股东的权益应有所建树，然而在数据中我们并没有看到企业的红利支出随着经营状况的改善而有所增加。在企业红利支出的下降背后，我们观察到的是企业地租支出的上升，从2000年的1.3%增加到了2014年的11.5%，这一数据也与政府部门的地租收入增加互相呼应。

（3）在政府的财产性收入中，利息收入波动较大，到2014年其占政府财产性总收入的比重为41.3%。而政府从国有企业获得的红利收入也曾经出现较大幅度的波动，但是在2008年金融危机之后反而相对平稳，维持在政府财产性收入的20%左右。另一方面，政府的地租收入则快速上升，从2000年占财产性收入的16.8%上升为2014年的30.1%。

（4）最后，金融机构一定程度上存在利息支出下降的趋势，这与前面居民和政府利息收入占比下降的趋势是一致的，说明以银行为主的金融机构在负债来源方面发生了很大的变化。同时在收入端，虽然企业的利息支出下降，但贷款利息还是银行等金融机构主要的收入来源，财产性收入的结构几乎没有变化。

4.1.3　与欧盟28国数据的简单比较

将中国各个部门的净财产性收入情况与欧盟28国进行比较（图4.3），不难发现：在欧洲，企业、政府和金融机构的净财产性收入都是负值，只有居民部门的净财产性收入为正。2015年的数据显示，欧盟28国居民净财产性收入占可支配收入的比重平均为10.1%，比我国居民在2014年3.9%的占比高出了6.2个百分点。与之相对的，是欧洲各国非金融企业和政府部门较高的净财产性支

1.居民

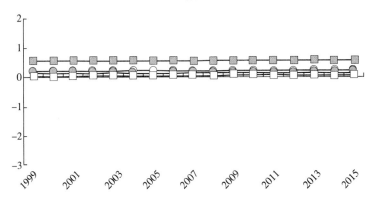

2.非金融企业

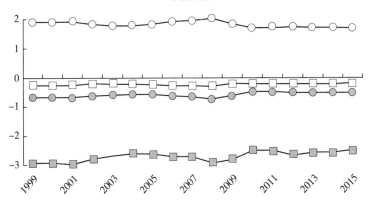

3. 政府

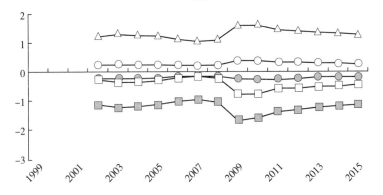

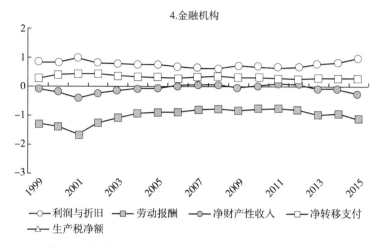

图 4.3　欧盟 28 国各部门财产性净收入占可支配收入之比

资料来源：iFind。

出水平。2015 年欧盟 28 国非金融企业的净财产性支出占可支配收入的比重达到了 49.4%，而政府部门的净财产性支出占可支配收入的比重也有 15.2% 左右。

　　因此，从财产性收支占可支配收入比重来看，欧洲的居民是金融市场收入分配中最大的获益者，他们从非金融企业和金融机构的资金往来活动中获得红利，并且从政府的社保基金中获得大量补贴。作为唯一的净财产性收入者，欧洲的居民从金融活动中获取的收益要远远高于我国的居民部门。在欧洲，金融的重要功能是替居民有效管理财富并获得丰厚回报，也是解决人口老龄化时代收入再分配的重要手段。但是，在我国，政府从金融市场的活动中获得的回报份额最多，属于居民的收入回报偏低，这些数据从一个侧面反映出我国政府主导的经济增长模式，以及政府部门和居民部门在收入分配上的扭曲。

　　再从财产性收支的细分结构来看（图 4.4），欧盟 28 国最明显的趋势是，2008 年金融危机之后各部门利息收入（支出）的下降，以及

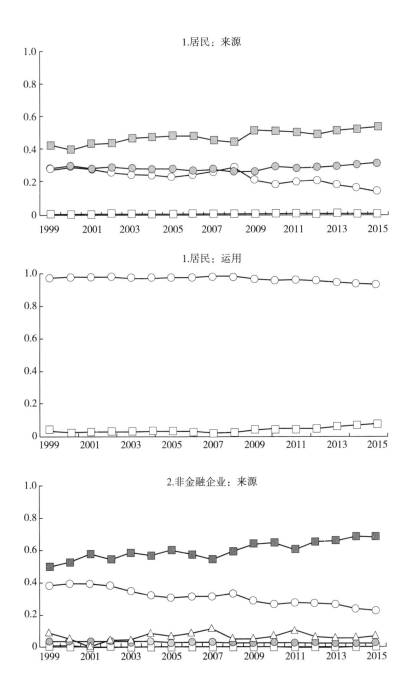

2.非金融企业：运用

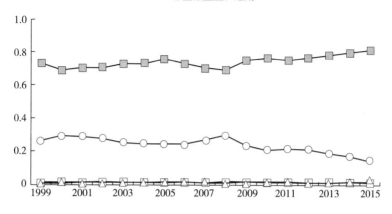

3.政府：来源

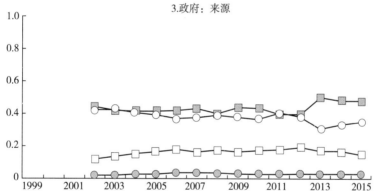

3.政府：运用

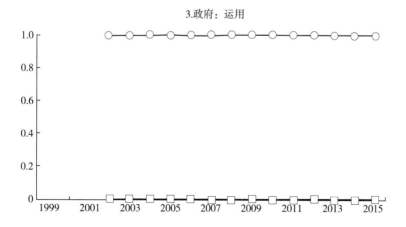

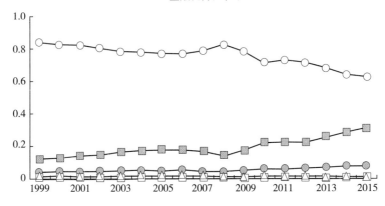

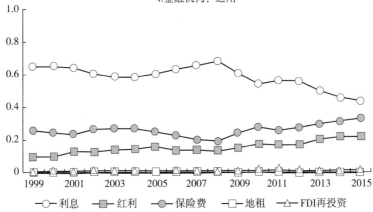

图 4.4　欧洲 28 国财产性收支细分结构

资料来源：iFind。

红利收入（支出）的长期上升。如果说利息的收入和支出代表的是金融
市场中商业银行所发挥的功能，我们看到这部分金融功能在长期中似乎存在
着不断萎缩的趋势。另一方面，红利收入（支出）的上升反映出直接金融
机构的快速发展，并在金融市场的收入分配中发挥着越来越重要的作用。

　　欧洲居民部门的财产性收入中，占比最大的是红利收入，达到了总
财产性收入的 50% 以上；其次是保险收入，占比在 30% 左右。来自商
业银行的传统利息收入，在居民部门的占比已经降低到了财产性收入的
14.0%（2015 年）。然而在我国，利息收入仍然是居民最主要的财产性

收入来源，其占比在 2014 年仍旧有 82.6%；我国居民的其他财产性收入，例如理财产品、保险产品的收入等，虽然在近年来有快速上升的趋势，但是在总量上占财产性收入的比重还不到 10%，这一点与欧洲发达国家相比还是有很大差距，显示出我国直接金融机构的发展还相对滞后，能够给家庭带来的收入分配效应还有待提高。

与居民部门财产性收入结构相对应的，是欧洲非金融企业财产性支出的结构。从欧盟 28 国的平均数据来看，红利支出一直以来都是非金融企业占比最大的财产性支出，2015 年的比重高达 81.4%，并且仍旧存在着上升趋势；而非金融企业的利息支出占比则从 1999 年的 26.3% 下降到 2015 年的 14.4%。

除非金融企业外，欧洲金融机构的利息支出占财产性支出的比重也存在明显的下降趋势，但在金融机构内部还是比重最大的支出类别，其 2015 年的占比为 40% 左右。与居民部门较高的保险收入相对应的，是金融机构占财产性支出比重约为 30% 的保险费支出，并且欧洲金融机构的保险费支出占比在 2008 年金融危机之后有一个显著的上升趋势。同样，金融机构的红利支出也在不断上升，到 2015 年占金融机构财产性支出的比重达到了 22.2%。非金融企业和金融机构两方面的数据，都印证了上文中欧洲的金融市场向居民部门不断输送金融福利的直观感受。其中，直接金融的分配功能在欧洲经济体中已经明显超过了间接金融，金融市场通过红利分配和保险收入的形式，将实体经济和金融机构创造的利润转移给居民部门，提高居民部门的收入和福利。

最后，从政府的财产性收入和财产性支出来看，它们也是金融市场的净支出者，通过各种社保基金向居民部门源源不断地输送福利。

4.1.4　金融市场收入分配效应的简单小结

综上，通过分析中国各部门的财产性收入结构，以及与欧洲 28 国的相应数据进行对比，我们可以得出以下几点结论：

1. 中国政府和居民之间的财产性收入分配存在扭曲

中国居民的财产性净收入占可支配收入的比重远远低于欧盟国家，并且也远低于本国的政府部门，而欧洲政府的财产性支出超过了财产性收入，是金融市场上的福利输出者而不是利益攫取者。中国和欧洲在上述方面的差异，反映出我国金融市场的发展似乎加重了居民和政府间的收入分配扭曲，结果是降低了居民部门福利。

2. 非金融企业地租负担加重

政府和居民之间收入分配扭曲的问题，反映在非金融企业财产性支出上，就是地租支出比例的不断上升，这使得我国的非金融企业在利润输送上出现了和欧洲国家截然不同的格局。当欧洲国家的非金融企业主要通过红利向居民部门输送利润时，中国非金融企业的利润则主要通过土地使用支付地租的形式流向了政府部门，居民部门分到的红利却长期停滞不前。随着政府对土地收入的依赖程度加深，非金融企业的地租负担越来越重，因而支付居民红利的意愿和能力也相应降低，导致居民部门的红利收入并没有随着股票市场的发展而增加，政府的地租收入挤出了居民应当从金融市场中获得的红利收入。

3. 直接金融机构的功能有待加强

企业红利和保险收入在欧盟 28 国是居民财产性收入的主要来源，然而在我国，这两者占居民财产性收入的权重远远低于欧盟国家。虽然近年来我国居民的其他财产性收入有所上升，但数量上的落后使得其能够发挥的收入分配功能十分有限，这与我国金融市场中直接金融机构和间接金融机构的相对份额密切相关。为了使金融机构能够更好地提高居民部门的收入和福利，提高直接金融机构的份额、加强它们在整个经济中发挥的作用就变得十分必要。

4.2 金融市场发展与系统性风险演化

从国家资产负债表的结构中可以看出，社会各个部门的资产负债表背后存在着千丝万缕的联系，一个部门资产负债情况的变动，必定会通过金融市场的传导机制，引发另一个部门资产负债的相应调整。为了从数量上刻画这种传导机制，进一步研究各个部门之间资产和负债的相互关系，我们将首先介绍一个定量分析的框架，然后结合李扬等（2016）的数据对我国系统性风险的演化给出定量分析。

4.2.1 金融投入产出表和金融乘数的分析框架

首先，将国家资产负债表改写为下面的金融投入产出表：

表 4.1 中国金融投入产出表

20XX	金融资产				非金融资产	总资产
	部门 1	部门 2	…	部门 K		
部门 1	S_{11}	S_{12}	S_{1j}	S_{1K}	M_1	A_1
部门 2	S_{21}	S_{22}	$\cdots, S_{2j}, \cdots$	S_{2K}	M_2	A_2
	…	…	⋱	…	…	…
⋮	S_{i1}	S_{i2}	S_{ij}	S_{iK}	M_i	A_i
	…	…	⋱	…	…	…
部门 K	S_{K1}	S_{K2}	$\cdots, S_{Kj}, \cdots$	S_{KK}	M_K	A_K
总负债	D_1	D_2	$\cdots, D_j, \cdots$	D_K	–	–

在表 4.1 中，元素 S_{ij} 表示第 i 个部门持有的第 j 个部门的资产，也是第 j 个部门对第 i 个部门的负债。元素 M_i 表示第 i 个部门的非金融资产。在每一行的末尾，元素 A_i 表示第 i 个部门的总资产，应该等于第 i 行的 A_i 前面的所有元素之和；在每一列的末尾，元素 D_j 表示第 j 个部门的负债，它应该等于第 j 列的 D_j 上面的所有元素之和。

再定义"金融直接消耗矩阵 S"，其中的元素 s_{ij} 等于第 j 个部门对第 i 个部门的负债与 j 部门的总资产之比：

$$s_{ij} = \frac{S_{ij}}{A_j}, \quad S = \begin{bmatrix} s_{11} & \cdots & s_{1K} \\ \vdots & \ddots & \vdots \\ s_{K1} & \cdots & s_{KK} \end{bmatrix} \tag{4.3}$$

如果用 M 和 A 分别表示由每个部门的非金融资产 M_i 和总资产 A_i 组成的矩阵:

$$M = \begin{bmatrix} M_1 \\ \vdots \\ M_K \end{bmatrix}, A = \begin{bmatrix} A_1 \\ \vdots \\ A_K \end{bmatrix} \qquad (4.4)$$

对于由每个部门的负债 D_i 组成的矩阵 D 而言,根据 s_{ij} 的定义,我们知道有:

$$D = SA \qquad (4.5)$$

再根据 $D + M = A$ 的恒等式,我们就能得到:

$$SA + M = A \Leftrightarrow A = (I - S)^{-1} M \qquad (4.6)$$

在投入产出分析中,$(I - S)^{-1}$ 为列昂惕夫逆矩阵,在此我们称之为金融体系的列昂惕夫逆矩阵 L,用 l_{ij} 表示其中位于第 i 行第 j 列的元素,那么上面右边的式子就意味着:

$$\begin{bmatrix} A_1 \\ \vdots \\ A_K \end{bmatrix} = \begin{bmatrix} l_{11} & \cdots & l_{1K} \\ \vdots & \ddots & \vdots \\ l_{K1} & \cdots & l_{KK} \end{bmatrix} \begin{bmatrix} M_1 \\ \vdots \\ M_K \end{bmatrix} \qquad (4.7)$$

因此,元素 l_{ij} 就表示第 j 个部门的非金融资产的价值变动 1 单位,会导致第 i 个部门的总资产变动多少个单位的价值。如果我们对同一行的元素 l_{ij} 进行加总,得到 $L_i = \sum_j l_{ij}$,表示的是当社会各部门的非金融资产价值变动 1 单位,会导致第 i 个部门的总资产价值变动多少单位。因此 L_i 越大说明部门 i 面临的金融风险越大,下文中我们把 L_i 称为金融乘数。

金融乘数是我们描述和度量金融风险的核心指标,下面我们以一个最简单的情况为例,深入解读其背后的经济含义。简化假定经济中只有非金融和金融两个部门,暂时不考虑部门内部的资产负债关系,金融部门和非金融部门的负债率分别为 s_B 和 s_N,矩阵 S 等于:

$$S = \begin{bmatrix} 0 & s_B \\ s_N & 0 \end{bmatrix} \tag{4.8}$$

当 $1 - s_B s_N > 0$ 时，不难解得：

$$L = \begin{bmatrix} 1 & -s_B \\ -s_N & 1 \end{bmatrix}^{-1} = \frac{1}{1 - s_B s_N}\begin{bmatrix} 1 & s_B \\ s_N & 1 \end{bmatrix} \tag{4.9}$$

这表明部门非金融资产的变动，对本部门和部门总资产的影响分别为：

$$l_{jj} = \frac{\partial A_j}{\partial M_j} = \frac{1}{1 - s_B s_N} \quad 和 \quad l_{ij} = \frac{\partial A_i}{\partial M_j} = \frac{s_i}{1 - s_B s_N} \tag{4.10}$$

显然，非金融资产对总资产的影响在部门内部具有乘数效应，当两个部门的负债率都较高时，部门之间的交叉影响也有乘数效应，而且每个部门的负债率越高、乘数越大，L 的元素 l_{ij} 和负债率都是正相关。为什么负债率上升会提高金融传导系数，并产生乘数效应呢？如果把部门间复杂的资产负债关系看作一个"金融网络"，那么从网络经济学的视角，就可以更直观地理解 L 的经济含义。

根据矩阵分析理论（张跃辉，2011），当 $1 - s_B s_N > 0$ 时，所有特征值的模均小于 1 （ $|\lambda_{1,2}| < 1$ ），此时可逆且：

$$L = (I - S)^{-1} = I + S + S^2 + \cdots \tag{4.11}$$

由于矩阵描述了部门之间复杂的资产负债和金融投入产出关系，因此实际上是这种复杂的投融资关系的累积影响。下面以金融和非金融的两部门为例，逐项解读其经济含义：

1. 每个部门非金融资产变动对自己的总资产有直接影响 $\Delta A^{(0)} = I \cdot \Delta M = \Delta M$ 。如果不存在金融市场，没有金融资产和负债，也就没有金融网络 $S = D = 0$ ，此时每个部门的非金融资产就等于总资产，也等于净资产 $M = A = NA$ 。这种情况下，房地产、机器设备等非金融资产的变动会等值地影响总资产和净资产 $\Delta A = \Delta NA = \Delta M$ ，没有任何乘数效应。

2. 当 $S \neq 0$ 时，各个部门之间的资产负债将相互关联、相互影响，第一轮的间接影响为：

$$\Delta A^{(1)} = S \cdot \Delta M = \begin{bmatrix} 0 & s_B \\ s_N & 0 \end{bmatrix} \begin{bmatrix} \Delta M_N \\ \Delta M_B \end{bmatrix} \tag{4.12}$$

由于金融部门的固定资产很少，我们重点关注非金融部门的影响。面对前面非金融部门总资产的变化，本轮中金融部门发放的贷款（即金融部门的资产）会做出调整。因此，非金融部门土地和房产等固定资产价值的变化会通过信贷渠道影响金融部门的资产负债，进而影响金融部门的净资产和金融安全。

3. 第二轮的间接影响等于：

$$\Delta A^{(2)} = S^2 \cdot \Delta M = \begin{bmatrix} s_B s_N & 0 \\ 0 & s_B s_N \end{bmatrix} \begin{bmatrix} \Delta M_N \\ \Delta M_B \end{bmatrix} \tag{4.13}$$

前面金融部门贷款（总资产）的上升会在这一轮中促使金融部门吸收更多的存款，同时非金融部门也会把新增贷款的一部分存放在银行，这是一个标准的货币创造过程，结果将使非金融部门的总资产增加。

4. 以此类推，S^k 表示第 k 轮金融投入产出关系的影响，当 k 为偶数和奇数时有递推公式（$m = 0, 1, 2\cdots$）：

$$S^{2m} = (s_B s_N)^m I, \quad S^{2m+1} = (s_B s_N)^m \begin{bmatrix} 0 & s_B \\ s_N & 0 \end{bmatrix} \tag{4.14}$$

加总得到金融网络的累积影响：

$$L = \sum_{m=0}^{\infty} (S^{2m} + S^{2m+1}) = \sum_{m=0}^{\infty} (s_B s_N)^m \left(I + \begin{bmatrix} 0 & s_B \\ s_N & 0 \end{bmatrix} \right)$$

$$= \frac{1}{1 - s_B s_N} \begin{bmatrix} 1 & s_B \\ s_N & 1 \end{bmatrix} \tag{4.15}$$

综上，如果列昂惕夫投入产出表记录的是部门之间的"物质流"的话，那么我们提出的金融投入产出表描述了宏观经济中的"资金流"。各个部门通过复杂的投融资关系融入一张庞大的金融网络，这张金融网络在配置资金、分散风险的同时，也使部门之间的财务状况相互联系、相互影响，使金融风险存在扩散、集聚甚至被不断放大的可能性。

4.2.2　中国金融投入产出表的构造

结合中国实际的数据情况，我们将经济分成 5 个部门，其中，非金融部门包括居民、企业和政府，金融部门包括银行（存款性机构）和其他直接金融部门。

我们使用的数据主要来自李扬等"中国社会科学院国家资产负债表研究中心"针对中国国家资产负债表的研究成果。通过对各部门间资产负债关系的梳理，形成了如下表所示的中国国内部门间资产负债关系表。

表 4.2　中国国内部门间资产负债关系表

20XX	金融资产					非金融资产	总资产
	居民	企业	银行	直接金融	政府		
居民	–	–	E	I	–	M	**P**
企业	–	B	F	J	–	N	**Q**
银行	A	C	–	K	L	–	**R**
直接金融	–	D	G	–	–	–	**S**
政府	–	–	H	–	–	O	**T**
总负债	**U**	**V**	**W**	**X**	**Y**		
净资产	**a**	**b**	**c**	**d**	**e**		
净金融资产	**f**	**i**	**j**	**k**	**l**		

如前一节所介绍的，每一列反映各个部门的负债结构，每一行则反

映各个部门的资产结构。首先从第一列来看，居民部门的负债（A）主要由银行的各类贷款组成，同时属于银行部门的资产。

第二列是非金融企业的负债结构，主要由企业间负债（B）、银行的短期和长期贷款（C）以及其他金融负债（D）构成，分别对应为企业部门的资产①、银行部门的资产和直接金融部门的资产。

第三列是银行部门的负债结构，由于原始数据中对银行部门资产负债结构的描述相对匮乏，因此我们采取了从其他部门的资产结构来倒推银行部门负债结构的方式。首先，银行对居民部门的负债（E）来自居民部门资产负债表中"通货"和"存款"两个科目；银行对企业部门的负债（F）来自非金融企业部门资产负债表中企业的"货币资金"科目；银行对直接金融部门的负债（G）来自《包含保险公司和证券公司的金融机构资产负债表》②中"金融债券"科目；银行对政府部门的负债（H）来自中央政府资产负债表中"现金和存款"科目以及地方政府资产负债表中"地方政府在中央银行的存款"科目。

第四列是直接金融部门的负债结构，也主要来自其他部门的资产构成。其中，直接金融部门对居民部门的负债（I），来自居民部门资产负债表中"股票""证券投资基金份额""证券公司客户保证金""保险准备金""金融机构理财产品""结算资金""其他金融资产"几个科目；直接金融部门对企业部门的负债（J）来自非金融企业部门资产负债表中"长期股权投资"和"其他金融资产"两个科目；直接金融部门对银行部门的负债（K）来自《金融机构资产负债表》③中"投资"科目。

第五列是政府部门的负债结构。我们假设政府部门的债务均由银行

---

① 原始数据中对应企业部门内部负债关系的科目，除"企业间负债"还有"企业间信用"，数值上企业间负债几乎为企业间信用的两倍。在这里我们选取"企业间负债"作为描述企业内部的负债关系的指标，可以理解为风险企业间最容易引发严重的连锁反应的一种情况。

② 李扬，张晓晶，常欣. 中国国家资产负债表2015［M］. 北京：中国社会科学出版社，2015，第116页.

③ 同上，第109页。

系统承担，包括中央政府债务和地方政府债务的合并。其中，中央政府债务我们使用了"债券"和"贷款"两个科目的数据，排除了外债和其他同银行系统无关且数值较小的科目。而地方政府的资产负债科目和其他的经济部门存在明显的差异，这也给我们的分析造成了一定的困难。在原数据中，地方政府的负债分为"直接显性负债"④"或有显性负债"⑤"直接隐性负债""或有隐性负债"⑥ 四类。其中，"直接隐性负债"的统计口径不明，而"或有隐性负债"的统计范围同时和金融部门以及非金融企业部门的统计范围重合，因此我们没有使用这两个科目下的数据，而主要选取地方政府"直接显性负债"中的"地方政府外债"和"或有显性负债"两个科目中的数据，同中央政府的负债数据进行加总，作为整个政府部门对银行部门的负债（L）。

　　第六列是各个部门的非金融资产科目，我们假设银行和直接金融部门的非金融资产很少，所以可以忽略不计。居民部门的非金融资产（M）对应居民部门资产负债表中的"非金融资产"⑦ 一项。企业部门的非金融资产（N）则对应非金融企业部门资产负债表中的"非金融资产"⑧ 科目。而由于地方政府的资产负债表统计科目的不一致，我们使用了国家资产负债表中"非金融资产"科目下的"行政事业单位固定资产""事业单位无形资产""政府所拥有的资源性资产"三个子科目的总和作为政府部门的非金融资产（O）。

　　第七列是各个经济部门的总资产。其中，居民部门总资产（P）和企业部门总资产（Q）分别对应居民部门资产负债表中的总资产一项和非金融企业部门资产负债表中的总资产一项。银行部门的总资产（R）则来自

----

④　"直接显性负债"包括"地方政府债券"和"地方政府主权外债"两个子科目。
⑤　"或有显性负债"包括"地方政府负有担保责任的债务"和"地方公共部门债务"两个子科目。
⑥　"或有隐性负债"包括"地方金融机构不良资产"和"地方国有企业债务"两个子科目。
⑦　包括"房地产""汽车""农村生产性固定资产"科目。
⑧　包括"固定资产""存货""其他非金融资产"科目。

《金融机构资产负债表》⑨中的"总资产"科目。直接金融部门的总资产（S），由于缺少直接的统计数据，我们将该行加总的数据（D+G）作为直接金融部门的总资产。政府部门的总资产（T）包括中央政府的总资产和地方政府的总资产，前者来自中央政府资产负债表的"总资产"科目，后者则包括地方政府资产负债表"总资产"科目下的"地方国有非经营性资产""地方政府所拥有的资源性资产""地方政府在中央银行的存款"三个子科目的数据，不包括"地方国有经营性资产"科目中的数据。

从行的角度来看表4.2，是各个部门的资产结构，其中的数据与对手部门的负债是一一对应的，因此无须重复介绍。第六行则是各个企业的总负债情况。其中，居民部门的总负债（U）和企业部门的总负债（V）分别来自居民部门和企业部门的资产负债表中的"总负债"科目。银行部门的总负债（W）则来自《金融机构资产负债表》中的"总资产"科目与"实收资本"科目之差。直接金融部门的总负债（X），同该部门的总资产一样，来自已有数据的加总，即该列数据的加总（I+J+K）。政府部门的总负债同其对银行部门的负债相等。第七行是各部门的净资产，等于各部门的总资产减去各部门的总负债。第八行是各部门的净金融资产，等于各部门的总金融资产减去各部门的总负债。对于银行和直接金融这两个没有非金融资产的部门来说，其净金融资产就等于净资产。

根据数据的可得情况，我们最终选取了2007—2012年作为研究的时间跨度。该时段正好跨越了2008年的金融危机，便于我们对比危机前后中国国内各部门间的资产负债关系是否发生了变化。

4.2.3 金融乘数和金融风险演化： 2007—2012年

有了2007—2012年中国国内部门间资产负债关系表，我们就可以利用第1小节给出的分析方法，计算中国的矩阵L和金融乘数。

---

⑨ 李扬，张晓晶，常欣. 中国国家资产负债表2015［M］. 北京：中国社会科学出版社，2015，第109页.

表 4.3　2007 年中国国内部门间资产金融乘数

2007	居民	企业	银行	直接金融	政府	资产金融乘数
居民	1.04	0.40	0.75	1.98	0.16	1.60
企业	0.03	1.55	0.54	1.41	0.12	1.69
银行	0.07	0.41	1.21	1.10	0.26	0.73
影子银行	0.00	0.15	0.08	1.16	0.02	0.17
政府	0.00	0.02	0.06	0.06	1.01	1.04

表 4.4　2012 年中国国内部门间资产金融乘数

2012	居民	企业	银行	直接金融	政府	资产金融乘数
居民	1.17	0.41	0.93	1.19	0.12	1.69
企业	0.16	1.75	0.89	1.44	0.11	2.02
银行	0.26	0.48	1.42	0.91	0.18	0.92
影子银行	0.05	0.26	0.25	1.27	0.03	0.34
政府	0.01	0.02	0.05	0.03	1.01	1.03

表 4.3 和表 4.4 分别展示了 2007 年和 2012 年中国国内部门间的资产金融乘数。其中，对角线上的数字表示某一部门的非金融资产增加 1 单位的价值，会导致本部门的总资产增加多少单位的价值。我们看到对角线上的元素在数值上都是大于 1 的，说明对于各个部门而言，非金融资产价值的增加都会导致该部门的总资产在价值上有更大幅度的上升。而这种放大作用的来源，毋庸置疑是通过金融市场的信贷链条，例如当企业部门的非金融资产价值增加时，企业就能够以其作为抵押，在金融市场上通过借贷，扩充资产负债表，使得资产的增加远远超过本部门非金融资产的增加额。对角线上的数字大于 1 也意味着，当非金融资产，例如土地价格、房地产价格下跌时，各个部门的总资产会产生更大程度的缩水，远远超过非金融资产价格本身的下跌幅度，使得经济陷入更为

深重的危机。

非对角线上的数字则表现了部门间资产负债关系的相互影响程度。例如表4.3第3行第2列的数字"0.41",表示2007年当企业部门(列)的非金融资产价值增加(降低)1单位时,会导致银行(行)的总资产增加(降低)0.41单位的价值。以此类推,这张表量化了中国国内的部门间和部门内非金融资产通过金融市场对总资产产生的乘数效应。

由于我们假设银行部门和直接金融部门的非金融资产为0,因此在计算社会总范围的资产金融乘数时(表中最后一列的数字),排除了银行部门和直接金融部门的非金融资产价值变动对其他部门的影响,而是仅仅对第一列、第二列和第五列的数据进行加总。因此,最后一列的"资产金融乘数"表示的是当实体经济(居民、企业和政府)的非金融资产在平均意义上增加1单位价值时,各个(列)部门的总资产会相应增加多少单位的价值。通过对比2007年和2012年的两张表,我们可以发现几乎每个部门的资产金融乘数在危机后都有所增加。

图4.5展示了2007—2012年中国各部门的金融乘数,从中可以发现2008年前后明显相异的变化趋势。从2007年至2008年,各部门的资产金融乘数其实是有所降低的,但是在2008年之后,先是企业部门和直接金融部门的资产金融乘数出现了一个显著的放大,接着居民部门和银行部门的资产金融乘数也开始逐渐上升。

这种全社会范围内资产金融乘数的上升,意味着我们的实体经济对信贷的依赖程度正在不断加重,同时金融体系内部的信贷链条也在逐渐延长,这一点也将体现在本书第8章的分析中。而这种变化,一方面表明中国国内经济的内部风险正在逐渐攀升,另一方面也暗示着危机一旦爆发,其后果将比2008年之前更加严重。因为金融乘数的上升,意味着资产价格的下跌将引起各个部门更大程度的总资产缩水,居民将面临更严重的开支缩减,企业将面对更严格的资金约束,银行和直接金融部门甚至也会更加容易陷入流动性不足的破产危机。

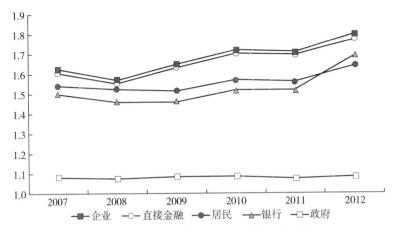

图 4.5　中国国内各部门金融乘数的变化趋势

资料来源：iFind。

4.3　总结与政策建议

面对中国金融市场内部系统性风险逐步攀升的事实，政策制定者似乎面临着增长或稳定的两难选择。一方面，投资拉动型的增长方式使实体部门对"建设金融""发展金融"的依赖不断加深，而随着信贷规模的扩张，其撬动 GDP 增长的能力不断减弱；另一方面，在金融市场内部，信贷链条的延长（详见第 8 章）也将不可避免地导致风险和泡沫的不断累积。

如何让中国的经济走出这样的两难境地？最根本的途径还是转变经济增长方式。过去，投资和出口作为拉动中国经济增长的两驾马车，在今天似乎已经不堪重负，居民消费长期以来一直受到抑制，其拉动经济增长的潜力一直没有得到发挥。对于如何提高居民消费这一问题，不同学者有不同的见解，在这里我们仅从"金融为实体经济服务"的角度提出一点看法。

刺激居民消费，首要是提高居民的可支配收入，这一点毋庸置疑。从 4.1 节的分析中我们可以发现，在我国，金融市场为家庭理财的功能还很不完善，金融市场的福利输送明显地向政府部门倾斜，而居民部门从中得到的收益却远远落后。因此，提高居民消费，增加居民收入，可以先从改善金融市场的服务功能入手，使居民能够更多地从金融市场中获益。而要想真正提高居民在金融市场中的收益份额，就必须支持和鼓励直接金融部门的发展。通过竞争性更强的金融机构，例如保险公司、证券公司等，增加居民的理财收益。

另外，从"供给侧"来说，"金融为实体经济服务"就意味着金融市场应该发挥为经济的生产者——企业，进行融资的功能。但是，为什么样的企业融资，如何为其融资，才是对金融市场运转效率的考验。在我国的金融体系中，尤其是 2008 年之后"稳增长"的旗帜下，大量金融资源流向了"铁公基"为代表的国有企业，导致了某些行业严重的产能过剩。而那些依赖信贷资源才得以继续运转的低效企业不出清，不仅产能过剩问题得不到缓解，更严重的后果是伤害有效率的企业在市场中的竞争力，由金融市场的资源错配进一步导致要素市场、产品市场等多维度的资源错配。

提高金融市场的配置效率，包括缓解中小企业融资难的问题，同样有赖于直接金融机构的发展。同企业建立长期而稳定的信贷关系是银行体系的比较优势，但是这样的信贷结构往往对中小企业都很不友好。我们将在第 9 章详述直接金融体系相对于银行的比较优势，并且结合我国的实际情况，提出如何发展直接金融的建议。

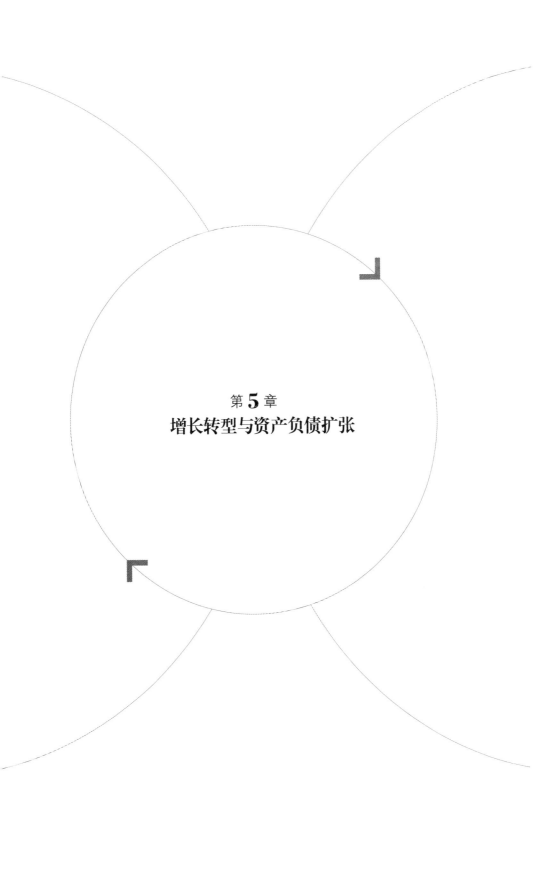

第 5 章

增长转型与资产负债扩张

第 3 章和第 4 章介绍了中国金融体系中各部门的资产负债结构，考察了金融服务实体经济的功能如何发挥，结合财产性收入在不同实体部门分配的结果讨论了金融服务实体经济效率如何等问题，并通过金融投入产出框架分析了各部门资产与负债在金融体系中处于何种联系，实物资产价值的波动又通过怎样的具体机制扩张金融资产与负债，较多地从金融分析的角度，对概念、分析框架、机制运作进行界定和分析。从这一章起，本书将从中国实体经济的发展历程、逻辑出发，讨论金融部门如何与之配合，深入挖掘这些金融数据背后的来自实体经济的深层次原因。本章主要介绍了 1978 年至今中国经济在不同阶段增长动力的转变与资产负债扩张，揭示中国现存问题的历史根源，并以此作为后文的分析基础。从 1978 年改革开放至今，中国已经历了多次经济增长动力的转换，由 20 世纪 80 年代的微观主体再造和市场经济主体地位确立，到 90 年代参与全球价值链分工下"中国制造"的奇迹，直至 2000 年以后住房投资和基础设施投资比重的上升，导致资产负债迅速扩张，中国经济的转型增长和金融体系的发展不断面临新问题、新挑战。

5.1 市场化、全球化与 2000 年前中国经济增长模式

以市场化、全球化为导向的经济增长模式始于 1978 年的改革开放。

在此之前，中国主要通过计划经济模式实行赶超型发展战略。为尽快实现工业化，优先发展重工业，政府通过计划手段压低农产品、劳动力和资本价格，使得国有企业有可能将尽可能多的剩余以工业企业利润的形式上交给政府，提高国家的总体积累率。这种以牺牲农业和居民消费为代价的增长模式尽管在短期内可以使中国在较短的时间内实现工业化，但是违背了中国当时的比较优势，扭曲了投资和产业结构，是低效率且不可持续的，在长期是得不偿失的。

计划体制在 1978 年后被抛弃，农村和城市的微观组织实现再造，物价管制放开，农业和工业产值迅速增长；对外开放和招商引资在全球化加快的情况下获得巨大成功；中国在和平时期成功从中西部地区转移出 2 亿多劳动力，与来自发达国家和地区的 FDI 对接，实现了充分就业，工业加速增长，中国成功转型为"世界工厂"。不仅资本、劳动投入的快速增长构成了中国经济外延式增长的动力，由市场化改革和制度优化所带来的制度红利、向国际技术前沿学习的"赶超效应"和结构转型带来的结构效应，促进了中国宏观经济 TFP（全要素生产率）的快速提升，内涵式增长也得以实现。中国在改革开放以后的 30 多年时间里保持了每年 10% 的 GDP 增长率，这无疑是世界经济史上的奇迹。应该说，市场化和全球化是 1978 年后中国经济转型发展的主旋律，但细究不同阶段中国经济发展的特征，增长模式和增长动能仍存在显著差异。

5.1.1 农村工业的发展与消费驱动型增长

中国经济起飞于 20 世纪 80 年代的农村改革和发展，主要包括农产品价格体系改革和土地承包制度改革。以此为基础，以农村工业和消费为驱动的经济增长模式得以确立。其中，乡镇企业的巨大发展最为醒目，以至于邓小平称之为改革发展过程中"没有预料到的最大收获"。

乡镇企业在 20 世纪 80 年代的发展主要得益于良好的外部环境。第一，相比于国有企业，乡镇企业主要集中于更符合中国当时禀赋优势的劳动密集型产业，因此具有较强的竞争优势。受计划经济时代赶超型发展战略的影响，国有企业的生产在 20 世纪 80 年代仍主要集中于不具有比较优势的资本密集型产业，缺乏自生能力，因此无法与乡镇企业形成竞争。第二，农村土地制度改革释放了大量剩余劳动力，而在大规模城乡劳动力流动仍受限制的情况下，剩余劳动力为乡镇企业的发展提供了源源不断的廉价劳动力。第三，20 世纪 80 年代的产品市场总体竞争程度相对较低，集聚效应在生产中的重要性尚未显现，为地处农村、不具有规模经济的乡镇企业提供了发展机遇。第四，农村地区在 20 世纪 80 年代实现最初的金融自由化（Huang，2012），主要包括农村信用合作社体制改革、鼓励民间借贷、降低企业家贷款融资门槛等方式，企业家精神得以培育。

最后，也是最为重要的，20 世纪 90 年代中期以前的财政承包制使地方政府有强烈动机保护本地市场，抑制民营企业发展，而这在客观上为乡镇企业发展提供了良好的市场环境（陶然等，2009）。财政承包制下，尽管中央和地方政府可以商定各自的固定收入和分成收入，地方政府在上缴固定额度后，可以"多收多支、少收少支、自求平衡"，但是，由于中央具有调整固定上缴额度的权力，地方政府因此具有强烈动机将预算内财政收入转为可供地方独享的预算外收入，而将利润留存于可被地方政府控制的乡镇企业和国有企业是其主要手段。由于地方政府难以控制民营企业的现金流，因此，在财政承包制下，地方政府并无发展民营企业的动力，甚至设置重重障碍阻碍其发展。据估计，中国民营企业在工业总产出中的占比，在 1985 年仅为 2% 左右，直至 1993 年也仅占7%（Naughton，2007）。此外，为保护本地市场，避免本地国有和乡镇企业的利润因为产品市场竞争而下降，地方政府有强烈的动机施行各种地方保护主义措施来分割市场，造成中国地区间产业重构和市场分割严重的后果（Young，2000；Poncet，2005）。

不可否认，乡镇企业在吸收农村剩余劳动力、促进农民收入水平提高和贫困削减、缩小城乡收入差距、强化市场竞争等方面发挥了重要作用，是中国经济成功转型的"催化剂"。仅从经济角度分析，中国在 20世纪 80 年代尚未进入大规模全球化时代，经济增长的动力主要来自农村地区的市场化改革，特别是乡镇企业的发展。相比于乡镇企业，港澳台企业和外商投资企业在吸收就业方面的作用可谓微乎其微。1985 年，港澳台和外商投资企业总共吸收就业 6 万人，而同年度乡镇企业从业人员数高达 2827 万。即使到 2016 年，港澳台和外商投资企业吸收就业已达2666 万，这一就业规模仍低于 1978 年的乡镇企业就业数（图 5.1）。乡镇企业的发展降低了农村贫困人口数量，显著缩小了城乡收入差距。城市人均可支配收入和农村人均纯收入之比从 1978 年的 2.57 持续下降，到 1984年仅为 1.84（图 5.2）。得益于经济增长和人均收入的持续提高，中国在20 世纪 80 年代确立了消费驱动的经济增长模式。根据我们的测算，最终消费支出对 GDP 增长的贡献率在整个 20 世纪 80 年代平均为 65.65%，居民消费支出占 GDP 的比重约为 48.25%，而货物和服务净出口的贡献率仅为 6.65%，甚至在 1983—1986 年出现持续大规模的贸易逆差。消费驱动型经济增长模式在 90 年代中期以后发生逆转，至 2016 年，中国城乡居民消费支出占 GDP 的比重仅为 24.59%（图 5.3）。

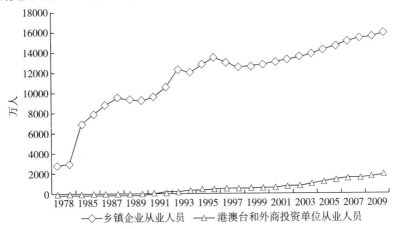

图 5.1　乡镇企业和港澳台、外商投资企业从业人员数

资料来源：《中国统计年鉴》。

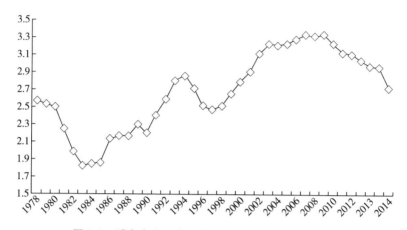

图 5.2　城市人均可支配收入和农村人均纯收入之比

资料来源:《中国统计年鉴》。

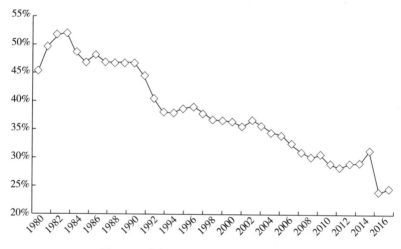

图 5.3　城乡居民消费支出占 GDP 比重

资料来源:《中国统计年鉴》。

5.1.2　全球化与出口驱动型增长

进入 20 世纪 90 年代以后,经济改革的重心由农村转向城市。特别是邓小平 1992 年的南方谈话,开启了中国改革开放的新纪元,全球化和市场化进程加速,FDI 和民营资本的力量迅速壮大。统计数据显示,

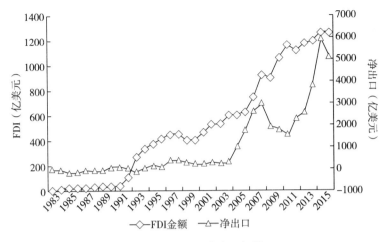

图 5.4 FDI 和净出口规模

资料来源:《中国统计年鉴》。

FDI 投资规模在 90 年代中期迅速扩张（图 5.4），国有、集体企业就业占比显著下降（图 5.5）。国有企业和城市劳动力市场的改革提高了国有企业的竞争力，外资、民营经济的迅速发展加剧产品市场竞争，大规模城乡移民不断削减农村地区剩余劳动力规模，乡镇企业的竞争优势在 20 世纪 90 年代中期逐渐丧失。此外，经济对外开放程度的提升突显了经济集聚的重要性，乡镇企业由于地处偏远、规模不足等原因，无法分享经济集聚的好处，生产率的内生增长受到限制。钟宁桦（2011）发现，尽管乡镇企业从业人员数的扩张显著降低了城乡收入差距，但其效应在 90 年代不断下降，甚至在若干年份转而为负。扩大乡镇企业规模对缩小城乡收入差距的作用在 90 年代已经微乎其微。90 年代中期以后，得益于全球价值链分工趋势，出口导向型制造业在中国获得巨大发展。尽管相比于 2000 年以后，净出口规模仍相对较小，但持续为正的净出口正是发端于 90 年代中期，出口替代消费成为最主要的经济增长动能（图 5.4）。

一方面，"中国制造"的奇迹主要得益于 20 世纪 90 年代一系列市场化导向的改革。第一，城市部门的国有企业改革降低了私人部

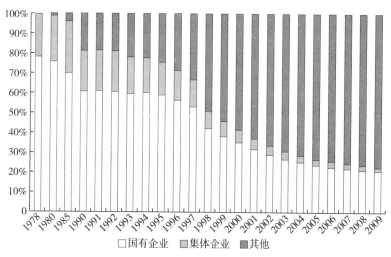

图5.5 城市地区不同所有制类型就业数占比
资料来源:《中国人口和就业统计年鉴》。

门行业的进入门槛,民营制造业企业获得巨大的发展机会。经济普查数据显示,1994—2005年制造业企业的增长遵循"双70法则":全部制造业工业增加值的70%来自民营企业,而全部民营企业增加值的70%来自新设立的企业(Wei et al., 2011)。第二,经济特区和一系列沿海开放城市的设立将城市部门的市场化改革推向深入。经济特区和开放城市成为一系列发展政策的试验场,政策推行所受阻碍相对较小,而成功的经济政策又迅速在其他地方复制,推往全国。此外,在国家财政资源有限的情况下,财政资源得以集中投向部分地区和城市,用于强化这些地区的基础设施建设水平,为民营部门的发展和外资的进入创造了良好条件。第三,1994年的分税制改革为地方政府吸引海外投资、鼓励民营企业发展提供了激励。分税制改革在保持各级政府支出责任的前提下,向中央集中了财政收入,不断扩大的收支缺口削弱了地方政府利用税收工具扶持当地国有企业和乡镇企业发展的能力。为维持稳定财源,扩大税基,地方政府转而竞相通过提供廉价工业用地、降低劳工和环保标准等方式吸引民营和海外投资。地方政府为增长而竞争成为财政分权背景下中国增长的政治经济学。

另一方面，20 世纪 90 年代中国经济的基本面优势也在客观上为制造业企业的发展提供了良好的环境。第一，大规模城乡移民和城市劳动力市场改革奠定了中国制造业低劳动力成本的竞争优势。农村剩余劳动力向城市真正大规模的移民在 90 年代中期出现，来自中国内陆地区的剩余劳动力和来自全球的资本在东部沿海地区实现了结合。发端于上海，以建立再就业服务中心分流国有企业富余职工为标志的劳动力市场激进改革也在 1996 年拉开帷幕，并在 1997—1998 年推向全国，城市居民的就业状态出现分化，劳动力市场竞争加剧，二、三产业的劳动生产率迅速提高。第二，创新驱动的部门内劳动生产率提高和生产要素在不同部门间配置效率的改善也成为该时期制造业生产率和竞争力提升的基础。生产要素，特别是劳动力，从国有企业、农村等低效率部门向民营、城市等高效率部门的转移是转型经济体生产率提升和经济增长的重要源泉。樊胜根等（Fan et al.，2003）的估计结果显示，部门内劳动生产率的上升和部门间再配置效率的提高分别解释了 1978—1995 年经济增长的 42% 和 17%。

5.1.3　比较优势的弱化与经济增长效率的降低

尽管全世界目睹了出口导向型发展战略创造的中国经济增长奇迹，中国制造业发展的基本面优势在进入 21 世纪以后逐渐逆转。李宏彬等（Li et al.，2012）发现，中国制造业工人的平均工资近年来持续上升，到 2008 年末，已高于印尼、印度、泰国等绝大多数亚洲新兴经济体，仅低于菲律宾，低劳动力成本优势的丧失使得中国面临巨大的出口和 FDI 转移压力（图 5.6）。

中国制造业产业劳动力成本的上升主要由三方面因素导致。第

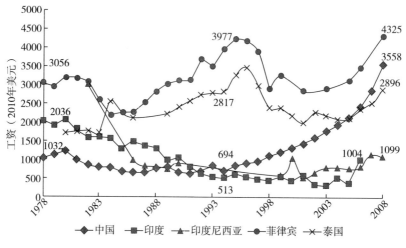

图5.6 亚洲新兴经济体制造业工资水平比较

注：工资以 2010 年美元度量，经通胀调整。

资料来源：Li et al.（2012）。

一，教育回报的上升普遍提升了劳动力工资水平。基于明瑟工资决定方程的估计结果显示，教育回报率从 1988 年的 2.3% 上升到 2000 年的 9%、2009 年的大约 9.5%，已接近 9.7% 的世界平均水平（Li et al.，2012）。第二，人口结构转型导致劳动力供给不足。中国人口年龄结构面临老龄化迅速、高龄化趋势明显以及人口抚养比不断攀升等问题。65 岁及以上人口占比在 20 世纪 70 年代之前出现过负增长，随后便一直保持上升，平均增长率在 1971—2009 年为 1.62%，2001—2009 年增加到 1.93%。此外，随着生活水平的提高、医疗服务的改善、死亡率的下降以及预期寿命的延长，中国高龄人口的增长速度也不断加快。1990—2000 年，中国 80 岁及以上的高龄老年人口从 768 万增加到 1199 万，年均增长率 4.56%，远高于中国老年人口和总人口的平均增长率。随着劳动力供给趋于下降，企业求人倍率迅速上升，部分地区，特别是东部沿海地区劳动力短缺明显，构成工资上涨的供给端基础。第三，随着农村向城市结构转型的逐步完成，城乡移民数量趋于稳定。由于户籍制度的制约，移民的边际成本显著上升，进一步抑制了城市流动人口增速，造成劳动力供给不足和工资上涨压力。

出口导向型发展战略在成就中国经济增长奇迹的同时，也造成了中国经济内外部双重失衡的局面，经济增长效率降低。一方面，劳动者就业和收入状态的分化拉大了国内收入差距，消费对经济增长的贡献率不断下降。另一方面，消费不足形成的过剩产能只能依靠出口消化，经济增长的出口依赖度不断提高。内外部双重失衡的局面在 2008 年前被经济的高速增长所掩盖，而 2008 年全球性金融危机的爆发和外需的疲软，以及老龄化背景下人口红利的消退，都迫使中国寻求新的增长动力。长期来看，经济增长主要由资本积累、劳动力供给和 TFP 增长所决定。得益于中国的高储蓄率，资本积累在改革开放 30 多年间对经济增长的贡献率高达 85.4%。但是，中国的储蓄率已经超过最优的黄金律水平，宏观经济的动态无效率抑制储蓄率进一步提高，降低未来资本积累速度。在劳动力层面，随着人口结构的变化和劳动力市场改革效应的弱化，未来劳动力成本趋于上升。而对内生经济增长至关重要的 TFP，在 2000 年以后也表现不佳。董敏杰等（2013）发现，1978—1991 年，由于中国农村土地制度改革和社会主义市场经济建立所带来的制度红利，TFP 对经济增长的贡献率高达 28.9%。得益于中国劳动力市场、外汇市场、金融体系、财政体制和房地产市场等一系列重大改革，TFP 的贡献率在 1991—2001 年进一步上升到 30.5%。但是，2001 年以后，TFP 对经济增长的贡献率显著下降，平均贡献率仅为 1.9%（表 5.1）。比较 2001—2010 年不同年份 TFP 的贡献率可以发现，TFP 仅在中国加入 WTO 初期对经济增长率的贡献显著为正，其后的贡献趋近于 0，甚至在 2008 年后转而为负。中国的经济增长越来越依靠资本要素的投入而非市场化、全球化的力量，在宏观上表现为资产负债的迅速扩张。

表 5.1   1978—2010 年中国经济增长的分解

时期	实际 GDP 增长	TFP	劳动	资本	TFP 贡献	劳动贡献	资本贡献
1978—2010	1982.3%	215.4%	73.6%	1693.3%	10.9%	3.7%	85.4%
分阶段结果							
1978—1991	214.9%	62.0%	13.3%	139.6%	28.9%	6.2%	65.0%
1991—2001	167.3%	51.1%	0.7%	115.6%	30.5%	0.4%	69.1%
2001—2010	150.1%	2.9%	6.9%	140.3%	1.9%	4.6%	93.5%

资料来源：董敏杰等（2013）。

5.2   资产负债扩张与 2000 年后的中国经济增长

资本、劳动、TFP 等一系列基本面结构性因素的变化导致长期经济增长中枢下移。尽管宏观经济面临长期的结构性问题，但经济增长新动能缺位，结构性调整困难，以及短期较大的增长和就业压力，使得短期的刺激性经济政策成为政府的必然选择。特别是 2008 年金融危机以后，在外需不足、内需疲软的局面下，政府更是出台了四万亿计划提振经济，中国资产负债扩张的局面就此改变。

5.2.1   2000 年后中国的资产负债扩张

统计数据显示，2000 年后，基础设施和房地产投资成为经济增长的重要动力，投资总额及其占 GDP 的比重持续攀升。2003 年，基础设施投资，房地产和建筑业固定资产投资占 GDP 的比重分别为 6.06% 和 10.24%，到 2015 年，两者分别达到 11.96% 和 20.21%（图 5.7）。建筑业增加值占 GDP 的比重在 2013 年达到 6.9%，吸收了 16% 的城市就业。格莱泽等（Glaeser et al.，2017）发现，中国人均住房存量 2000—2010 年的增速和期初收入水平存在显著负相关关系，相关系数达 -0.45，而这一相关系数在美国同时期仅为 -0.29。期初发展水平越低的地区住

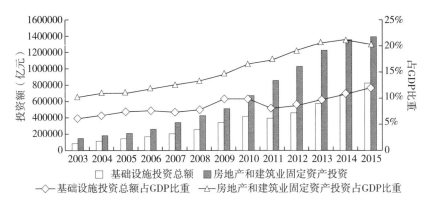

图 5.7 基础设施投资和房地产、建筑业固定资产投资
资料来源:《中国统计年鉴》。

房增长越快的现象说明,地方政府越来越多地使用债务融资类投资作为对冲经济周期的工具,推动经济增长。从目前来看,如何应对投融资体系扭曲下资产负债迅速扩张对实体经济的挤出效应,是本阶段中国经济可持续增长所面临的主要挑战。

以 2008 年金融危机为分界点,中国式资产负债扩张大致可被分为两个阶段。始于 1998 年城市房地产市场改革,随着城市住房和土地价格的上升,基于房产和土地抵押的资产负债扩张是第一阶段全社会固定资产投资加速发展的核心动力,资产负债扩张对实体经济主要发挥"挤入效应"。在融资需求受限情况下,资产价格的提升,甚至一定程度的资产泡沫,可以降低企业融资约束,对实体经济产生挤入效应(Farhi et al.,2012)。在中国这样一个微观经济主体的融资需求经常性受到限制的经济中,房地产市场发展下的土地和房产价值上升为信贷扩张创造丰富的抵押物资源,使投资主体突破融资和贷款配额成为可能,是支撑中国近十几年来投资拉动型增长模式的关键。一方面,由于中国金融体系的法律制度和诚信观念不到位,抵押担保及其价值上升成为缓解金融市场信息不对称的关键手段。居民部门、企业部门和房地产开发商均将房产抵押作为获得融资的有效途径,土地资源则作为地方政府实施基础建设的主要抵押物和还款来源。另一方面,房产和土地价值上涨提高企业

表 5.2　全社会固定资产投资中资金来源占比情况

年份	国家预算内资金	国内贷款	利用外资	自筹资金	其他资金
1999	6.22%	19.24%	6.74%	49.20%	18.59%
2007	3.88%	15.28%	3.40%	60.59%	16.84%
2009	5.07%	15.71%	1.85%	61.35%	16.03%
2013	4.54%	12.09%	0.88%	68.00%	14.50%

　　资料来源：国家统计局。

流动性，使其以较低成本迅速变现用于投资。从 1999 年到 2007 年，全社会固定资产投资的企业自有资金投资比例显著攀升，而银行贷款比例反而有所下降（表 5.2）。在固定资产投资的三大领域，"分税制"改革促进地方政府招商引资下的基础设施建设，"住房分配货币化"改革带来房地产市场的巨大繁荣和住房条件的普遍改善，国有企业股份制改革和"抓大放小"战略在国有企业效率提升同时提供民营经济发展空间，而加入 WTO 全面提升中国制造业的全球竞争力。尽管这一阶段"发展和建设金融"模式对金融资源的非效率配置依然存在，但是资金需求方生产率增长能够弥补金融错配的损失。

　　2008 年以后，中国资产负债的持续扩张对实体经济造成严重挤出。软预算约束和资产泡沫造成地方政府、房地产企业等资金需求方对利率不敏感，金融价格在资产负债扩张中不断上升，挤出实体经济投资。同时金融资源被企业和金融机构配置到投机领域，工业企业将虚拟经济而非实体经济作为自身利润的主要增长点。金融机构则减少商业贷款，以向房地产和地方基础设施建设等高收益部门提供融资（Chakraborty et al.，2013）。这一阶段融资成本进一步大幅回升，实际利率水平明显超过企业利润率，制约了正常的融资行为（图 5.8）。资产负债扩张导致企业的"对冲性融资"向"投机性融资"和"庞氏融资"转化。当运营现金流无法覆盖债务支出时，企业通过继续举债以偿还旧债。不断累积的债务存量进一步增加偿债风险，导致金融体系融资减少和企业投资下降。这一阶段的房地产开发融资以"投机性融资"为主，房地产开发

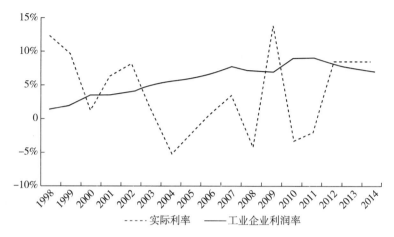

图 5.8　工业企业利润率和实际利率水平

资料来源：袁志刚等（2015）。

商依靠房地产价格增长支付利息和本金支出。地方政府主导的基础设施建设则主要是"庞氏融资"，基础设施建设存在长期低回报与短期高成本融资之间的结构和期限错配，进而导致地方政府只能依靠债务积累完成后续投资。

5.2.2　"以地生财，以财养地"的土地财政

2000 年后中国资产负债的扩张和中国特色的城市建设投融资模式有关，而 1994 年分税制改革所催生的地方"土地发展主义"是根本原因。尽管分税制改革为地方政府提供了为增长而竞争的激励，为 FDI 的流入和民营企业的发展创造了良好的环境，构成了 20 世纪 90 年代中国经济增长的基础，但也导致地方政府财权事权不匹配，财政收支缺口急剧扩大。1994 年前后，地方政府财政收入在全国总财政收入中的占比从 1978 年的近 84.48% 下降到 2015 年的 54.51%，而同时期财政支出比重则从 52.60% 持续上升到 85.46%（图 5.9）。虽然中央政府加大了对地方政府的转移支付力度，但转移支付以专项转移为主，地方政府常常需要"跑部进钱"。此外，1994 年通过的《预算法》以及 90 年代末的国

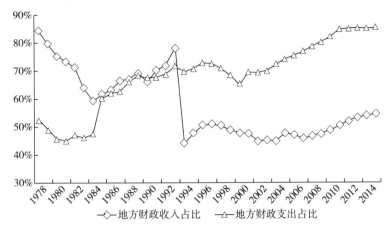

图 5.9　地方财政收支状况
资料来源：《中国统计年鉴》。

有银行垂直管理系统改革，也硬化了中国地方政府的预算约束。《预算法》确立了"收支平衡"的财政理念。为应对收不抵支的财政局面，地方政府通过其所控制的国有企业绕过预算赤字限制融资，这是最早的地方融资平台雏形。垂直管理的银行体系削弱了地方政府干预银行贷款配置的能力，地方政府项目的外部融资因此受到限制。在此之前，地方商业银行信贷资源的配置需要同时协调来自商业银行总行、地方人民银行和地方政府的干预，地方政府可通过任命地方商业银行行长干预信贷资源的配置，支持其所偏爱的项目和企业发展。面对财权事权不匹配的现实，地方政府纷纷扩张预算外收入来源，"以地生财，以财养地"的土地财政成为地方政府的普遍选择。

　　和农村土地集体所有不同，中国城市的土地为国家所有，地方政府垄断了城市土地一级市场。为实现最大化土地出让收入和经济增长的目标，地方政府对工业用地和商住用地采取差异化的出让方式（陶然等，2009）。一方面，工业用地主要通过协议方式低价甚至零价格出让。制造业资本拥有很强的流动性，地方制造业资本的供给对土地、劳动等生产成本的变化极为敏感。为吸引制造业投资，促进经济增长，地方政府有激励为制造业企业提供廉价的土地和优良的基础设施，并辅之以税收

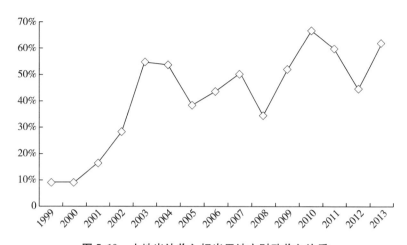

图 5.10　土地出让收入相当于地方财政收入比重
资料来源:《中国统计年鉴》和《国土资源统计年鉴》。

优惠、降低劳动和环保标准等其他措施,因此工业用地的出让方式通常是协议出让。制造业企业的发展不仅扩大了地方政府的财源,还对服务业等其他不可贸易部门产业产生溢出效应,创造更多的就业机会。另一方面,城市商住用地主要通过"招拍挂"的竞争性方式出让,以最大化土地出让收入。这主要是因为服务品具有不可贸易特征,地价成本可通过提高服务品和住房价格等方式由本地居民承担。

土地出让收入成为政府预算外收入的主要来源。1999—2013 年,全国土地出让收入和土地出让面积每年分别以 43.90% 和 20.16% 的速率增长,土地出让收入占地方财政收入的比重从 1999 年的大约 9.72% 上升到 2013 年的 61.73% (图 5.10)。同时期,平均土地出让价格年均增长 19.15%,由 1999 年的大约 124.4 万元/公顷上升到 2013 年的平均 1238.8 万元/公顷。土地价格的上涨一方面会通过"抵押品"效应提高地方政府的融资能力,土地出让和土地抵押收入成为城市基础设施建设投资的主要资金来源。而城市的基础设施建设又会通过吸引投资、推动经济增长、改善居民生活质量等方式转而进一步促进土地价格的上升,如此循环往复,形成了中国特色的城市建设投融资模式。郑思齐等

（2014）利用全国 35 个大中城市 2005—2011 年的面板数据证实了土地价格和城市基础设施投资之间的正反馈效应。平均来说，土地价格每上升 1%，人均基础设施投资相应增加 0.1%，土地出让收入和土地抵押融资的增长为基础设施投资提供了重要的资金来源；而基础设施投资又对土地价格形成正反馈，其 1% 的增长平均会带来土地价格 1.35% 的上升。

5.2.3 房地产价格：被管理的刚性泡沫

中国式土地财政和城市建设投融资模式引起住房价格持续上涨。根据方汉明等（Fang et al.，2015）的估计，中国北上广深等一线城市 2003—2013 年住房实际价格的年均增长率高达 13.1%，即使收入处于中等水平的三线城市，实际住房价格的年均增长率也达到了 7.9%。同时期美国住房的实际价格在 1996—2006 年以年均 5% 的速度增长，2007—2012 年则年均跌幅 6.4%。伴随着住房价格的持续上涨，中国住房的空置率在 2008 年后大幅上升。相比于三四线城市，一二线城市的住房空置率更高，但空置面积相对更低（Glaeser et al.，2017）。由于住房价格、土地财政与地方政府基础设施投资、经济增长的目标紧密关联，尽管政府对房地产市场的调控逐渐加强，但地方政府发展经济和稳定房价的目标在本质上相互矛盾，中国房价是一个"被管理的刚性泡沫"。

政府对房地产市场的调控会对所有市场参与者产生影响。在开发商层面，政府的限制主要集中在控制土地用途、最高容积率等方面，但这些限制时常会被开发商以种种方式规避（Cai et al.，2016）。对于住房购买者，中国的政策设计主要集中于交易环节，例如通过调节首付比例、贷款利率，甚至直接调整购房资格等方式限制房地产交易，针对房地产持有环节的调控政策相对较少。交易环节调控的政策设计在客观上助长了居民购买并且持有住房的激励，中国的住房空置率因此显著高于其他国家，并且房价更高、增长更快的一二线城市的空置率也显著高于三四线城市。

鉴于房价上涨对地方政府基础设施建设、银行资产质量以及宏观经济风险的重要性，对高房价可持续性的判断至关重要，而这需要有关中国房地产市场发展原因的客观分析。总体来说，存在需求和供给两方面的因素共同推动了中国住房价格的上涨。在需求端，收入增长，高收益率投资渠道缺乏，农耕文明下对土地和房产的偏好，以及公共服务与住房相联系等因素均发挥了重要作用。第一，中国住房价格的上涨在很大程度上可以被中国居民收入增长所解释。方汉明等（2015）构建了中国120 个主要城市 2003—2013 年的住房价格数据发现，中国家庭实际可支配收入以年均 9.0% 的速度增长，接近省会、经济发达城市年均 10.5% 的房价涨幅，高于三线城市 7.9% 的增长速度，仅低于北上广深等一线城市。此外，数据显示，低收入家庭参与住房市场交易的比例保持稳定，低收入家庭并没有被越来越多地排除在住房市场以外。第二，高收益率投资渠道相对缺乏，房地产成为家庭资产保值增值的主要选项。中国家庭的高储蓄率已为经济学家所广泛关注（Chamon et al.，2010），但是，由于金融市场发展滞后，股票和债券市场投资不确定性过高，其他国内外投资渠道受限等原因，房地产成为家庭资产保值增值的最佳投资产品。储蓄大规模流入房地产市场，进一步助长了房价的高企。基于微观数据的分析结果显示，中国居民家庭的资产配置高度偏向于房地产，住房在中国城市家庭总资产中的占比为 70% ~ 85%（Glaeser et al.，2017）。第三，农耕文化下居民对土地和房产具有较强偏好，性别比失衡导致的婚姻市场竞争也推高了住房拥有率（Painter et al.，2004；Wei et al.，2011）。统计数据显示，中国 35 周岁以下家庭的住房拥有率在2013 年大约为 55%，高于美国 37% 的水平。第四，大城市的高房价也部分反映了当地更优质的公共服务供给。中国公共服务供给的空间分布严重不均，高质量的教育、医疗资源主要集中在大城市，而获取公共服

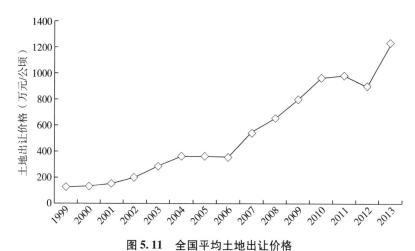

图 5.11 全国平均土地出让价格

资料来源:《中国统计年鉴》和《国土资源统计年鉴》。

务的资格主要和户籍相关联。城市发展的空间一般均衡模型显示,在其他因素不变的情况下,居住地的公共服务将对高房价形成补偿,提高居民效用水平。

在供给端,中国的高房价和土地供给弹性、土地价格直接关联,地方政府对土地财政的依赖是主要决定因素。高房价的供给端基础主要在于高土地出让价格,房屋建造成本相对较低。1999—2013 年,全国地方政府土地出让收入年均增长 43.9%,平均土地出让价格年增长率大约为 19.15%,由 1999 年的平均 124.4 万元/公顷上涨到 2013 年的 1238.8 万元/公顷(图 5.11)。相对而言,中国房屋的建造成本极低。2014 年,中国多层住房平均造价为 1362 元/平方米,高层住宅平均造价 1817 元/平方米(Glaeser et al.,2017)。关于土地财政与房地产价格的关联,在第 7 章还会有详细分析。

鉴于地方政府在土地上的垄断地位,以及分税制下地方基础设施建设和经济发展对土地财政的依赖,中国房地产市场泡沫总体而言是一个"被管理的刚性泡沫"。保持房地产价格稳定,以及土地供给、土地出让收入的可持续性,不仅是中国长期经济增长的重要保证,也关系到短期宏观经济稳定。在表象上,2000 年以后中国经济增长的动力表现为基础设施建设和房地产开发，但其本质为事实上的金融自由化。土地作为地方政府最重要的资产，成为其债务融资的抵押品，地方融资平台的作用不可忽视。而地方融资平台的发展又催生了规模巨大的影子银行，宏观调控效果和宏观经济稳定受到挑战。从目前来看，这种以政府为主导的投资推动型经济增长模式已积聚了较大风险，不可长期持续，中国经济增长急需新一轮动力转换。

5.3　地方融资平台发展与中国式金融自由化

地方政府融资平台是近年来中国资产负债扩张和金融自由化的主要承载，其产生和发展是一系列政治、经济、金融因素综合作用的结果。2008年金融危机后，地方融资平台在多种因素作用下迅速扩张，积聚了巨大的宏观经济风险，地方政府、银行和整体经济都面临着不同程度的威胁。

5.3.1　地方融资平台的产生和发展

地方融资平台是由地方政府设立、所有并运作的公司，主要作为中介部门从银行获得贷款，将资金投资于涉及地方经济发展的基础设施投资或公用事业。2000 年后，地方政府越来越依靠房地产和基础设施投资作为逆周期的政策工具，相关投资总额及其占 GDP 的比重加速增长（图 5.7）。房地产和基础设施建设项目的融资主要通过地方融资平台实现，其基本运作模式可概括为图 5.12。

分税制改革后，地方政府面临越来越大的财政收支缺口和越来越强的经济发展激励。但是，《预算法》和商业银行垂直管理体系改革限制了地方政府赤字发展和银行借贷的能力，因此只能通过地方融资平台获得表外的类财政支持。地方政府为融资平台注入土地、国债、国有企业股份等资产，而融资平台在满足资本金要求以后，通过资产抵押从银行获得贷款，从而为相关基础设施建设项目融资。

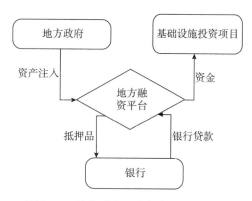

图 5.12 地方融资平台与资产负债扩张

地方政府融资平台的运营模式并非 2008 年金融危机后"四万亿"刺激计划的产物。早在 20 世纪 90 年代,地方政府即通过其所控制的国有企业绕过预算赤字限制发展经济,是为地方融资平台的雏形。但是,这种融资模式一直被严格限制,直到 2008 年金融危机之后,为落实经济刺激计划,对这种模式的限制才有所放松,从此迅速扩张。至 2009 年中期,中国共有省、市、县级地方融资平台 3800 余家(Lu et al.,2014)。国家审计署 2013 年对全国政府性债务的审计结果显示,截至 2013 年 6 月底,全国各级政府债务规模约为 30.27 万亿元,其中地方政府债务约 17.89 万亿元,包括地方政府负有偿还责任的债务 10.89 万亿元,负有担保责任的债务 2.67 万亿元,以及可能承担一定救助责任的债务 4.34 万亿元。地方政府债务的举债主体主要包括融资平台公司,以及政府部门和机构。从资金来源看,银行是地方政府债务主要的资金供给方,地方政府性债务余额中大约有 10.12 万亿元资金来自银行贷款,占比超过 56%。事实上,56% 的占比只是银行资金供给的下限,除直接贷款外,商业银行还通过多种表外业务向地方政府提供融资,各种理财和信托产品构成了中国庞大的影子银行系统。

5.3.2 地方政府债务负担和风险

从目前来看,土地被视为地方政府最重要的融资工具和预算外收

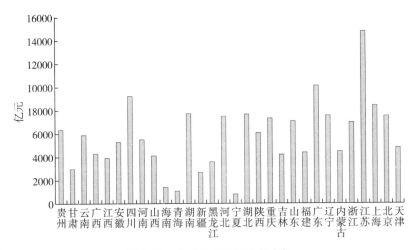

图 5.13　各省地方政府债务余额

资料来源：Wind。

入来源。在宏观经济局势稳定的时期，土地作为抵押品能为地方政府
获得银行贷款，推动基础设施建设投资和经济增长，并在土地进一步
升值的过程中形成良性循环。但在经济增长趋缓的时期，土地抵押品
价值下降会导致银行资产负债状况恶化，经济体各主要参与者去杠杆
的过程会使宏观经济陷入恶性循环，经济波动加剧。

　　首先，地方政府债务堆积使地方政府面临巨大的债务偿付压力。图
5.13 将各省按 2013 年人均 GDP 由低到高从左往右排列，展示了各省地
方政府债务余额。总的来说，经济发展水平越高的地区，其债务余额的
绝对值也相对更高。但是，若按债务余额占 GDP 的比重计算，债务占
比在经济发展水平越高的地区相对更低（图 5.14）。由于一般预算收入
和土地出让收入是地方政府收入的主要来源，我们将其作为地方政府债
务偿还的基础，计算了各地预算内、外收入对债务的覆盖率。测算结果
显示，绝大多数省份政府偿债负担较重，各省一般预算收入对政府性债
务余额的覆盖率平均仅为 37.69%。即使将土地出让收入包括在内，加
总收入的政府性债务余额覆盖率也仅为 59.17%。而经济发展水平越低
的地区，政府预算内、外收入对债务的覆盖率显著更低，因此面临更高

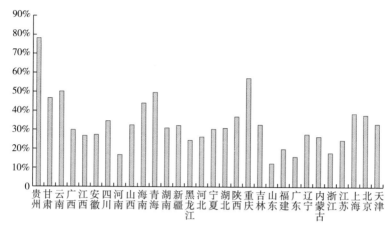

图5.14 各省地方政府债务余额占 GDP 比重

资料来源：Wind 和作者的计算。

的偿债风险（图5.15）。巨额地方政府债务使得地方政府的还本付息高度依赖于房地产市场的繁荣。房地产市场的逆转不仅会通过抵押品渠道显著减少基础设施投资，也将削弱政府的借贷能力，收紧流动性，进而抑制地方经济增长和政府偿债能力。

除加剧地方政府风险外，地方融资平台的过度发展还可能加大银行业和主权债务的风险。一方面，融资平台的风险将溢出到银行业，降低银行资产的质量。据估计，2010 年末，商业银行全部贷款的 15% 和地方政府融资平台相关（Lu et al.，2014）。这不仅将银行的资产质量和地方融资平台的盈利能力、房地产市场形势直接挂钩，也会加大银行的期限错配风险。此外，相比于其他企业，地方融资平台对地方政府的财政状况依赖性强，透明度低，银行贷款项目所面临的不确定性相对更高。另一方面，金融部门和政府的紧密关联也增加了主权债务风险。第一，融资平台投资收益的下降和地方政府偿债能力的不足可能降低政府信用，带来银行业信心危机。即使中央政府可能在发生大规模偿债困难的情况下对地方政府实施救助，其救助资源是否充足目前尚存疑虑。第二，在短期，融资平台发展的顺周期性会在经济扩张期导致过高的杠杆率和过多的风险承担行为，而随着经济增长由强转弱，去杠

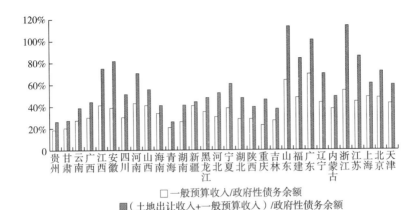

图 5.15　各省地方政府债务偿付能力估计
资料来源：Wind 和作者的计算。

杆、降风险的周期也会因为影子银行的存在而加剧实体经济波动，放大金融风险。第三，长期来看，信贷向地方融资平台的过度集中会挤出私人部门的投资，损害资本在不同部门间的配置效率，抑制结构转型和长期经济增长。

5.4　扩张性财政政策下中国经济增长的可持续性

金融危机之后，中国政府出台了著名的"四万亿"财政刺激政策，在短期内刺激了经济增长，但在长期的基本面不变的情况下，这种刺激的作用只能是暂时的。由于债务的迅速积累，这种规模的刺激也是不可持续的。投融资体系改革是改善经济基本面、培养增长新动力的关键。

5.4.1　四万亿财政刺激政策的经济效应

理论上，财政政策都是短期的周期性经济政策，在长期经济增长基本面因素不发生改变的情况下，其对经济持续性增长的促进作用有限。在中央、地方政府债务负担沉重的背景下，进一步的财政刺激政策必然加剧资产负债扩张，在加剧宏观风险的同时，也会挤出实体经济投资，反而不利于长期增长。2008 年金融危机后的"四万亿"经济刺激计划可为未来的扩张性财政政策的实施提供前车之鉴。

为应对全球金融危机所造成的出口大幅回落以及经济增速下滑、失业大幅增加的局面，2008 年末，中央政府决定通过积极的财政政策扩大内需，以促进经济平稳较快增长。相关政策的核心即增加保障性安居工程，农村基础设施建设，铁路、公路和机场等大规模基础设施建设，生态环境建设等基础设施领域的投入，计划从 2008 年末至 2010 年末，累计实现投入资金 4 万亿元人民币。但是，四万亿财政刺激计划的资金主要来自政府表外收入而非预算内财政资金，主要来自地方政府而非中央政府。根据白重恩等人（Bai et al.，2016）的估计，四万亿计划支出中，仅有 1.05 万亿元为中央和地方政府的预算内财政支出，其中地方政府预算内支出 1 万亿元，中央财政支出仅为 0.05 万亿元。剩余的近 3 万亿元支出主要来自地方政府的表外业务，地方政府融资平台是最主要的承载形式。由于《预算法》禁止地方政府金融市场借贷和赤字运作，为绕开相关法律法规限制，推动四万亿计划的顺利实施，中国人民银行、中国银监会默许甚至鼓励地方政府通过地方融资平台等表外方式融资。中国人民银行、中国银监会在 2009 年 3 月 18 日发布的第 92 号文件明确表示，"鼓励地方政府通过增加地方财政贴息、完善信贷奖补机制、设立合规的政府投融资平台等多种方式，吸引和激励银行业金融机构加大对中央投资项目的信贷支持力度。支持有条件的地方政府组建投融资平台，发行企业债、中期票据等融资工具，拓宽中央政府投资项目的配套资金融资渠道"，以落实中央投资项目，为所需资金提供配套贷款。因此，尽管中国早在 20 世纪 90 年代末就出现了地方融资平台的雏形，其真正的繁荣发展是在四万亿计划以后。

四万亿财政刺激计划的本质是金融的部分自由化。为满足基础设施项目投资的资金要求，地方政府通过向融资平台注资以从银行获得贷款，或者通过信托产品等方式从影子银行获得融资。但是，这种金融自由化过程仅仅放宽了地方政府的融资限制，而银行以及其他金融机构的限制并未被完全放开，因此被称作部分金融自由化。理论上，金融自由化将通过优化金融资源的配置而促进长期经济增长。但在中国地方政府干预金融资源配置的背景下，金融自由化反而可能助长金融市场的扭曲，恶化资本配置效率，抑制长期经济增长。而这正是四万亿计划实施以后中国宏观经济的现实。既有研究发现，四万亿刺激计划主要通过以下三种渠道对长期经济增长产生不利影响。第一，地方政府债务挤出了私人投资。随着大规模刺激计划的实施，2009 年固定资本形成的增长率大约是危机前的两倍，固定资本投资对 GDP 增长的贡献率接近 90%。新的固定资本形成主要来自国有企业金融投入的增加，私人制造业部门的杠杆率从危机前的 59% 下降到危机后的 57%（Wen et al.，2014）。黄毅等人（Huang et al.，2017）基于中国城市数据的实证研究发现，地方政府债务通过收紧信贷约束显著挤出了民营制造业企业投资，挤出效应对外部融资依赖性强的制造业企业影响更大，但未对国有企业和外资企业的融资产生显著影响。第二，经常账户盈余显著下降。正如我们前文所指出的，宏观经济动态无效率抑制了储蓄进一步增长。在储蓄保持稳定甚至下降的情况下，随着国内投资的增加，贸易盈余下降是一个客观结果。第三，资本配置效率恶化。中国的金融体系主要由政府主导，"政治优序融资"使得金融资源配置在部门间严重分割且缺乏效率。国有企业可以很顺利地从银行系统融资，但民营企业借贷受限，其发展主要依靠企业自身储蓄。此外，地方政府常常为其所偏爱的企业，特别是国有企业以及规模相对较大的民营企业，提供更好的政策优惠。四万亿计划下，对地方政府融资管制的放松为地方政府向其所偏爱的企业提供更多的信贷支持提供了条件。白重恩等人（2016）基于工业企业数据的分析结果表明，在四万亿计划前，规模更大的上市工业企业的贷款依存度持续降低。但是，这一趋势在 2009 年后被逆转（图 5.16）。作为资本

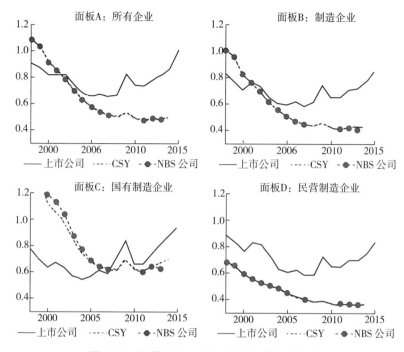

图 5.16 规模以上工业企业债务/营业收入比

注：CSY 指来自《中国统计年鉴》数据，NBS 指来自国家统计局数据。

资料来源：Bai et al.（2016）。

错配程度的度量，资本边际产出在企业间的离散程度在 1998—2007 年持续下降，但在 2011—2013 年迅速上升，佐证了有关资本配置效率下降的判断。

除了影响金融资源配置效率外，还有一个问题是，如此规模的财政刺激计划是否可持续？对这个问题的回答在很大程度上取决于扩张性财政政策带来的政府债务扩张对经济增长的效应主要是挤入还是挤出。我们在前文的分析为微观层面的挤出效应提供了证据，政府债务的扩张将通过挤出私人投资、恶化资本配置效率而抑制长期经济增长。在宏观层面，莱因哈特等人（Reinhart et al.，2010）系统总结了 1790 年来不同发展水平的国家的政府债务和经济增长之间的关系。他们的研究结果发现，当政府债务占 GDP 比重低于 90% 时，债务和经济增长之间的关系并不明显，这一结果不仅对发达国家成立，也适用于绝大多数发展中国家。但是，随着债务占 GDP 比重超过 90% 的临界值，发达国家和发展中国家的中位经济增长率分别下降大约 1.7 ~ 2 个百分点。这主要是因为随着债务逐渐达到较高水平，风险上升会削弱高负债政府进一步借贷的能力，因而使政府面临更紧的预算约束。此外，政府保持信用、偿还债务通常通过紧缩财政、降低风险溢价等方式实现，而紧缩性、去杠杆的宏观经济政策不利于经济增长。这种随着政府债务水平上升而危害经济增长的效应被称为"债务不耐"（Debt Intolerance）效应。从 2013 年的审计结果看，中国政府债务总量占 GDP 的比重还较低，大约为 50.86%，其中政府直接负有偿还责任的债务占比 34.77%。但是，政府债务的迅速增长是 2008 年以后才有的新现象，债务规模、土地财政和影子银行不受管制的迅速膨胀将加大主权债务风险。

5.4.2　投融资体系改革是未来中国经济转型增长的关键

目前，以基础设施建设、房地产开发和工业固定资产投资为主的传统经济增长动力不可持续，未来中国经济的继续增长需要新一轮动力转换。通过投融资体系改革恢复中国经济资产负债的良性扩张是关键。

从目前来看，中国地方债务高企的根本原因在于地方政府财权和事权的不匹配。因此，财税制度的改革是投融资体系改革的基础。应着力于硬化所有经济主体特别是政府、国有经济主体的预算约束，避免对金融价格不敏感的资金需求行为和非理性的资产负债积累。这一方面依赖于地方政府财政透明度的提高，应加强对政府预算和融资行为的规制和监管。另一方面，在地方政府财政收入方面，可逐步以财源稳定的房产税代替强周期性的土地出让收入，通过房产税为地方性的公共服务融资。从短期来看，确保土地出让收入的可持续性对维持地方政府的偿债能力和宏观经济稳定至关重要。土地供应的急剧缩减将降低投资和经济增长速度，提高银行不良资产率。因此，政府仍可适当控制土地供应量和供应增速，但应致力于提高土地供应的透明度和可持续性。

在长期，投融资体制改革必须兼顾金融资源价格市场化和经济主体投资决策理性。在当前，政府干预导致要素价格无法自由调节金融资源配置。金融资源的合理分配要求利率、汇率等金融价格决定的市场化改革，并辅之以严格透明的金融体系监管。但金融资源价格放开必须以经济主体的决策理性为前提。硬化所有经济主体特别是国有经济主体的预算约束，让微观经济主体形成基于金融价格的融资决策，才能避免对金融价格不敏感的资金需求行为和非理性的资产负债积累。此外，金融资源的高效配置有赖于健康合理的金融结构。金融体系结构优化要求更为稳定、透明和灵活调整的制度环境，实现符合实体经济利益的金融创新。信息透明和风险分散的直接融资渠道是支持创新和产业升级的重要力量，但要求严格的产权保护和灵活的制度调整。目前，中国金融体系直接融资和间接融资比例严重失衡，金融创新集中在支持传统增长动力的"影子银行"。通过股市进行直接融资是中国金融体系发展的重要方向，但是中国股市走势并不反映实体经济，忽视企业真实业绩。有效金融监管和资本市场开放基础上的金融创新是中国股市发现企业价值、引导资金进入实体经济的必由之路。同时互联网金融和中小银行发展也需要宽松的政策环境为中小企业提供丰富多样的金融产品。

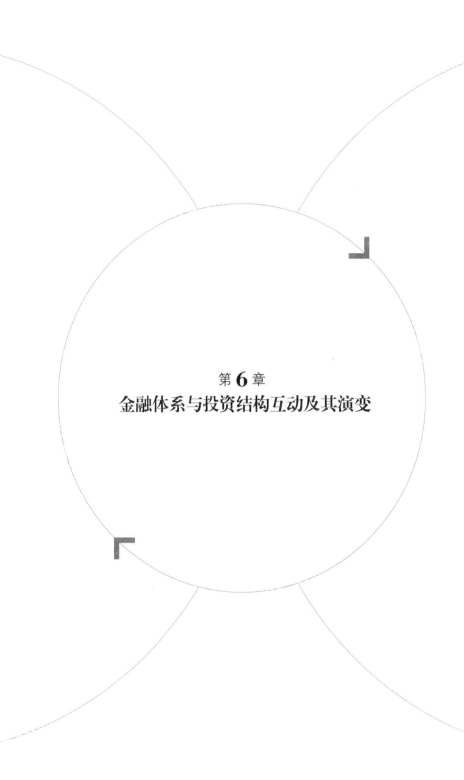

第 **6** 章

金融体系与投资结构互动及其演变

金融业繁荣发展与资产负债扩张是全球经济现象，也是当前中国金融与实体经济发展的大背景。本书第 3 章和第 4 章总结了中国和全球金融体系的一些特征事实，总体而言，中国金融体系更多的是为政府及国企服务，为居民和其他非金融企业服务不足，虽然目前财政和主权债务爆发系统性风险的概率较小，但局部债务风险较高，且金融资源配置效率低。第 5 章主要梳理了 1978 年改革开放以来中国经济整体发展的脉络，尤其对中国实体经济在每一个时期增长动力的转换做了详细的描述。本章将重点分析中国金融体系的演变，揭示金融结构变动与实体经济投资结构转化的关联。本章还介绍了我国融资结构和实体经济结构演变的一些重要事实和关键问题，如股权融资发展滞后、地方政府融资平台扩张、土地价格和房价上升和杠杆率迅速上升，这些讨论为之后各章进行深入的专门分析做好准备。

　　本章第 1 节简要介绍中华人民共和国成立以来的金融体系改革历程，挖掘现存问题的根源；第 2 节以社会融资为基本框架，分析了我国金融结构的演变；第 3 节通过对制造业投资、房地产投资和基础设施投资三大投资的结构性变化，讨论投资结构变化与金融体系结构变化的互动。

6.1　中华人民共和国成立以来的储蓄与投资

　　中华人民共和国成立后，为加快资本积累、实现工业化，中国以国家计划的形式，人为压低农产品和劳动力、土地等要素价格，扭曲金融价格，强制推高国民储蓄并完全转化为建设投资。计划经济时代的做法消除了风险，但代价是极低的资源配置效率，因而是不可持续的。1978年后，中国金融体系经历了几个阶段的市场化改革，逐步建立起多层次的现代金融体系和相应的分业监管体系。

6.1.1　计划经济时代的储蓄与投资决策

20 世纪 50 年代，我国按照苏联的体制与模式建立了储蓄投资转化机制。当时的计划经济下，所有生产要素的供需均由国家计划决定，经济活动高度集中。全社会的所有经济资源几乎由政府一手掌握，微观经济主体在经济活动中处于完全被动的状态。消费者被动接受国家按计划提供的消费品，个人无法进行分散的消费决策，城市职工低工资和农村劳动者的工分制使得人们也无法进行财富积累。企业的生产计划和生产要素等全部由国家统一调配，形成的收益统一上缴国家，对于企业来说，盈亏没有实际意义。

储蓄和投资均由政府掌控，政府储蓄占国民总储蓄的绝对比重，同时也是投资的绝对主体。从数据上看，1952—1978 年我国社会积累总额为 12032 亿元，而国家积累额为 9652 亿元，占社会积累总额的 80% 以上。国家积累额占社会积累总额的比例在 1960 年达到最高，为 98.2%，当时城镇集体积累额占比为 1%，农村集体与居民个人各占 0.4%。[①]

计划经济时期，中国的积累率也很高，这一高积累率实质上来自政府对要素价格的强制扭曲。首先是对劳动力价格的压制，政府对工资水平进行了统一规定，严格控制工资上涨，采取 "低工资、多就业" 的政策。1952—1978 年，我国职工平均实际工资不但基本没有增长，在有些年份甚至是负增长，但同时期的工业劳动生产率却增长了 283.9%（陈

---

① 国家统计局国民经济平衡统计司．国民收入统计资料汇编［M］．北京：中国统计出版社，1987．

表 6.1　1952—1987 年我国工农产品价格剪刀差

项　目	1952	1957	1978	1982	1984	1986	1987
工农产品综合比价比值指数	237.57	279.42	344.80	141.22	127.26	117.97	118.14
剪刀差差幅	0.79	0.64	0.71	0.292	0.214	0.152	0.154
剪刀差绝对数（亿元）	74	127	364	288	270	292	334
剪刀差相对数（%）	17.9	23.0	25.5	13.4	10.0	9.7	9.6

资料来源：谭颖卓（2000）。

享光，1997），工资增长率远低于劳动生产率的增长。极度扭曲的劳动力价格使得企业总体收入中的很大一块以国有企业利润形式被国家拿走。其次是压低农产品价格，政府对农产品实行统购统销，通过控制价格及交换渠道，将农业部门的剩余向工业部门转移，这种价格"剪刀差"成为我国工业化建设的重要资金来源。1952—1978 年，我国工农业产品价格"剪刀差"不断扩大，并在 1978 年达到 364 亿元（表 6.1）。如果按照"剪刀差"的绝对量以及农业税额来计算农业部门的流出资金量，那么 1978 年农业部门流出了 392.4 亿元（严瑞珍等，1990）。最后，计划经济时期，银行的主要功能是聚集微观个体的闲散资金，并按国家信贷计划提供给企业，以弥补企业现金流的不足。这种情况下，资金的价格是低廉的，资本的价格同样是扭曲的。

从历史发展来看，在人均收入极低的情况下，我国工业体系能够获得相对充足的资金，从而在较短的时间内建立并完善，很大程度上要归功于由政府强制推动的、高度集中的、要素价格扭曲下所形成的高积累。但随着我国经济进一步发展，这种储蓄投资转化机制的负面效果越来越严重，资源配置效率低下对经济发展的阻碍越来越大。从数据上看，以 1957 年为基年（1957 年 = 100），到 1978 年，资金产出率只有 71（表 6.2）。

表 6.2　1952—1982 年我国资金使用效率

	1952	1957	1978	1982
净产出	37.6	100	673.3	798.4
资金投入	44.3	100	948.7	1299.8
资金产出率 （净产出/资金投入）	84.9	100	71.0	61.0

资料来源：林重庚（1994）。

6.1.2　改革开放后我国的金融改革

改革开放以来，我国逐步建立起了与社会主义市场经济相匹配的金融体系，形成了政府主导下的"发展建设金融模式"（袁志刚等，2014）。

1978 年，中国人民银行从财政部独立出来，并从 1984 年 1 月 1 日起专门行使中央银行的职能。计划经济时期"大一统"形式的国家银行体制逐渐转变为中央银行与商业银行并存的双层银行体系，其中商业银行以工农中建等国家专业银行为主体。这是中国金融改革的关键性一步，为未来建立以市场化运营和基于市场化运营进行宏观调控为主要特征的现代银行体系制定了政策制度框架。

1992 年，社会主义市场经济改革的方向得以明确，国家经济制度进入了向市场经济体制转型的新阶段。适应社会主义市场经济发展的要求，中国金融体系也开始转变。金融监管部门针对当时股票发行热、乱拆借、乱集资等现象加强了宏观调控，并展开金融经济秩序的整顿。同时，金融改革方案要求将中国人民银行办成真正的中央银行，建立起有效的中央银行宏观调控体系，并为此制定了相关的政策法规，加强了金融法治建设。

1997 年东南亚金融危机之后，经济增长的低迷，银行坏账不断积累，金融风险上升。金融改革的重点是银行体系的改革和开放，核心是国有银行的改革。具体措施包括：扩大金融领域的准入范围，在金融机构中引进战略投资者，通过国家注资、资产重组等方式对国有银行进行股份制改造等。改革过程中，邮政储蓄银行、农村信用社、村镇银行、小额贷款公司等金融机构纷纷成立，增加了金融服务种类，提高了金融服务质量。中国逐步建立起了以大型国有商业银行为主导，股份制商业银行、外资商业银行、城市商业银行、农村商业银行及其他存贷款金融机构并存的多元金融体系。2003 年，中国银监会建立，央行、银监会、证监会、保监会"一行三会"的金融分业监管体系初步成型。

金融改革逐步引入了市场机制，大大加强了金融对经济建设的支持作用，提高了资源配置效率。但是，政府依然发挥着对金融体系的主导作用，并引导金融体系为国家发展建设服务。客观而言，过去的发展建设金融模式极大地支持了国民经济发展，主要体现在三个方面：（1）通过对利率进行管控，政府利用较低的贷款利率刺激投资，带动了经济增长；（2）金融资源大量流向国有部门，并通过国有部门拉动基础设施建设，改善了企业经营环境；（3）坏账与呆账的消化。通过坏账剥离，银行股份制改造，垄断经营保证利润增长，这些坏账和呆账在 2002 年之后中国经济高速增长的动态发展过程中逐步被消化。

当我国经济发展到一定程度、基础设施较为完善、历史遗留问题也得以解决之后，发展建设金融模式的弊端凸显：金融资源配置效率低；居民财富投资收益低。尤为重要的是，发展建设金融模式下，政府形成了对投资驱动经济增长模式的路径依赖，居民消费对 GDP 的贡献较低，当投资收益降低时，经济增长随即面临动力不足。

6.2 2008 年前后中国金融结构演变

改革开放以来，我国市场经济主体地位确立，家庭的消费与储蓄、企业的投资都由各个微观主体分散决策，而不再是计划经济年代的集中配置。金融部门也按照市场经济模式再造，并不断发展和完善。但我国金融体系构建和功能发挥与发达市场经济国家差异很大，例如，直接融资与间接融资比重失衡，银行融资占主导地位等，本节将讨论这些方面的问题。中国金融体系的主要功能可以总结为将国民储蓄向社会投资转化，即实体经济从金融体系获取资金的过程，因此，本节将基于社会融资的规模与结构，来分析 2008 年前后我国金融结构的演变特征。

6.2.1　社会融资规模增量

首先来看社会融资规模增量。社会融资规模增量是指一定时期内（每月、每季或每年）实体经济（即企业和个人）从金融体系获得的资金总额。根据中国人民银行自 2012 年起按月公布的社会融资规模统计表，社会融资规模由以下 7 项构成：人民币贷款、外币贷款（折合人民币）、委托贷款、信托贷款、未贴现银行承兑汇票、企业债券、非金融企业境内股票融资。其中，前五个指标为间接融资方式，企业债券与境内股票融资为直接融资方式。从债务融资是否标准化（即是否在银行间市场和沪深交易所市场上市交易）来看，人民币贷款与企业债券为标准化债务融资，而委托贷款、信托贷款、未贴现银行承兑汇票为非标准化债务融资，是金融机构的表外业务。

从社会融资规模增量上看，2002 年至今可以明确地分为两个阶段。2008 年之前，我国社会融资规模增量基本以平均每年 8000 亿元的幅度增加，占 GDP 比重也从 15% 左右稳步提升至 20%。2009—2010 年，随着政府 2009 年 4 万亿元投向实体经济的刺激政策落实，社会融资规模翻番，而且之后的 6 年在 12 万亿元到 18 万亿元之间波动。从社会融资规模与 GDP 的比例来看，2008 年也是一个明显的分水岭。2008 年之后，实体经济从金融体系获得的资金量绝对值虽然翻了一番，但实体经济的资金产出效率反而是下降的。之后我们将从金融体系的结构演变展开讨论，为分析其对实体经济的影响奠定基础。

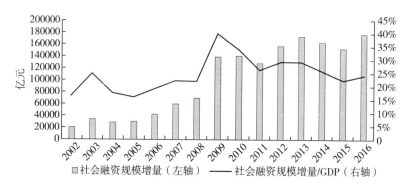

图 6.1 2002—2016 年我国社会融资规模及名义 GDP 占比
资料来源：中国人民银行网站。

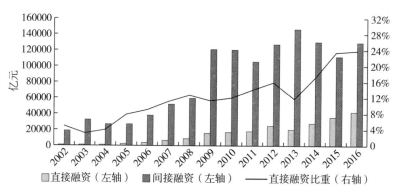

图 6.2 2002—2016 年我国直接与间接融资规模及直接融资比重
资料来源：中国人民银行网站及作者整理。

6.2.2 直接融资与间接融资

近 15 年来，我国以间接融资为主的金融结构没有发生根本性的改变，但直接融资方式的比重从 2002 年的 4.95% 上升到 2016 年的 23.82%。从年度数据来看，直接融资的规模是持续扩张的，但是与间接融资对照分析，直接融资的比重大致可以分为三个阶段。第一阶段是 2008 年之前，实体经济从金融体系中直接获取的资金规模从不到 1000 亿元发展到 2008 年近 9000 亿元，直接融资方式获得的资金占比从 4% 提高到 12%。第二阶段是 2009 年至 2012 年，直接与间接融资方式同步

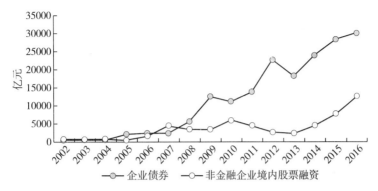

图 6.3　2002—2016 年我国企业债券与非金融企业境内股票融资规模
资料来源：中国人民银行网站。

扩张，比重相对稳定。第三阶段是 2013 年至 2016 年，由于间接融资规模持续两年下降，直接融资占比从 2013 年的 11%，快速提高到 2016 年的 23%。

从直接融资的构成来看，企业债券与非金融企业境内股票融资的规模也在发生变化。2004 年前，企业从债券和股票融资获得的资金规模相差不大，而 2008 年之后两类直接融资方式的发展方向几乎是相反的，企业债券从 5000 亿元的规模发展到 2012 年的 23000 亿元，而同时股票融资规模始终在 5000 亿元左右徘徊。直到 2013 年，两类直接融资方式开始同步扩张，此时企业债券的融资规模基本达到股票融资的两倍。

综合图 6.4 和图 6.5 可以看出，非金融企业从境内股票市场获得的资金量有限，直到 2013 年之后才逐渐增加，而 2009 年后企业债券的扩张则是直接融资方式比重提升的主要推动力。值得一提的是，银行间市场是企业债券主要的发行和交易场所，2013 年下半年，银行间资金面持续紧张，出现"钱荒"，导致 2013 年企业债券融资较 2012 年出现了小幅萎缩，但之后融资量持续回升。到 2016 年，企业债券以 3 万亿元的融资规模成为除人民币贷款以外最重要的社会融资方式。

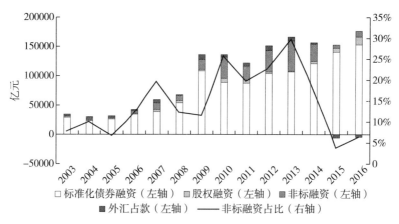

**图 6.4 2003—2016 年我国按融资渠道分社会融资规模
与结构以及非标融资渠道占比**

资料来源：中国人民银行网站及作者整理。

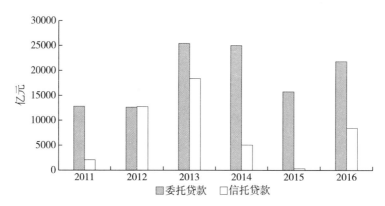

图 6.5 2011—2016 年我国委托贷款与信托贷款融资规模

资料来源：中国人民银行网站。

6.2.3 标准化融资渠道与非标准化融资渠道

之前已经提到，按照是否在银行间市场和沪深交易所市场上市交易，可以将融资渠道分为标准化融资与非标准化融资，人民币贷款、企业债券与非金融企业境内股票融资均属于标准化融资，而委托贷款、信托贷款与未贴现银行承兑汇票则属于非标准化融资（以下简称非标融资），即"影子银行"融资的主要模式。

2008 年后，我国企业的融资渠道开始从传统信贷向"影子银行"转移，非标融资规模占比从 2009 年的 10% 上升至 2013 年的 30%。2009 年以后，中国银行体系监管加强，抑制了传统信贷扩张，"影子银行"模式通过产品创新不断适应资金需求方的融资需求，继续为传统增长动力输送金融资源。对"影子银行"体系来说，基础设施建设、房地产开发和工业固定资产投资是主要资金需求方，对风险定价认识不清的居民储蓄和缺乏投资机会的企业储蓄则是主要资金供给方，因此存在长期投资项目和短期融资来源的期限错配，这一问题我们将在第 8 章再做详细讨论。由于缺乏类似银行体系在准备金、存贷比等方面的监管措施，"影子银行"体系存在更严重的违约风险和流动性风险。

从数据上看，2010 年在融资总规模基本与 2009 年持平的情况下，非标融资渠道占比从 11% 上升到 25%，替代了相当一部分传统信贷渠道的融资。而 2013 年融资总规模增量的扩张部分几乎全部来自非标融资。

2013 年 3 月 27 日银监会发布《关于规范商业银行理财业务投资运作有关问题的通知》，要求规范商业银行理财产品所有非标准化债权类投资，并设定理财产品余额为 35% 的上限，且不得超过银行上年度总资产的 4%。2014 年起，银监会更是对"影子银行"业务加强监管。在此背景下，信托贷款融资渠道受到前所未有的压制，但套利仍在继续，特别是监管套利。其中，以券商资管、基金子公司为通道，委托贷款业务仍然持续扩张。2014 年委托贷款融资规模基本与 2013 年持平，信托贷款则降至 2013 年的三成以下。

从 2014 年年初开始，银监会就在研究出台委托贷款管理办法，并于 2015 年 1 月下发《商业银行委托贷款管理办法（征求意见稿）》，同时落地实施。其中核心一点是"商业银行严禁接受下述资金发放委托贷款：（一）国家规定具有特殊用途的各类专项基金；（二）银行授信资

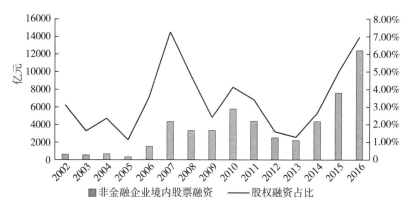

图6.6　2002—2016年我国非金融企业境内股票融资规模与占比
资料来源：中国人民银行网站及作者整理。

金；（三）发行债券筹集的资金；（四）筹集的他人资金；（五）无法证明来源的资金。"其中第四点意味着自2011年起大幅扩张的委托贷款融资模式在2015年面临萎缩。

6.2.4　股权融资

从长期来看，我国股权融资的资金规模较小，非金融企业通过正规金融市场（主要是A股市场）募集到的资金最多也只有社会融资规模的7%左右。2005年开始的股权分置改革使得非金融企业股权融资规模开始增加，到2008年改革收官之前，股权融资规模扩大了10倍，超过4000亿元。2009年四万亿刺激政策实施之后，股权融资迅速被债权融资挤压，到2013年仅占社会融资规模的1%。2014年开始，股权融资再次得到发展，两年内融资规模增量增加三倍，但总的来说，股权融资的弱势地位仍未得到改变。关于我国股权融资中存在的问题和发展滞后的原因，第9章我们将再做专门的论述。

6.2.5　省际社会融资规模与结构差异

有关我国地区社会融资规模的基本情况与特点，盛松成（2014）采用2014年的融资规模数据，就东中西部地区差异，进行了特征事实的

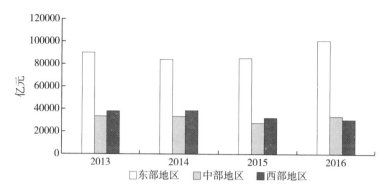

图 6.7　2013—2016 年我国区域社会融资规模
资料来源：中国人民银行网站，Wind 及作者整理。

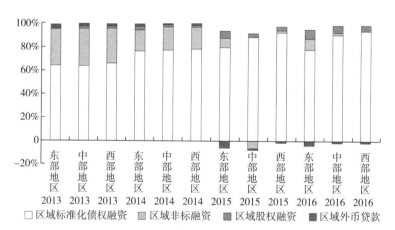

图 6.8　2013—2016 年我国区域社会融资渠道构成
资料来源：中国人民银行网站，Wind 及作者整理。

分析与描述，他得出的基本结论包括：（1）地区社会融资规模最多的前6 个地区集中在东部，但相较于 2011 年，集中程度在下降；（2）东部地区的社会融资规模占全国一半以上的份额，但融资的区域不平衡状况较 2011 年有所改善；（3）中西部地区对银行贷款的依赖度较高，东部地区直接融资占比明显高于其他地区。盛松成（2014）还分析了社会融资规模与区域经济发展的相关关系。他们发现地区社会融资规模与区域经济增长、投资、消费和物价的相关关系较为紧密，西部地区的经济增

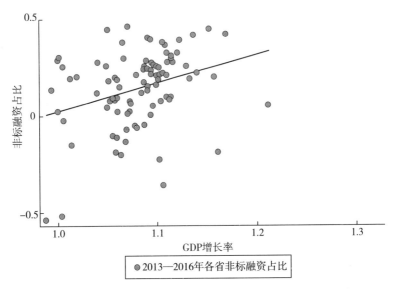

图 6.9　2013—2016 年我国地区非标融资占比与 GDP 增长率
资料来源：国家统计局网站，Wind 及作者整理。

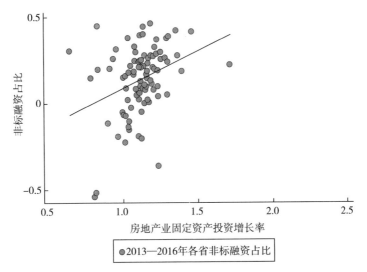

图 6.10　2013—2016 年我国地区非标融资占比与房地产业固定资产投资增长率
资料来源：国家统计局网站，Wind 及作者整理。

长对社会融资规模的依赖程度最高，并且地区社会融资规模与第三产业发展的相关性最强。

我们在 2014 年截面数据基础上，分析了区域社会融资规模与结构在 2013—2016 年的发展变化。从年度数据来看，2013—2014 年融资的区域不平衡有所改善，但 2015—2016 年，社会融资再次向东部集中，西部地区的融资规模在 2016 年低于中部地区。同时，东部地区直接融资方式占比提高，中西部地区对间接融资方式依赖更强。

从融资渠道上看，在银监会对非标融资进行严格监管后，2015—2016 年中西部地区标准化债权融资渠道进一步取代非标融资，而东部地区仍有 10000 亿元左右的非标融资渠道向实体经济输送资金。

关于融资渠道对区域经济发展的作用，我们用 2013—2015 年省级面板数据对非标融资与经济增长进行了相关性分析，初步结果是地区非标融资占比与地区经济增长率显著正相关，说明融资渠道的多样性及表外业务发展与经济增长存在正向关系。

因此，我们进一步分析非标融资与地区实体经济的哪些行业存在相关关系。我们采用了 2013—2015 年省级面板数据分别对非标融资与房地产业固定资产投资增长率以及制造业固定资产投资增长率进行了相关性分析。结果发现，地区非标融资占比与地区房地产业固定资产投资增长率显著正相关，而与地区制造业固定资产投资增长率没有显著的相关关系，一定程度上说明了非标融资渠道的资金投放方向主要集中在房地产行业。这与 2013 年以来，委托与信托贷款资金直接投降房地产行业或通过证券市场及金融机构间接投向房地产市场的情况相吻合。

6.3　投资结构的变化对经济增长的影响

2004 年之前，中国实体经济增长的主要动力是消费和出口增长带来的投资增长，投资的主要内容是制造业，民营企业和外资企业非常活跃。2004 年之后，随着房地产价格的上升和土地价格的上升，以及同时期的劳动成本上升带来的对制造业的负面影响，城市化和基础设施建设加快，中国居民的消费也从工业制造品转向住房消费，中国三项投资的比例开始发生变化：房地产投资和基础设施投资变得更加重要。2008 年之后，这一现象更为明显。经济增长动力转变引发了一系列变化，包括经济增长的信贷密度上升、投资效率下降等变化。本节将通过有关数据的梳理深入讨论投资结构的变化。

6.3.1 我国的经济增长与投资

全球金融危机之后，由于外需的不足，以及中国经济本身面临的转型压力，我国经济年均 10% 的高速增长难以为继，GDP 增速持续下降（图 6.11）。投资一直以来是拉动我国经济增长的重要动力，全社会固定资产投资占 GDP 的比重从 2004 年的 40% 上升到 2015 年的超过 80%（图 6.12）。2004 年前，本国居民的消费增长、出口增长带来的制造业投资增长是经济增长的主要动力。但是，2004 年至 2008 年间，制造业投资比重开始下降，城市化和基础设施投资比重上升。2008 年金融危机后，外部需求锐减，我国政府为对付外需下降维持经济增长，出台四万亿财政刺激政策，这些财政刺激的资金主要投放方向为基础设施建设与房地产。三大投资结构的变化，导致了一个重要的经济现象（图6.12）：全社会固定资产投资总额与固定资产形成总额开始分化，它们各自占 GDP 比重的差距越来越大。

固定资本形成主要由三个部分构成：一是非住宅建筑，主要包括基础设施建筑物；二是住宅建筑；三是其他，主要包括制造业机器设备等固定资本。固定资产投资与固定资本形成在内涵上的重要区别在于，全社会固定资产投资包括土地购置费、旧设备和旧建筑物购置费，而固定资本形成总额不包括这些费用。二者对于 GDP 的占比的差距自 2004 年开始拉大，而 2008 年之后这种差距更大。其背后的原因是，2004 年土

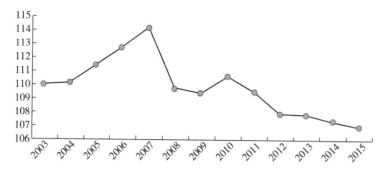

图 6.11　2003—2015 年国内生产总值指数（上年 = 100）
资料来源：国家统计局网站。

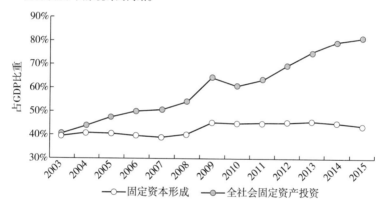

图 6.12　2003—2015 年全社会固定资产投资占 GDP 比重与
固定资本形成占 GDP 比重
资料来源：国家统计局网站及作者整理。

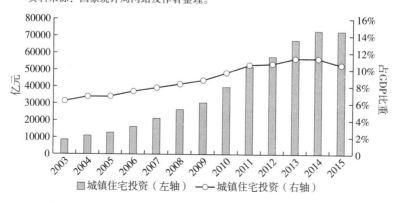

图 6.13　2003—2015 年我国城镇住宅投资规模及占 GDP 比重
资料来源：国家统计局网站及作者整理。

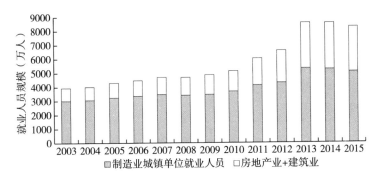

图 6.14 2003—2015 年我国制造业与房地产业＋建筑业就业人员规模
资料来源：国家统计局网站及作者整理。

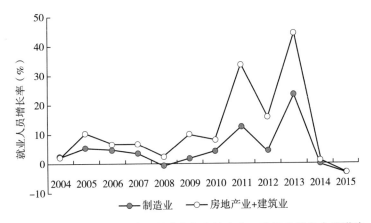

图 6.15 2004—2015 年我国制造业与房地产业＋建筑业就业人员增速
资料来源：国家统计局网站及作者整理。

地法修订之后土地交易价格不断上升，2008 年后更多的投资转向房地产业和基础设施建设。这两类投资的扩张不仅直接体现在投资规模上（图 6.13），也体现在了就业人员的规模与增速上（图 6.14、图 6.15）。

除了土地购置费用之外，2009 年前后，我国的固定资本形成的构成占比也出现了结构性转变。机器设备等固定资本形成占 GDP 比重从 2005 年的 17% 开始稳定上升，又从 2009 年起降低，至 2014 年这一比重仅为 GDP 的 13%；而非住宅建筑则从 2006 年的 15% 一路上升至 2014 年的 24%。固定资产构成的结构性变化（图 6.16）以及 2009 年后工业

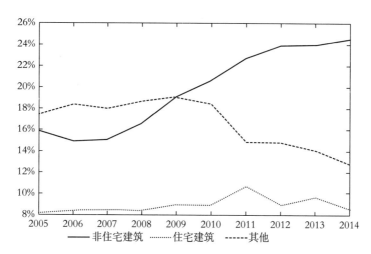

图 6.16　2005—2014 年固定资产构成
（非住宅建筑、住宅建筑、其他）占 **GDP** 比重
资料来源：Bai et al.（2016）。

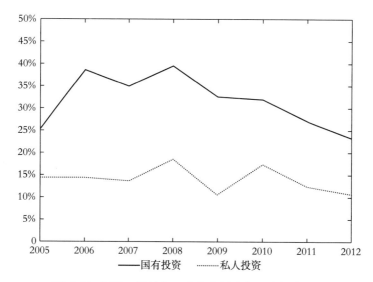

图 6.17　2005—2012 年工业部门国有与私人投资比重
资料来源：Bai et al.（2016）。

投资率的下降（图 6.17）进一步验证了我国投资的主要方向的转变
（Bai et al.，2016）。

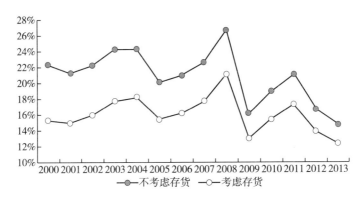

图 6.18 2000—2013 年我国资本回报率
资料来源：白重恩等（2014）。

6.3.2 2008 年前后我国投资效率的变化

房地产与基础设施投资与制造业投资有着很大差异，特别是，从动态的角度看，当期投资与下一期产出之间的关系有很大的差别。投资变量在宏观经济模型中是一把"双刃剑"，短期它是总需求的主要构成部分，在长期它不断形成资本，是总供给能力扩张的主要因素。任何投资在短期都是总需求的构成部分，但是在下一期形成总供给能力上升，三大投资却有着完全不同的表现。制造业当期投资一般在较短的未来时期内形成新的生产能力，根据资本产出系数，从而对下一期 GDP 的供给增长产生作用。而房地产与基础设施投资只是在当期作为总需求的构成部分对 GDP 增长有影响，投资完成后所形成的固定资产，就基础设施来讲，作为公共产品，长期对企业生产具有正的外部性，但是在未来时期所产生的增长效果是微弱的，不像制造业那么明显。就房地产投资来讲，作为总需求的组成部分，其对当前经济的拉动作用是明显的，但是长期看，房地产投资甚至不同于基础设施投资，是否具有正的外部性，需要根据具体情况而定。因此，房地产投资和基础设施投资完成之后，其对未来 GDP 增长的效果是不明显的。在这种情况下，为了维持一定目标（例如 7% 的增长目标），我们所需要的当期投资额会越来越高。2008 年之后，当投资从制造业为主向房地产与基础设施建设投资为主发生转变时，导致我国投资回报率在 2008 年之后的快速下降（图 6.18）。根据白重恩等（2014）的测算，2013 年我国的资本回报率基本与 1978 年相当。

本小节采用 2004—2015 年省级面板数据对我国的投资效率进行了初步的计算和验证。首先，采用固定资产投资的增长率与 GDP 增长率的相关系数作为投资效率的代理系数，检验 2008 年前后我国投资效率的变动。

投资效率系数计算模型为：

$$ln \frac{l_{pt}}{l_{pt-1}} = \alpha + \beta ln \frac{GDP_{pt}}{GDP_{pt-1}} + \varepsilon_t \tag{6.1}$$

2004—2015 年我国投资效率的初步回归结果如下：

表 6.3　2004—2015 年中国投资效率系数

	2004—2015	2004—2008	2009—2015
	全社会固定资产投资增长率对数		
GDP 增长率对数	0.601*** (0.0738)	0.862*** (0.157)	0.451*** (0.106)
常数项	0.114*** (0.0112)	0.0743*** (0.0282)	0.126*** (0.0138)
观察值	372	155	217
R^2	0.152	0.164	0.077

注：括号里是稳健估计的标准误，*** $p < 0.01$，** $p < 0.05$，* $p < 0.1$。
资料来源：国家统计局网站。

从回归结果来看，2004—2015 年来我国投资增长率与 GDP 增长率呈显著正相关关系，但投资效率系数在 2008 年前后出现了较大差异，2009—2015 年我国的投资效率是 2008 年前的一半左右，初步印证了我们之前提出的 2009 年后我国投资效率下降的观点。

上文中，我们提出，投资方向从制造业转向房地产和基础设施建设是我国经济增速下降和投资效率下降的根本原因。因此我们用 2004—2015 年全社会固定资产投资率、制造业固定资产投资率与房地产业及建

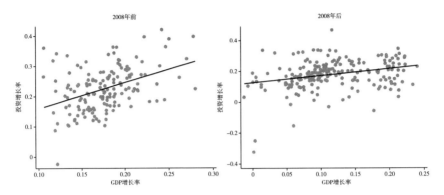

图 6.19　2008 年前后我国投资效率系数变动

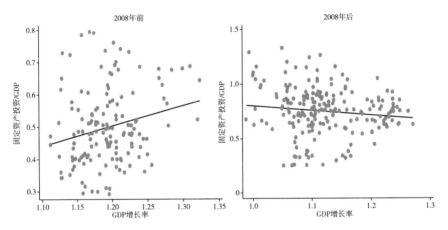

图 6.20　2008 年前后我国投资率与经济增长的关系

筑业固定资产投资率的省级面板数据，来分析投资率与经济增长的关系。投资效率系数 2 的计算模型如下：

$$\left(\frac{I_{pt}}{GDP_{pt}}\right) = \alpha + \beta_I \left(\frac{GDP_{pt}}{GDP_{pt-1}}\right) + \varepsilon_t \tag{6.2}$$

$$\left(\frac{Hou_{pt}}{GDP_{pt}}\right) = \alpha + \beta_H \left(\frac{GDP_{pt}}{GDP_{pt-1}}\right) + \varepsilon_t \tag{6.3}$$

$$\left(\frac{Manu_{pt}}{GDP_{pt}}\right) = \alpha + \beta_M \left(\frac{GDP_{pt}}{GDP_{pt-1}}\right) + \varepsilon_t \tag{6.4}$$

2004—2015 年我国投资率与经济增长的回归结果如下：

表 6.4 2004—2015 年中国投资效率系数 2

	2008 年前	2008 年后	2008 年前	2008 年后	2008 年前	2008 年后
	全社会固定资产投资率		房地产业及建筑业固定资产投资率		制造业固定资产投资率	
GDP 增长率	0.626***	−0.409*	−0.0980	−0.0989	0.420***	−0.183*
	(0.220)	(0.221)	(0.0741)	(0.0748)	(0.0973)	(0.109)
常数项	−0.247	1.208***	0.214**	0.289***	−0.391***	0.408***
	(0.263)	(0.249)	(0.0884)	(0.0843)	(0.116)	(0.123)
观察值	155	217	155	217	155	217
R^2	0.050	0.016	0.011	0.008	0.108	0.013

注：括号里是稳健估计的标准误，***$p<0.01$，**$p<0.05$，**$p<0.1$。

从回归结果来看，2008 年前投资率与经济增长率呈显著的正相关关系，而 2008 年之后转为负相关，与之前我们提出的经济增速下降而固定资产投资和固定资本形成差距拉大的特征事实一致，说明 2008 年前后我国投资与经济增长的关系发生了根本性转变。进一步对具体行业（制造业、房地产业与建筑业）的投资率与经济增长进行分析，我们发现：（1）房地产业与建筑业的投资率与经济增长没有显著的相关关系；（2）制造业的投资率与经济增长之间的关系在 2008 年前后由显著正相关转为负相关。我们的初步结论说明，在房地产业及建筑业的投资率与经济增长没有显著相关关系的情况下，将投资重点由制造业转为房地产业与基础设施建设，会进一步降低我国的投资效率及投资回报率。我们的回归结果印证了，我国实体经济增长动力的转换是我国 2008 年后经济增速下降背后的核心因素。

6.3.3 我国的债务扩张与杠杆率

与实体经济增长动力转换相伴随的是地方政府债务积累和杠杆率上升。1994 年分税制改革后，地方政府的财力受到削弱，且转移支付制度并不完善，同时，地方政府仍然要承担大量的公共事务支出。2008 年后

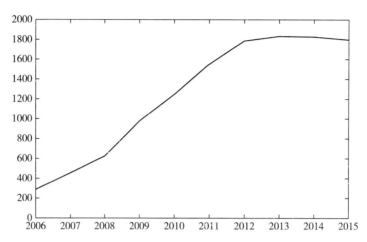

图 6.21　2006—2015 年我国发行债券的地方融资平台数量
资料来源：Bai et al. （2016）。

的四万亿经济刺激政策和经济增长动力转换使得地方政府急需大规模融资、加杠杆以实现危机后的经济复苏，地方融资平台开始建立并快速扩张，形成了高额债务积累。从公开数据上看，我国地方融资平台数量从 2008 年的 600 家增加到 2012 年的 1800 家（图 6.21）；同时期的债务积累从 2008 年近 10 万亿元扩张到 2014 年近 50 万亿元[2]（图 6.22）。地方政府融资平台的迅速扩张与影子银行体系密切相关，关于这二者的关联和影响，第 8 章将进行详细讨论。

　　地方政府以地方融资平台为渠道进行融资扩张与债务累积，导致我国在 2008 年后杠杆率迅速上升。根据《中国国家资产负债表 2013》及《中国国家资产负债表 2015》的数据计算，我国杠杆率（即负债与 GDP 比值）在 2008 年前稳定在 440% 左右，而从 2009 年开始，杠杆率在短短 5 年时间上升到 570%（图 6.23）。然而，正如上文的分析，我国 2009 年后的投资中大部分是不构成固定资本形成的土地投资，因此在我国杠杆率上升的同时，以负债除非金融资产计算的资产负债率却始终稳

---

②　Bai C E, Hsieh C T, Song Z M. The Long Shadow of a Fiscal Expansion [J]. NBER Working
　　Papers, 2016.

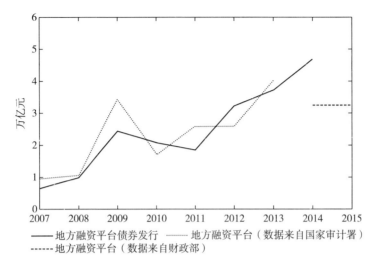

图 6.22　2007—2015 年我国地方融资平台债券发行规模

资料来源：Bai et al.（2016）。

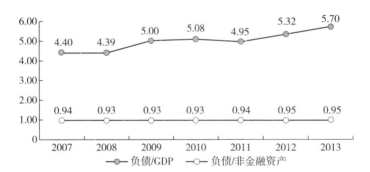

图 6.23　2007--2013 年我国杠杆率与资产负债比

资料来源：李扬等（2013，2015）。

定在 90% 左右（图 6.23）。高企的杠杆率给中国经济带来了巨大风险，本书第 11 章将讨论高杠杆率的影响及如何应对。

6.4　小结

金融结构自身演变的同时，实体经济从金融体系中获取资金的规模

（社会融资规模）、方式（直接融资与间接融资）与方向（制造业、房地产业与基础设施建设）也对我国实体经济的发展产生了深远的影响。2008 年是中国金融服务实体的转折点。从表象来看，是中国从高速增长阶段退出，经济增速不断下降；而从实质来看，是中国经济增长动力在2008 年前后出现转变。以内外需共同拉动的制造业投资增长，在 2008年后转向了房地产投资、基础设施投资以及重化工投资。投资的主体也从活跃度高的民营企业和外资企业转为以政府主导的地方融资平台。

制造业投资作为流量，形成当期总需求的一部分，但是形成下一期经济增长所需要的资本存量，而房地产与基础设施投资在当期与制造业投资一样，构成总需求的一部分，当总需求不足时可以推动经济增长，但是投资完成后对经济增长的贡献，不如制造业资本来得直接，在长期通过外部性对 GDP 生产和增长有效应，但可能是微弱的。这时，需要连续地进行投资才能维持 GDP 增长。因此投资结构向房地产、基础设施投资转型，使得我国经济增长方式发生了根本性改变，资本回报率和投资效率快速下降的同时大量累积债务，杠杆率快速提高。

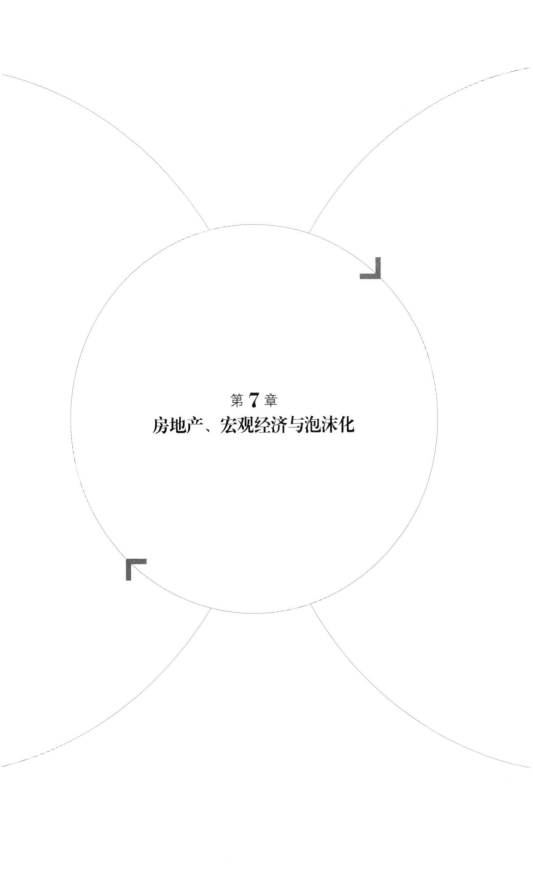

第 **7** 章

房地产、宏观经济与泡沫化

上一章中讨论了我国金融结构和实体经济结构的演变，其中土地价格上升以及由此导致的房地产价格上升扮演了重要角色，本章将针对这一问题进行详尽的解读。在我国十余年来的资产负债表扩张中，房地产价格持续上升乃至泡沫化发挥了重要作用。房地产的泡沫化趋势首先与其"国民支柱性产业"①的地位有关。本章的第 1 节将说明，1998 年住房市场化改革后，房地产业在我国宏观经济增长中的地位日益凸显，且局部地区房地产市场开始脱离经济基本面，出现泡沫化倾向。第 2 节估计了我国各城市房地产泡沫情况。第 3 节将从金融配置、地方政府投资、实体企业投资、个人财富配置四方面系统分析房地产泡沫对实体经济的影响。第 4 节是小结与政策建议。

7.1 房地产市场的发展及与宏观经济的关系

1958 年，我国房地产市场被取缔，城镇所有房产收归国有，此后至 1979 年，我国不存在真正意义上的房地产市场。自 1979 年经济体制改革以来，房地产业对我国经济增长的推动作用日益显著。如图 7.1 所示，根据房地产业增加值占 GDP 的比重变化，可以将中国房地产市场

---

① 2003 年国务院 18 号文《关于促进房地产市场持续健康发展的通知》将房地产业定位为国民经济的支柱产业。

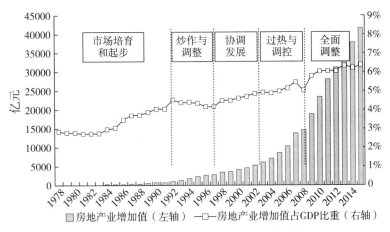

图 7.1　1978—2011 年房地产业与经济增长

资料来源：《中国统计年鉴》。

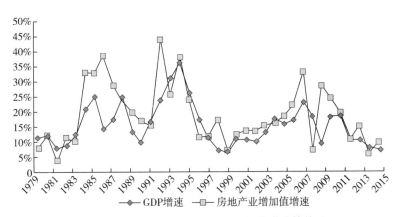

图 7.2　GDP 增速与房地产业增加值增速的关系

资料来源：《中国统计年鉴》。

的发展划分为五个阶段。

中国房地产业的"黄金十年"为经济增长做出了重要贡献。根据国家统计局数据，2000—2015 年，房地产业增加值占 GDP 比重平均为 5%，2013—2015 年，该比值达到 6%。根据花旗银行估计，2009—2013 年，房地产部门对 GDP 的贡献率达到 25% ~ 30%（直接贡献加间接贡献）。从房地产业增加值增速的变动来看（图 7.2），1998 年前由于房地

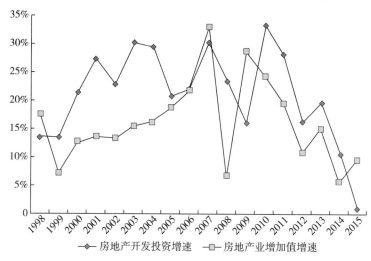

图 7.3 房地产投资及其对经济的贡献
资料来源:《中国统计年鉴》。

产市场尚未完全建立,房地产业增加值增速相比 GDP 增速,波动更为剧烈;1998 年住房市场化改革后,房地产业增加值增速和经济增长呈现高度一致的平稳关系,而且,在外部冲击下,房地产市场反应更为灵敏:从图形中看到,1997 年和 2008 年的全球经济衰退首先引起房地产业剧烈震荡,然后次年宏观经济增长触底;同样,在随后的经济复苏过程中,房地产业的复苏领先于宏观经济(1998 年和 2009 年房地产业增加值增速存在局部峰值)。可见房地产业波动可以作为宏观经济波动的重要先导性指标。

进入 21 世纪,局部地区开始出现房地产泡沫化问题,并出现了全国性的房地产投资过热现象:如图 7.3 所示,房地产投资增速在较长的时间内领先于房地产业增加值增速,说明房地产业可能存在产能过剩的情况。与此同时,在房价快速上涨以及房地产业回报率开始超过实体经济回报率的背景下,社会投资结构开始"去实业化"。图 7.4 显示,2003 年开始,房地产业增加值与工业增加值增速背离的趋势放大。2008 年全球金融危机后,房地产开发投资增速与第二产业固定资产投资增速呈现反向运动趋势(图 7.5),此时房地产的发展逐渐脱离了实体经济。

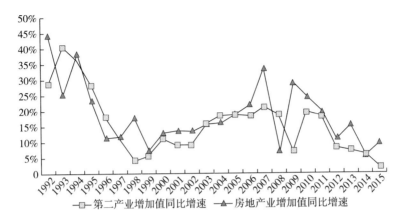

图 7.4　第二产业增加值与房地产业增加值增速
资料来源：《中国统计年鉴》。

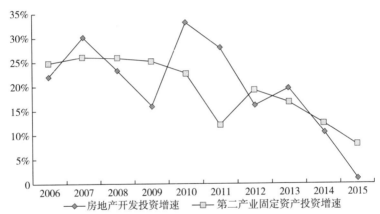

图 7.5　房地产开发投资增速与第二产业固定资产投资增速
资料来源：《中国统计年鉴》。

在后危机时代的经济下行周期，工业增加值总体而言呈现下降趋势，而房地产业增加值产生周期性波动，2009、2013、2015 等年份均呈现房地产业增加值局部波峰以及工业增加值局部波谷的形态。这些变动意味着房地产市场对实体经济的挤出效应应当受到重视。

2003 年后，房地产市场的快速上涨成为全国性现象，城市分化尚不明显。如图 7.6 所示，除一线城市以外的其他城市的房地产价格差异正是从 2003 年前后开始拉开的。图 7.7 展示了各类城市房地产开发投资

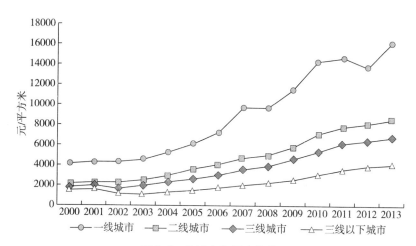

图7.6 各城市商品房价格

资料来源：《中国房地产统计年鉴》。

注：一线城市包括北京、天津、上海、广州、深圳；二线城市包括沈阳、大连、南京、无锡、苏州、杭州、宁波、合肥、厦门、济南、青岛、郑州、武汉、长沙、东莞、重庆、成都、西安，共18个城市；三线城市包括石家庄、唐山、太原、呼和浩特、长春、吉林、哈尔滨、徐州、常州、南通、温州、嘉兴、绍兴、金华、福州、泉州、南昌、淄博、烟台、潍坊、洛阳、襄阳、珠海、汕头、佛山、中山、南宁、海口、贵阳、昆明、兰州、乌鲁木齐，共32个城市；其余231个地级市为三线以下城市。后文对一二三线城市的定义与此相同。

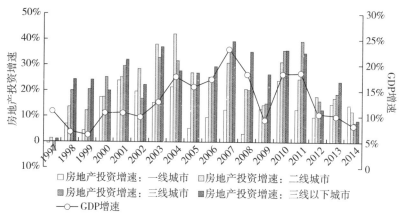

图7.7 各类城市房地产开发投资增速与GDP增速

资料来源：《中国房地产统计年鉴》。

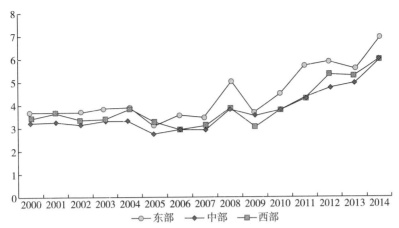

图 7.8 分区域的商品房年均库存比

资料来源:《中国房地产统计年鉴》。

注:库存比 = 商品房施工面积/商品房销售面积。按中国国家统计局的划分标准:东部地区包括北京、天津、河北、辽宁、上海、江苏、浙江、福建、山东、广东、海南 11 个省(市);中部地区包括山西、吉林、黑龙江、安徽、江西、河南、湖北、湖南 8 个省;西部地区包括内蒙古、广西、重庆、四川、贵州、云南、西藏、陕西、甘肃、青海、宁夏、新疆 12 个省(市、自治区)。后文定义相同。

增速与 GDP 增速的关系。2008 年金融危机前,除一线的五个特大城市外,其他城市的平均房地产开发投资增速变动比较一致,二线城市的房地产开发投资活动更为活跃;值得关注的是,2008 年前后,三线城市,尤其是三线以下城市的房地产市场尤为活跃,甚至在 2008 年、2009 年、2013 年等经济下行期间,三线以下城市的房地产投资却出现高速增长。大量投资性需求涌入这些经济发展潜力较低的城市,使得这些地区的房地产泡沫问题更为严重,也使得这些地区的房地产市场累积了较大的风险。

利用商品房施工面积与销售面积的比值,可以构造商品房库存比指标,用以反映房地产业去库存速度。图 7.8 显示,在 2009 年后的后危机时代,商品房库存已成为全国性问题,2012 年房地产市场步入阶段性下行后,部分地区的去库存问题显得十分紧迫。如图 7.9 所示,山西、内蒙古、青海、贵州、宁夏等中西部省份多是人口流出省份,却积累了大量商品房库存。2014 年开始,三四线城市去库存问题已列入政府工作报告,促进商品房去库存已成为这些地区的房地产政策主旋律。在房地产市场下行

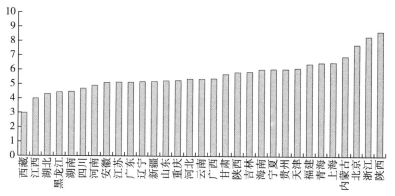

图 7.9　2012—2014 年商品房年均库存比分布

注：库存比 = 商品房施工面积/商品房销售面积。

资料来源：《中国房地产统计年鉴》。

期，房地产库存问题只是冰山一角，对于欠缺发展潜力的地区而言，随之而来的城市财政与债务问题显得更为紧迫。后文将详细讨论这一问题。

7.2　我国房地产泡沫的形成与现状

关于中国房地产市场是否存在泡沫、泡沫水平如何，各界存在大量争论。广为应用的一种简便方法是指标评价法，即以房地产市场相对于实体经济的指标为基础，判断房地产泡沫的水平。常用的指标主要包括房价与家庭收入的比值、房价房租比、房价增速与 GDP 增速的比值等。房价收入比主要测量了住房的购买能力。世界银行认为，合理的房价收入比应该为 3 ~ 6 倍。按照吕江林（2010）提出的度量我国房价收入比合理上限的模型，基于中国近五年来按揭贷款的利率水平，以及按揭贷款常用期限和首付款比例区间，可推导出中国城市居民理论上能承受的房价收入比的合理上限约在 4.38 ~ 6.78 倍之间。根据全国商品住宅均价和城镇人均可支配收入，可以估算出全国三口之家 90 平方米住宅的房价收入比，如图 7.10 所示，除少数年份外，我国其余年份的房价收入比都超过了合理上限。1998—2015 年的平均房价收入比约为 7.82，

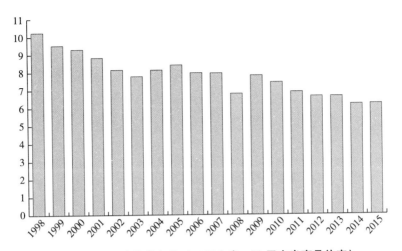

图 7.10　全国房价收入比（三口之家，90 平方米商品住宅）

注：房价收入比 =（商品住宅销售价格 ×90）/（城镇居民人均可支配收入 ×3）。

资料来源：《中国统计年鉴》。

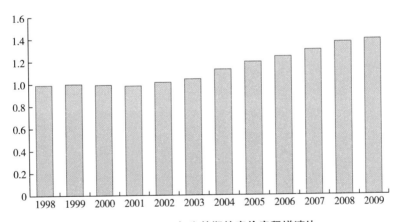

图 7.11　以 1997 年为基期的房价房租增速比

注：根据《中国统计年鉴》中的房屋租赁价格指数和房屋销售价格指数计算，最近的年份为 2009 年。

资料来源：《中国统计年鉴》。

说明房价过高是全国性问题。

　　房价房租比能够大致反映房地产的投资回报，若该比值过高，说明房地产价格相对于投资价值过高，可能存在投资泡沫。由于中国房屋租金数据缺乏统计，用《中国统计年鉴》报告的房屋租赁价格指数和房屋

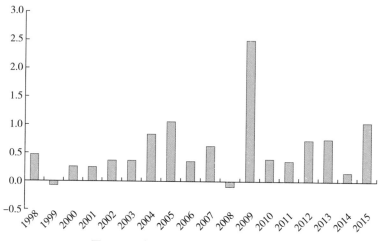

图 7.12   全国房价增速与 GDP 增速比
注：根据《中国统计年鉴》中的商品房销售均价和 GDP 计算。
资料来源：《中国统计年鉴》。

销售价格指数构造房价房租增速比，如图 7.11 所示。可以发现 2003 年前房价和房租的增长基本同步，说明在此期间房地产价值基本不存在高估问题。而 2003 年后该指标持续大于 1，而且房价房租的差距逐年拉大，2009 年房价的上涨速度是房租的 1.4 倍，说明 2003 年后房价高估问题严重。房价增速与 GDP 增速的比值能够反映房地产市场相对于经济基本面的发展情况，若该比值过高，说明房价的增长缺乏经济基本面支撑，存在房地产泡沫问题。图 7.12 显示，该比值波动较大，大部分年份该比值位于 0.5 以下，2004、2005、2007、2009、2012、2013、2015 等年份均存在房地产业过热的问题。尤其是 2009 年，房价增速达到 GDP 增速的 2.5 倍，价格泡沫问题严重。

基于 286 个地级市的住户调查人均年可支配收入和商品住宅平均销售价格，可以估算出各地级市三口之家 90 平方米住宅的房价收入比。根据 2005—2011 年的平均房价收入比可以做出该指标的分布图，如图 7.13 所示。总体而言，高房价收入比主要发生在东部城市和个别西部地区，中部地区房地产泡沫问题不严重。逐年来看，表 7.1 显示，房价收

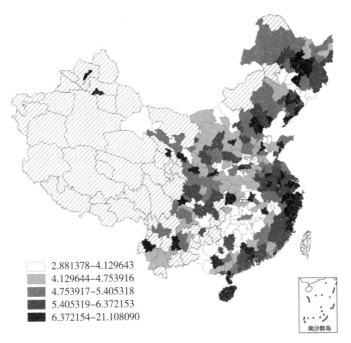

2.881378–4.129643
4.129644–4.753916
4.753917–5.405318
5.405319–6.372153
6.372154–21.108090

图 7.13　2005—2011 年平均房价收入比（三口之家，90 平方米商品住宅）

注：房价收入比 =（商品住宅销售价格 ×90）／（住户调查人均年可支配收入 ×3）；图例按房价收入比的五分位数划分，其中斜线部分代表缺失数据。

资料来源：CEIC。

表 7.1　2005—2011 年按区域和城市规模划分的房价收入比均值

年份	东部	中部	西部	小城市	中等城市	大城市	特大城市
2005	5.97	4.68	4.73	4.65	4.76	5.30	7.14
2006	6.04	4.70	4.84	4.95	4.81	5.28	7.34
2007	6.37	4.74	5.00	5.05	4.97	5.43	7.83
2008	6.35	4.68	4.80	4.86	4.92	5.44	7.41
2009	6.85	4.94	5.79	6.48	5.09	5.82	7.95
2010	7.51	5.19	5.30	5.65	5.58	6.14	8.56
2011	7.25	5.44	5.53	5.73	5.61	6.38	8.18

注：房价收入比计算规律与图 7.13 相同。城市规模按 2004 年地级市非农人口划分，参照《中国城市统计年鉴》的划分标准，共有 52 个小城市、101 个中等城市、100 个大城市、25 个特大城市。

入比按从高到低依次为东部、西部、中部；按城市人口规模划分，可以发现 2009 年前房价收入比与城市规模呈现大致的正相关关系，即城市规模越大，房价收入比越高。然而，2008 年的全球金融危机后，上述关系发生了变化，小城市的房价收入比快速升高，超过了中等城市，甚至在 2009 年达到 6.48，仅次于特大城市。这说明在后危机时代，大量房地产泡沫转移到经济基础更脆弱的小城市，这是非常危险的信号。

上述指标评价法只能粗略地估计房地产泡沫的大致情况，而且图 7.10 至图 7.12 显示的房地产泡沫的时间趋势并不一致。上述指标测算的潜在问题是没有考虑城市异质性（Himmelberg et al.，2005）。例如，在更为宜居的城市，房价收入比会更高，这是因为居民为了更好的生活质量而牺牲了部分收入，同时城市宜居性也提升了房屋的特征价格，而这并不意味着房地产投资泡沫更大。文献中测度房地产泡沫的常用方法是通过经济基本面（如供给和需求面因素）来拟合房屋基础价值，房地产泡沫定义为基础价值和实际价值的差值。大多数研究认为，合理的房价（即基础价值）由经济基本面因素决定（Bourassa et al.，2001；Hui et al.，2006；况伟大，2010；高波等，2014）。这些研究多关注城市间的经济基本面差异所造成的房地产价格差异，且对于房地产泡沫的估算仅限于一线城市或部分二线城市，难以体现全国的整体情况。城市经济学理论指出，劳动力在城市间的流动形成了地租和工资的差异，在空间均衡状态下，房地产价值由反映城市生产率的经济基本面变量和反映城市生活质量的宜居性变量共同决定（Roback，1982）。宜居性变量通常包括与自然禀赋、城市条件和环境禀赋相关的一系列变量。

基于这种思路，本章构建了城市房地产的价值决定模型，采用两组变量：经济基本面变量和宜居性变量。主要思路是，采用 2003—2011 年的 286 个地级市数据做横截面回归，用房价方程的残差项估算房地产泡沫。由于 2008 年末的金融危机是新一轮房地产周期的开始，危机前后房地产价格的变动规律可能产生较大的变化，因此分为两个时间段分别回归。这里的前提假定是在同一时间区间中，所有城市的房价随经济基本面和城市宜居性的变动规律均相同，同时，尽管在回归中控制了尽可能多的城市异质性变量且要求拟合优度 R^2 尽可能高，估算出的房地产泡沫值仍可能包括了未控制的变量的影响。因此对于房地产泡沫的估算结果是近似值。

在房价回归的自变量中，反映需求基本面的变量是人口、家庭收入、人均 GDP 和与最近的大港口的距离（代表了贸易便利度）；反映供给基本面的变量是滞后一年的土地出让面积（假定建设周期为 1 年）；贷款利率将同时影响房地产供给和需求。反映城市宜居性的变量主要由社会变量和环境变量构成，社会变量包括反映教育、卫生、文化的相关变量，环境变量包括反映污染排放、绿化、道路的相关变量。因变量是新建商品房价格。回归结果如表 7.2 所示。因为需要利用拟合残差构建房地产泡沫的测度，所以对回归模型对实际价值的拟合程度有严格的要求，以尽量减少遗漏变量对房地产泡沫估计的影响。

表 7.2　2003—2011 年中国地级市房价的影响因素

因变量：新建商品房价格（元/m²）	2003—2008 年	2009—2011 年
年末总人口（万人）	0.417*** (0.123)	0.860*** (0.264)
人均 GDP（万元/人）	115.0*** (39.22)	97.53 (62.43)
住户调查人均年可支配收入（元）	0.193*** (0.0163)	0.276*** (0.0419)
与最近的大港口的距离（km）[a]	-0.176*** (0.0475)	-0.131 (0.120)
滞后一年的土地出让面积（公顷）	0.0766* (0.0430)	-0.170** (0.0729)

资产负债扩张与实体经济增长

续表

因变量：新建商品房价格（元/m^2）	2003—2008 年	2009—2011 年
一至三年金融机构人民币贷款基准利率%	−36.19 (44.50)	−62.50 (167.4)
每万人医生数（人）	13.03** (5.188)	13.65* (8.139)
每万人公共图书馆图书总藏量（千册）	0.0236 (0.0171)	0.108*** (0.0213)
每万人高等学校（所）	14574*** (2180)	13548** (6144)
每万人小学数（所）	38.33*** (7.520)	−15.57 (27.88)
工业二氧化硫排放量（吨）	−0.00176*** (0.000395)	−0.00715*** (0.00104)
工业烟尘排放量（吨）	−0.00198*** (0.000634)	0.000125 (0.000145)
工业废水排放量（万吨）	0.00212 (0.00278)	0.00873 (0.00753)
每万人道路面积（平方米）	−0.00507*** (0.00130)	−0.00441 (0.00390)
每万人园林绿地面积（平方米）	0.000580*** (0.000184)	0.000987*** (0.000335)
常数项	−401.2** (180.3)	−1387** (650.7)
观察值	1502	761
R^2	0.78	0.73

注：a. 大港口距离包括上海、深圳、天津、大连、青岛。括号里是稳健估计的标准误，*** $p<0.01$，** $p<0.05$，* $p<0.1$。

资料来源：《中国城市统计年鉴》、《国土资源统计年鉴》、CEIC 数据库和中国人民银行网站。

表 7.2 中，绝大部分自变量对房价的影响显著且符合理论预测。
2008 年前后的两个时间区间的回归结果存在明显差异：2008 年后房价
脱离经济基本面现象变得更为严重：人均 GDP 和到大港口距离两个重
要基本面变量不再显著，这意味着房价在不同发展程度的城市间出现拉
平效应，这一现象对中小城市的发展尤为不利。同时，2008 年前后土地
供应对房价的影响也存在差异：2009 年后，地方政府主导的土地供应起
到了显著的降低房价的效应。总的来看，表 7.2 的房价回归方程的拟合
程度较高，2003—2008 年 R^2 达到 78%，2009—2011 年 R^2 为 73%，可
以认为回归模型的设定是合理的。基于表 7.2 的结果，将未被经济基本
面和城市宜居性解释的房地产溢价作为泡沫成分，回归残差就代表了各
地级市的房价泡沫化程度。

图 7.14 对比了根据回归残差估算的房地产泡沫和图 7.10 中的房价
收入比指标，两种测度方法所显示的全国房地产泡沫变化趋势基本一
致。从城市个体角度而言，基于住户调查的人均年可支配收入和新建住
宅均价构造的房价收入比指标，与基于表 7.2 的回归残差估算的房地产
泡沫指标在 1% 的显著性水平上正相关（相关系数为 0.71）。因此可以
认为本文对于房地产泡沫的估算结果是可信的。

按城市房地产市场形势分类，如图 7.15 所示，2006 年以后，五个
一线城市的房地产价格远超过基准价值，尤其在 2008 年末的金融危机
前，房地产泡沫积累到相当高的程度。二线城市在前危机时代也积累了
一定程度的泡沫，但 2009 年以来的后危机时代，泡沫更多地转移到了
三线城市，这可能是由于 2010 年后一二线城市实施限购政策导致投资
泡沫发生转移。

人口流动的方向显示了城市的吸引力，也反映了房地产市场的潜在
需求。图 7.16 利用第六次全国人口普查数据，计算了各省人口净流入
情况（等于常住人口减户籍人口），并将其与同时期各省的房地产泡沫
平均水平做比较。一般而言，人口高流入地区的房地产潜在需求更强，

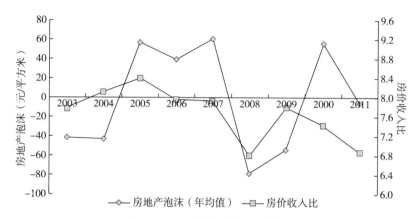

图 7.14 全国房地产泡沫年均值

资料来源：表 7.2 估算结果。

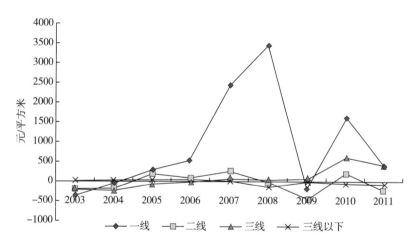

图 7.15 按房地产市场形势分类的房地产泡沫年均值

资料来源：表 7.2 估算结果。

因此这些地区在房价上涨期可能积累更多价格泡沫。图 7.16 中所显示的趋势与这一预测大致一致，如浙江、北京、江苏等人口流入地，房地产估值更加偏离其基准价值。但值得注意的是，大部分人口流出地亦普遍存在着程度不一的房地产泡沫问题，如海南省的泡沫问题尤其值得关注。

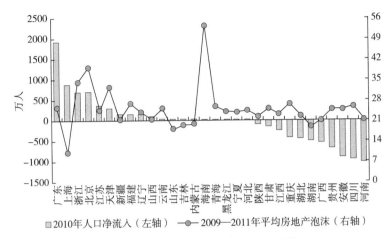

图 7.16　省级人口净流入与房地产泡沫

注：依据表 7.2 的回归残差，对房地产泡沫估值做出下述归一化处理，使房地产泡沫变为 0—100 的数值：$bubble_i = \dfrac{error_i - min（error）}{max（error） - min（error）} * 100$。图 7.17 和图 7.18 也采用了这一处理方式。

资料来源：第六次人口普查数据和表 7.2 估算结果。

根据表 7.2 的估算结果，可以画出金融危机前后两个时间区间的房地产泡沫的地理分布情况，如图 7.17 和图 7.18 所示。对比发现，后危机时代，西部地区如甘肃省多个城市、重庆及周边城市的房地产泡沫问题变得更为突出，东部地区的福建省的多个城市房地产泡沫变得更严重。

7.3　泡沫化的房地产业对实体经济的影响

房地产泡沫在 21 世纪后的中国资产负债扩张中扮演了重要角色。在其他可替代投资品缺位的情况下，通过资产负债表效应，房地产泡沫挤入了大量投资，但与此同时也挤出了实体经济投资，造成经济结构扭曲、城市发展风险增加。本节将从金融配置、实体企业投资、城市发展、个人财富配置四方面分析房地产泡沫对实体经济的影响。

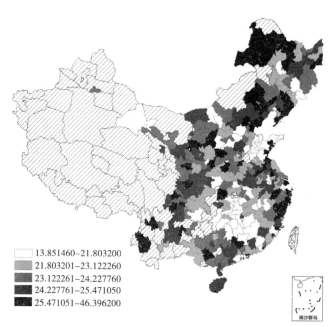

图 7.17 2003—2008 年房地产泡沫分布情况

资料来源：表7.2 估算结果。斜线部分代表缺失数据。

图例:
- 13.851460—21.803200
- 21.803201—23.122260
- 23.122261—24.227760
- 24.227761—25.471050
- 25.471051—46.396200

南沙群岛

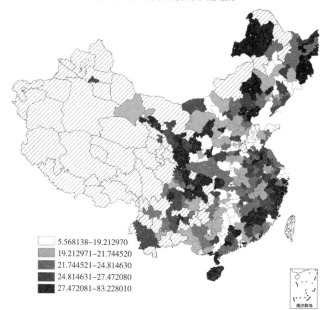

图 7.18 2009—2011 年房地产泡沫分布情况

资料来源：表7.2 估算结果。斜线部分代表缺失数据。

图例:
- 5.568138—19.212970
- 19.212971—21.744520
- 21.744521—24.814630
- 24.814631—27.472080
- 27.472081—83.228010

南沙群岛

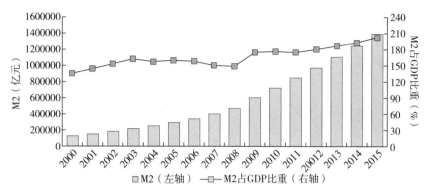

图 7.19　货币供应量情况

资料来源：国家统计局。

7.3.1　房地产泡沫对金融配置的影响

根据理性泡沫的相关理论，在经济动态无效的情况下，资产泡沫有助于储存社会财富、防止资本外流（Caballero et al.，2006），从而对实体经济产生有利的效应；然而，资产泡沫的过快膨胀可能导致金融资源的配置结构扭曲，由于泡沫膨胀带来的资产回报率提高，过多的资本将投入泡沫资产，抬高利率，从而对实体经济产生"挤出效应"，最终导致整体经济的泡沫化（Tirole，1985）。

（1）房地产泡沫吸纳流动性和抑制通货膨胀

改革开放以来，中国工业发展速度迅速提升，2001 年加入 WTO 后，出口快速上升以及宽松的货币政策制造了巨大的流动性。同时，全社会在高速经济增长下积累了大量财富，表现为快速的居民储蓄和收入增长。在金融工具仍然不充足的情况下，房地产市场扮演了吸纳过剩流动性和抑制通货膨胀的作用。如图 7.19 所示，进入 21 世纪以来，中国的货币供应量经历了爆发式增长，M2 供应量由 2000 年的 13.46 万亿元上涨到 2015 年的 139 万亿元，增长了 9 倍；而同期 GDP 上涨了 6 倍。我国 M2 供应量的迅速上升主要由加入 WTO 后的巨大贸易顺差所支持。长期的贸易顺差创造了大量外汇储备，2014 年 3 月，国家外汇储备达到

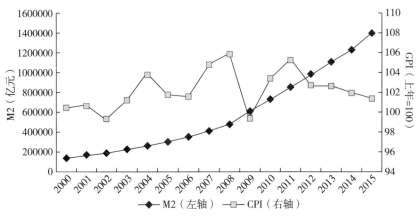

图 7.20　M2 供应量与 CPI

资料来源：国家统计局。

3.95 万亿美元，比 2000 年上涨了 30 倍，规模居世界首位。面对 2005—2015 年 10 年间年均约 7 万亿元的 M2 供应，我国发展滞后的股票市场或其他金融工具显然无法吸纳高速增长的流动性，而年均销售额为 5 万亿元的房地产市场主要承担了吸收流动性的作用。从这个意义而言，房地产泡沫成为中国经济结构的必然产物。如图 7.20 所示，2000 年至 2015 年，在 M2 供应增速年均 17% 的情况下，居民消费价格年均仅上涨了 2%，同期平均商品房价格上涨了 8%，说明在流动性持续上涨和金融工具匮乏的情况下，房地产泡沫在某种程度上起到了抑制通货膨胀的作用。

（2）房地产泡沫膨胀导致信贷过度和金融不稳定

中国房地产泡沫过快膨胀引起的过度投资也导致了信贷过度和金融体系不稳定问题。伯南克（Bernanke et al.，1996）提出的金融加速器理论指出，金融和信贷市场好比一个加速装置，当经济中出现很小的冲击，例如利率的波动、社会技术进步冲击或者政府开支突然发生变化等，金融和信贷市场就能放大该冲击的作用，从而对社会经济产生巨大的影响。金融加速器机制强调了资产价格波动的宏观效应：当资产价格上升时，企业的净资产数量就会增加，企业外部融资成本就会下降，

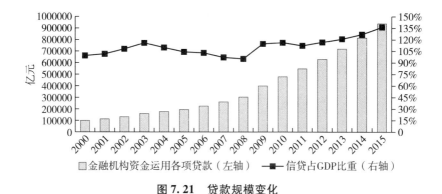

图 7.21　贷款规模变化

资料来源：国家统计局。

形成信贷、投资增加与资产价格上升的循环，传递到宏观经济中；当资产价格下降时，经济会向相反的方向发展。阿尔梅达等（Almeida et al.，2006）利用房地产市场检验了金融加速器机制，他们的研究证实了在金融杠杆较高的国家，房地产价格的波动对收入冲击的反应更为灵敏。

近十余年来，随着房地产价格的快速上涨，信贷规模迅速膨胀，从2000 年至 2015 年，金融机构人民币贷款规模上涨了 8.5 倍，若以该规模占 GDP 比重来衡量经济的杠杆水平，2015 年该水平已达 136%（图7.21）。图 7.22 的地级市层面散点图显示，金融机构贷款规模随房地产泡沫的扩大有明显的扩张趋势，在一定程度上验证了金融加速器机制——根据该理论，当房地产价格下降时，将出现金融不稳定问题，宏观经济将进入下行通道。据世界银行统计，自 20 世纪 70 年代末到 21 世纪初，全球共有 93 个国家先后爆发了 112 次系统性金融危机，46 个国家发生了 51 次局部金融危机，资产价格膨胀和崩溃及信贷的扩张和收缩通常贯穿于历次金融危机的形成及发展过程中，其中大部分金融危机与房地产泡沫破裂所引发的银行危机有关（黄静，2010）。

除银行贷款外，大量信贷资源通过"影子银行"流入泡沫化的房地产业。图 7.23 显示，"国内贷款"占房地产企业资金来源的比重由 1997 年的 24% 下降至 2015 年的 16%，"自筹资金"占比从 1997 年的 25% 上

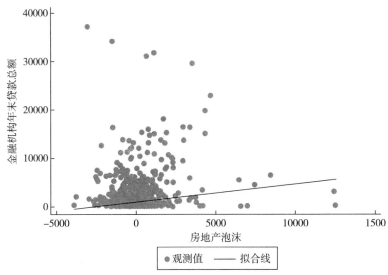

图 7.22   2003—2011 年贷款规模与房地产泡沫的关系

注：房地产泡沫数据来自表 7.2 的计算结果。

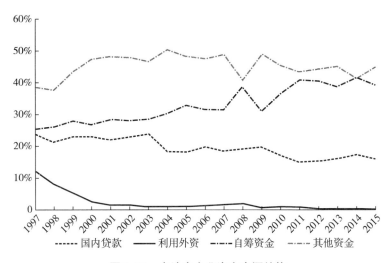

图 7.23   房地产企业资金来源结构

资料来源：国家统计局。

升到 2015 年的 39% 。也就是说，近年来我国房地产企业 80% 以上的资金都不依靠银行融资，房地产业的"准金融化"和"脱媒化"趋势非常明显。除开发贷和抵押贷等银行贷款，房地产信托、私募股权以及股

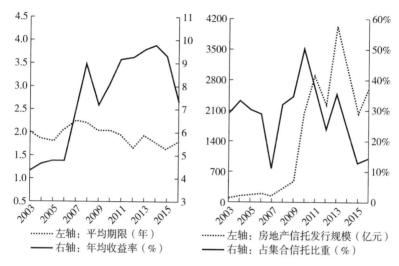

图7.24 投向房地产的集合资金信托情况

资料来源：用益信托网 http://www.yanglee.com/。

权投资等方式为房地产企业提供了大量补充融资。2010年后，从紧的房地产调控政策使得房地产企业必须转向非银行金融机构，房地产信托迅速增长。根据中国信托业发展报告，2011年信托公司信托资产总规模为10.91万亿元，与上年7.47万亿元相比，同比增长46%，已成为我国第二大金融主体，2015年该规模已达16.3万亿元。截至2011年底，投向房地产的资金信托余额达到0.69万亿元，占全部资金信托余额的比重达到14.8%。受2011年后全国房地产市场调整影响，2015年末的房地产信托资金规模为1.29万亿元，占比缩小至8.76%。

图7.24展示了2003年以来发行的集合资金信托的平均期限和年均收益率情况。集合资金信托产品的平均年限始终在2年左右波动，而年均收益率出现了大幅攀升：从2003年的4.3%上升到2014年的9.73%，随后呈现下降趋势，2016年年均收益率降至7.36%，说明信托融资的资金成本也在逐年走高。2010年开始，投向房地产的集合资金信托规模迅速扩大，2010年当年投向房地产领域的集合信托占比达50%。

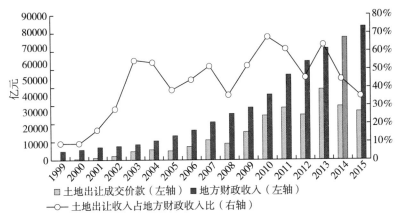

图7.25 土地出让收入与地方预算内财政收入

资料来源：《中国国土资源统计年鉴》《中国统计年鉴》。

7.3.2 房地产泡沫对地方政府投资的影响

在我国财税制度与土地制度下，房地产业的快速发展带动了地方政府财政收入的增长。依靠房地产业发展，城市政府一方面通过土地市场化出让以及房地产相关税收获取城市建设资金，另一方面凭借高估值的土地储备以地方债的形式获得大量融资。与此同时，房地产业的快速发展深刻影响了中国城市的发展路径。在地方官员任期短期化的背景下，以土地储备为抵押，通过地方融资平台获得大量债务融资成为城市发展的普遍模式。城市融资能力增强导致的最直观的改变是城市在空间范围内的快速扩张。在实体经济不振的情况下，地方政府期望以"造城"的手段更新城市基础设施，期望能够"筑巢引凤"、推动城市经济快速发展。新城的建造强化了投资者对房地产市场的预期，进一步推高房价，这一过程不断循环，导致部分欠缺发展基础的城市累积了大量风险。

（1）房地产泡沫对政府投资的挤入效应

房地产泡沫的膨胀通过放大政府土地储备的价格而提高了地方政府的融资能力。如图7.25、图7.26所示，1999—2015年，地方政府土地出让收入上涨了60倍，占地方预算内财政收入的比重从9%上升到

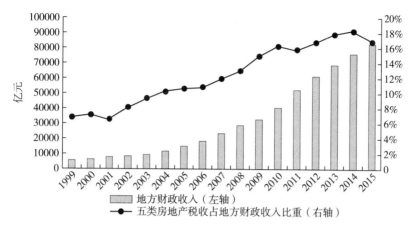

图 7. 26　房地产税收占地方预算内财政收入的比重
资料来源：国家统计局。

36%；城镇土地增值税、耕地占用税、土地增值税、契税和房产税五类房地产税收收入占地方预算内财政收入比重由 1999 年的 7% 上升至 2015 年的 17%。土地税收和房地产税收收入都为作为垄断土地供应者的地方政府筹集了大量城市建设资金。

地方融资平台的流行更通过借贷杠杆放大了地方政府的土地抵押融资能力。在全国房地产价格过去十余年来单向增长的背景下，地方政府信用得到扩张，表现为土地抵押贷款逐年上涨，成为城市基础设施建设等的主要融资来源。国家审计署公告显示，至 2010 年底，全国省、市、县三级政府共设立融资平台公司 6576 家，其中：省级 165 家、市级 1648 家、县级 4763 家；有 3 个省级、29 个市级、44 个县级政府设立的融资平台公司达到 10 家以上。从这些公司的经营范围看，以政府建设项目融资功能为主的 3234 家，兼有政府项目融资和投资建设功能的 1173 家，还进行其他经营活动的 2169 家。这些政府融资平台的主要抵押品是地方政府的土地储备，扮演着"土地银行"的角色（刘守英等，2012）。据国家审计署发布的数据，地方政府通过地方融资平台、城投债等途径的融资规模从 2008 年底的 5. 35 万亿元增长到 2012 年底的 15. 89 万亿元，年增速达到 31. 3%。图 7.27 显示，土地抵押贷款量逐年

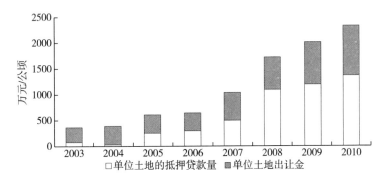

图 7.27　单位土地抵押贷款量与单位土地出让金

资料来源：刘守英等（2012）。

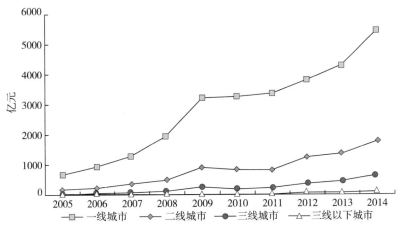

图 7.28　城市层面平均地方融资平台债务（亿元）

资料来源：Wind 数据库。

上升，从 2008 年开始，随着政府投资基建项目的增多，单位土地抵押贷款量大幅上涨，超过了单位土地出让金。

　　基于 Wind 数据库的地方融资平台发行城投债与银行贷款规模微观数据，可以整合得到城市层面的地方债数据，如图 7.28 和图 7.29 所示。大量债务集中在一二线城市，到 2014 年，五个一线城市的地方融资平台债务平均为 5436 亿元、二线城市平均为 1743 亿元、三线城市平均为 616 亿元、三线以下城市平均为 85 亿元。债务风险也主要集中在

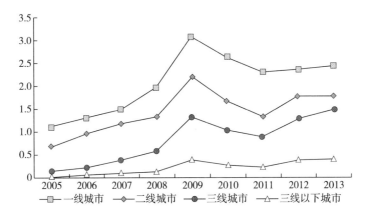

图 7.29　城市层面平均地方融资平台债务与 GDP 比重
资料来源：Wind 数据库，《中国城市统计年鉴》。

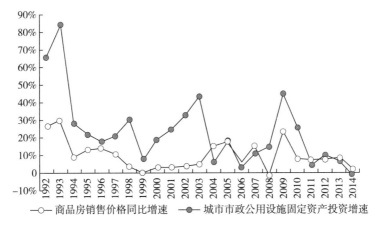

图 7.30　房地产市场发展与城市基础设施建设
资料来源：《中国城市建设统计年鉴》。

大城市，2007—2013 年，一线、二线城市的地方融资平台债务占 GDP 比重均超过 1，在 2009 年的四万亿计划推动下，一线城市的债务占 GDP 比重超过了 3。尽管三线及以下城市债务规模相对较小，但值得注意的是，这些城市债务增速很快。2005—2014 年的 10 年间，三线以下城市债务增长了 69 倍、三线城市债务增长了 33 倍，而一二线城市的债务增长分别为 7 倍和 11 倍。

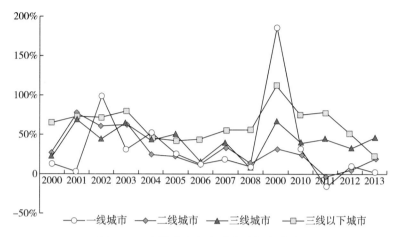

图 7.31　各城市本年完成市政投资增速
资料来源:《中国城市建设统计年鉴》。

通过资产负债表效应，房地产泡沫挤入了大量城市基础设施投资。据世界银行的调查，在一些城市里，总城市建设融资中的60%～70%是通过政府运作的土地银行保护下的贷款收入获得（World Bank，2005）。根据2013年国家审计署数据，地方政府性债务余额大多用于城市基础设施建设，约35%投资于市政建设，约24%投向交通运输设施建设。图7.30显示，2003年后，城市市政投资增速与房价变动高度一致。尤其是在2009年以后的后危机时代，欠缺发展潜力的城市的基础设施建设扩张迅速（图7.31），这与抵押融资造城的软预算约束问题紧密相关。地方政府债务偿还对土地出让的依赖程度较高，据审计署统计，全国承诺以土地出让收入偿还额占负有偿还责任债务比例为40%，也就是说，未来房地产市场形势对地方政府债务偿还影响深重。

（2）房地产泡沫化导致城市扩张脱离经济基本面

20世纪80—90年代，中国的城市发展普遍模式是大量建设开发区，以廉价土地实现竞争性招商引资，从而推动当地工业化发展，并带动服务业的发展。人口的聚集、第三产业的发展以及城市功能设施的完善都为房地产市场的发展提供了必要条件。房地产市场的繁荣不仅进一步完善了城市功能，更重要的是，房地产相关税收和商住用地显示出巨大的财富效应，地方政府以此完成了经营城市的资本积累。

进入 21 世纪，随着房地产市场相对于实体经济快速膨胀，房地产部门对经济增长的贡献日益重要。与此同时，地方政府间过度竞争导致开发区的收益空间不断压缩。在房地产市场快速上涨的情况下，建设新城以吸引以第三产业（尤其是商业和住宅房地产）为主的投资，能够快速回收基建投资成本，同时，利用泡沫资产吸收投资的能力，能够在短期内实现地区经济增长。因此在地方政府的目标函数中，工业发展的收益相对弱化，房地产业以及服务业的重要性日益提高。此时，在地方官员任期短期化的背景下，地方政府更有激励鼓励可在短期内提升地区经济的房地产业而非回报期更长的实体产业。

基于土地未来升值预期的抵押融资进一步软化了地方政府的预算约束，尤其是欠发达地区的城市融资和城市扩张不再受限于较低的城市招商引资能力。根据图 7.32 的结果，尤其在三线以下城市，房地产泡沫对于地方政府债务存在显著的推动作用。根据城市化与土地制度改革课题组（2005）对以陕西为代表的经济欠发达地区的调研，在工业没有作为经济增长引擎的情况下，陕西经济的提速实际上主要依赖于国家大型基础设施投资、重点工程建设和城市的扩张，其中政府抵押融资正是拉动上述投资的主要动力。

随着城市快速扩张，多数欠发达地区的商业、服务业、金融业等第三产业却没有呈现相应的高速发展。根据陈瑞明（2013）对中国 10 个城市的案例研究，以政府搬迁、建大学城、高新园区为特征的新城建设成为 2000 年后城市化的普遍模式。案例经验证明，这些政府主导的新城从建造到成熟，至少需要 10 年周期。因此，根据以上研究可以推断，从缺乏工业基础的欠发达地区地方政府开始，土地抵押融资导致的软预算约束直接反映为城市过快扩张，与 20 世纪 90 年代不同的是，此时的城市扩张不是为了吸引工业投资，而主要为了发展服务业，尤其是房地

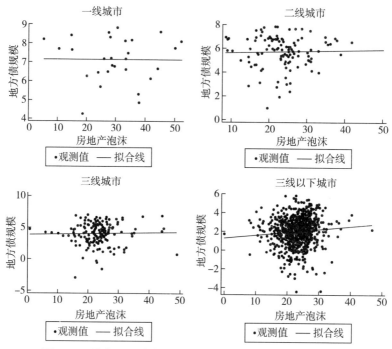

图7.32 城市层面地方债规模（对数）与房地产泡沫散点图
资料来源：Wind 数据库与表 7.2 的估计结果。

产业。乔依等（Choi et al. ，2013）关于中国鬼城与房地产泡沫的专题报告中指出，房地产泡沫是城市过快扩张以致出现"鬼城"的原因，并指出三四线城市的城市扩张脱离基本面情况尤其严峻。在城市发展的信贷杠杆不断拉长的同时，城市发展对房地产价格变动的敏感性进一步强化。

为了说明地方政府主导的城市扩张的阶段性特征，采用面板固定效应模型分析地方政府的城市扩张策略。分析数据来自历年《中国城市统计年鉴》，涵盖了 286 个地级市，时间跨度为 1995—2011 年。21 世纪初的中央政策和外部环境的变化导致地方政府经营城市的战略发生转变。为了消除不可观测的城市个体固定效应影响，采用面板固定效应模型。因变量 y_u 是城市扩张增速，采用市区建成区土地面积相对市区行政区面积的增长速度来衡量。自变量用人均 GDP 增速以及非农就业比重来刻画城市经济基本面和人口城市化。

表 7.3　城市扩张的经济与人口增长动力

自变量	(1)1995—2011 年	(2)1995—2002 年	(3)2003—2011 年
面板 A：城市扩张与城市化的关系			
市区非农就业比重	0.36**	0.71**	0.06
	(0.16)	(0.28)	(0.42)
面板 B：城市扩张与 GDP 增速的关系			
真实人均 GDP 增速	0.11***	2.41***	0.02
	(0.03)	(0.22)	(0.02)
年份固定效应	是	是	是
城市固定效应	是	是	是
观测数	4018	1559	2459
城市个数	286	271	286

注：因变量是城市扩张速度，用市区建成区面积相对于市区行政区面积的增速衡量。括号内是标准差绝对值。限于篇幅，未报告常数项的回归结果。***表示在1%水平上显著，**表示在5%水平上显著，*表示在10%水平上显著。

表 7.3 汇报了回归结果。总体来看，1995 年至 2011 年的城市规模扩张具有市场导向的特点：经济增长和人口城市化都显著地推动了城市面积扩张，人均 GDP 增速和非农就业比重每提高 1%，城市扩张速度将分别上升 0.11% 和 0.36%［如表 7.3（1）列所示］。以 2003 年为界分别回归，（2）、（3）列的回归结果显示，城市扩张呈现明显的阶段性特征：2003 年前的城市面积扩张具有显著的市场化导向特征，这一时期的城市发展策略是先工业化后城市化，这与已有的研究结论一致（Seto et al.，2003；Ho et al.，2004）；然而 2003 年后，在房地产泡沫和融资杠杆作用下，城市建设面临的预算约束大大软化，城市扩张出现了脱离经济基本面以及城市化进程的现象：在（3）列中，非农就业比重和人均 GDP 增速对城市扩张的影响均不显著。这一结果意味着，目前的城市发展高度依赖泡沫化的房地产市场。一旦市场形势出现波动，城市发展将陷入困境。事实上，在近期的房地产下行期，某些地区的"鬼城"以及房地产库存问题开始进入公众视线。图 7.33 构造了各省份的商品

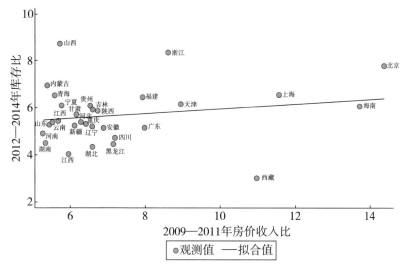

图 7.33　房地产泡沫与商品房库存比的关系

注：库存比 = 商品房施工面积/商品房销售面积；房地产泡沫依据表 7.2 的回归残差，做出下述归一化处理，使房地产泡沫变为 0—100 的数值：$bubble_i = \dfrac{error_i - \min(error)}{\max(error) - \min(error)} \times 100$。

资料来源：《中国房地产统计年鉴》。

房库存比指标（等于商品房施工面积与销售面积的比值），用以反映房地产业去库存速度。图 7.33 显示，2012 年后各省的高库存问题与此前 2009 年后累计的房地产泡沫问题高度相关。更为严峻的是，房地产市场下行使得债务过快扩张的城市财政陷入困境。

7.3.3　房地产泡沫化与实体企业投资

在金融抑制的情况下，房地产行业的发展有利于中小微企业使用土地或住房作为抵押物获得贷款，从而起到推动实体投资的正向效应。但在信贷总额和社会财富有限的情况下，房地产泡沫对金融资源的过度吸纳导致了实体企业融资困难。与此同时，房地产业投资回报率的迅速升高也促使实体企业把资金从主营业务生产项目转移到房地产建设和开发项目上，导致经济结构扭曲，出现挤出实体投资的现象。

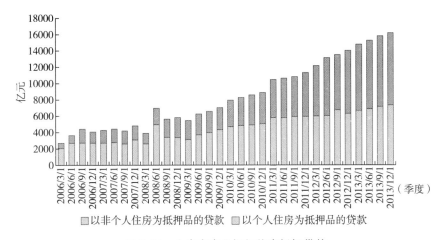

图 7.34 上海市商业银行住房抵押贷款

资料来源:上海市人民银行。

(1) 房地产泡沫对实体投资的挤入效应:抵押担保渠道效应

关于房地产价格波动挤入投资的影响,理论上主要基于资产负债表效应。该效应强调了资产价格变化导致企业利用抵押融资进行投资的能力受到影响,在金融加速器机制下,这种影响具有乘数效应。因为房地产价格变化主要通过抵押担保渠道挤入实体投资,又称为抵押担保渠道效应,即房价上升可以抬高企业可抵押房产的价值,增加企业负债能力,进而提高企业投资水平,有利于长期经济增长。钱尼等(Chaney et al.,2012)发现美国存在担保渠道效应的证据,他们发现在 1993—2007 年美国上市公司的负债和投资与房地产价格显著正相关,在 1993 年时房地产资产市值越高的公司,当房地产市场价格上升后,借债更多,投资率也更高。曾海舰(2012)利用 701 家上市公司数据发现我国存在显著的抵押担保渠道效应:在房价上升较快的 2003—2009 年,上市公司房屋建筑物市场价值每增加 1 元,负债大约增加 0.04 ~ 0.09 元,投资大约增加 0.04 元。

以上海市人民银行的数据为例,[②] 在 2006 年一季度至 2013 年四季

---

② 因为难以取得全国范围内商业银行抵押贷款的数据,所以本文选择较有代表性的上海市分析住房抵押贷款的变化趋势。

度期间，住房抵押贷款总额快速增加，其中非个人住房抵押贷款额的增加速度快于个人住房抵押贷款额。图 7.34 描述了上海市商业银行住房抵押贷款总额的变化趋势。住房抵押贷款总额从 2006 年一季度的不到 3000 亿元增加到 2013 年四季度的超过 16000 亿元，这一变化主要发生在 2009 年之后。住房抵押贷款的增加值主要来自以非个人住房为抵押品的贷款，以个人住房为抵押品的贷款增加不多。以非个人住房为抵押品的贷款额由 2006 年一季度的约 700 亿元增加到 2013 年四季度的接近 9000 亿元，增加了十倍多。而非个人住房抵押贷款主要是企业抵押贷款，这一趋势说明在房地产市场快速发展时，企业更多地利用抵押房地产进行贷款融资。在这个意义上，一旦作为抵押物的房地产价格下降，多数企业（尤其是融资约束严重的中小民营企业）的外部融资能力将受到极大震荡。甘洁（Gan，2007）研究了日本房地产市场泡沫破灭对日本公司投资的影响，发现那些房地产泡沫时期（1989 年以前）土地资产比重越大的公司，在泡沫破灭后的时期（1994—1998 年），投资减少的幅度更大。因此，在我国控制房地产泡沫的过程中，必须首先解决抵押资产缩水的问题。否则，一旦资产价格快速下降，整体经济将遭受负向冲击。

（2）房地产泡沫对实体投资的挤出效应：企业投资结构配置效应

甘洁（2007）、钱尼等（2012）等理论研究指出，资产泡沫导致某部门投资回报率处于较高水平，可能挤出实体经济投资，这一视角可称为企业投资结构配置效应。从更宏观的视角来看，如果存在低进入门槛的高盈利行业，则可以观察到社会各行业偏离主营业务而出现社会投资结构单一化的倾向。在我国长期的金融抑制政策下，大量金融资源以极低的成本流向国有垄断行业和政府项目。而实体经济融资困难，利润空间相应减少。在房地产行业投资回报率快速上升的情况下，实体企业将更多的资本配置到房地产投资，而减少了主营业务生产投资，造成企业创新能力和实体经济活力整体下降，可称为房地产泡沫对实体投资的

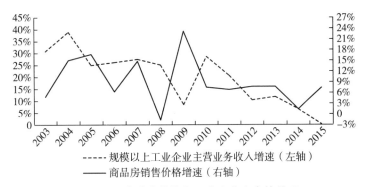

图 7.35　房地产价格与工业企业生产的关系

资料来源：国家统计局。

"挤出效应"。

　　我国 2003 年以来的房价过快增长拉高了房地产投资收益，形成了巨大的套利空间。2000—2010 年，我国商品房价格年均增长率高达9.44%，同时期 35 个大中城市的房价平均增速更高达 11.89%，而同期我国企业平均投资回报率仅为 5.59%（Li et al.，2014）。面临相差悬殊的回报率，大量资本逃离实体经济转向房地产开发经营。图 7.35 展示了 2003—2015 年全国范围内商品房价格增长率和工业企业主营业务收入增长率的变化趋势。主营业务收入可以大致反映工业企业在主要项目上的生产活动，从而反映出工业企业在工业生产和非工业生产上的投入分配。图 7.35 显示，商品房平均价格增长率与工业企业主营业务收入增长率大致呈现反方向变动趋势。图 7.36 表明，房价的快速上涨导致住房固定资产投资占经济总量比重显著上升。荣昭等（2014）、余静文等（2015）等研究利用中国工业企业微观数据均发现，房价快速上涨使得更多的企业资源被配置到进入门槛低、投资收益高、回收周期短的房地产行业，而不确定性高、回收周期长的研发投资相应减少（图 7.37的散点图显示，2005—2007 年 35 个大中城市的房价与工业企业研发投入比重呈负相关关系）。李力行和吴晓瑜等（Li et al.，2014）基于全国35 个大中城市的人口普查微观数据发现，高房价显著抑制了城市居民的创业精神。可见房地产泡沫膨胀带来的社会投资结构单一化倾向可能

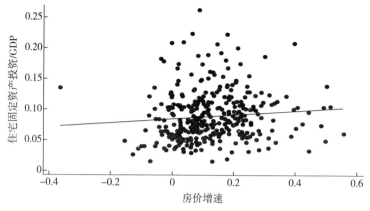

图 7.36　2000—2010 年 35 大中城市房价增速与住宅固定资产投资占经济总量比重

资料来源：CEIC 数据库。

对未来中国经济可持续增长产生负面影响。

7.3.4　房地产泡沫化与个人财富配置

（1）房地产泡沫挤入家庭消费

关于房地产价格对社会总消费支出的挤入效应，理论基础是财富效应理论。该理论认为，当资产价格上升时，家庭或居民就会因总财富的增加而增加消费，这可以用生命周期模型或者永久收入假说进行解释（崔光灿，2009）。住房作为家庭财富的重要组成部分，影响着家庭内部的消费和家庭之间的财富差距。整体来看，房价上涨提高了拥有住房的家庭的住房价值从而增加了家庭财富。在财富增加之后，家庭更有可能增加消费支出。但是房价上涨对不同类别家庭的影响有可能存在差异，这可能是造成目前学术界对于住房价格与家庭消费的关系是正向还是负向存在争议的原因之一（黄静等，2009；谢洁玉等，2012；杜莉等，2012）。黄静等（2009）使用中国健康与营养调查（China Health and Nutrition Survey）2000—2006 年数据，发现住房制度改革后居民房产价值增加1%会导致消费增加0.08%～0.12%，住房价值与消费的这一正

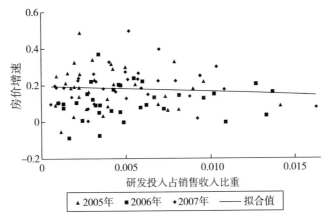

图7.37 35个大中城市房价与所在地工业企业研发投入的关系
资料来源：余静文等（2015）。

向关系在发达地区更显著，说明房地产价格上涨有助于促进居民消费需求。国家统计局综合司课题组（2005）发现房地产投资会带动家庭耐用消费品的消费支出，但是也会挤占其他消费支出。杜莉等（2012）使用2008—2011年的上海市居民入户跟踪调查数据，发现房价上涨一方面通过财富效应增加了住房拥有者的消费，另一方面通过替代效应增加了无房者的购房难度、刺激无房者转向非住房消费，所以最终提高了整体的消费倾向。谢洁玉等（2012）使用国家统计局城调队的城镇住户调查中9个省份（北京、辽宁、浙江、安徽、湖北、广东、四川、陕西和甘肃）的数据，却发现房价显著抑制了消费，房价对有未婚男性的家庭、对现有住房价值较低的家庭的抑制作用更强。

（2）房地产泡沫挤出导致财富分配不均

在居民财富不断积累的同时，股票和债券等投资渠道不可预见因素过高，房地产成为最佳的保值增值品，出现了"全民炒房"热潮。西南财经大学发布的中国家庭金融资产配置风险报告数据显示，中国家庭总资产中住房资产占比在2013年和2015年分别为62.3%和65.3%，金融资产占比仅12.9%和12.4%。2015年中国家庭可投资资产中投资性房产占比高达71.5%。在此背景下，房地产泡沫的膨胀迅速扩大了有房与

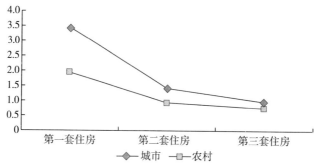

图 7.38　住房增值比例

资料来源：西南财经大学，2012 年《中国家庭金融调查报告》。

无房、拥有多套房产与一套房产家庭之间的财富差距。根据《中国家庭
金融调查报告》，中国 90% 的城市居民拥有住房，城市家庭拥有两套及
以上住房的占 20%。对比不同地区城市居民的住房情况后发现，东部和
中部地区城市居民中拥有两套及以上住房的比例是西部地区此比例的两
倍。房价上涨提高了房屋价值进而增加了拥有住房家庭的财富，所以直
接结果是拉大了有房家庭与无房家庭之间的财富差距。城市无房家庭大
多是低收入家庭，也就是说，有 10% 的城市无房家庭将因房价上涨而变
得更穷。房价上涨并没有同时增加贷款购房家庭的还款额，所以实际上
缓解了购房家庭的还贷压力。与此同时，房价上涨增加了计划购房家庭
的购房成本，延缓购房时间，有可能进一步扩大有房与无房家庭之间的
财富差距。同样道理，平均来看拥有两套及以上住房的家庭与仅有一套
住房家庭的财富差距也将随着房价上涨越来越大。房价上涨还将扩大东
中部地区与西部地区居民的财富差距，因为中东部地区房价上涨速度更
快，而且中东部地区居民拥有多套房产的比例更高。

　　《中国家庭金融调查报告》同时还公布了住房的成本价格和调查
期的市场价值，从中可以更直观地看到房价上涨所带来的财富回报。
图 7.38 利用报告中的相关数值绘制了家庭住房增值比例图，城市居民
的各套住房价值增加比例都高于农村居民的相应指标。单看城市居民的
情况，第一套住房的市场价值增加额是购买成本的 3 倍多，第二套住房

增值约 1.5 倍，第三套住房增值 1 倍。但我们需要考虑到第二套和第三套住房购买时间较短，所以后两套住房年均增值有可能比第一套住房还要高。城市居民第一、二、三套房产的市场价值分别为 84 万、96 万和 122 万，可见房价快速上涨造成的居民财富差距相当大。

2016 年底，全国住房价格经历了又一轮大幅上涨，一线城市的平均价格甚至逼近 6 万元/平方米，考虑到平均价格的计算还包括了郊区，市中心的房价更高，超过 10 万元/平方米的新房甚至二手房屡见不鲜。与此同时，人均收入的增速并不快，2016 年上海城镇常住居民人均可支配收入仅 57692 元，大约相当于一平方米的房价，北京的人均可支配收入约为 52500 元。房价增速远远快于收入增速，给无房居民带来巨大的压力，一线城市的工薪族几乎不可能再凭借自己的努力在当地买房。

此外，住房价格的上涨还带动了房租上涨，这使得无房家庭的负担更加沉重，尤其是一线城市的年轻人，房租甚至可以达到月收入的三分之一乃至二分之一，房租俨然成为一种剥削的手段。房价和房租上涨在加大年轻人的压力的同时，也使年轻人疲于为生存奔波，对风险的偏好下降，并激化了社会矛盾，有房者和无房者之间潜藏着冲突。同时，无房和有房之间的距离更难跨越，而房产与众多社会福利捆绑在一起，尤其是子女教育，这使得社会流动性也趋于下降。

7.4 未来房地产政策的出路

1998 年住房制度改革后，房地产业成为中国经济增长的持续动力。一方面，房地产业的繁荣带动了城市土地市场的发展，城市政府可以通过土地财政进行城市基础设施建设，提高城市化，从而影响经济增长；另一方面，房地产业带动了上下游产业发展，通过抵押担保渠道效应提高了地方政府与企业的融资能力，从而产生"挤入"投资的效应。与此同时，我国金融市场发展的滞后导致了房地产泡沫产生。在信贷总额和社会财富有限的情况下，房地产泡沫对金融资源的过度吸纳导致实体企业融资困难，也使收入分配大大恶化。尤其是在 2016 年底的一波上涨后，一二线城市的年轻人几乎陷入绝望，"工作创业不如买房"成为人人认可的无奈现实，这对经济和社会活力是巨大的打击。

控制房价刻不容缓，但房地产泡沫的挤压应维持在安全速度以内。为挤压泡沫、防止投资过热，近年来实行了限购、限贷为主要内容的行政政策，尽管在短期内可以抑制市场交易，但也导致投资性需求外溢至欠发达城市，体现为近年来三四线城市房地产泡沫问题日益严峻。

短期的、行政式的房地产调控政策可为长期市场制度改革创造时机，但绝不能替代长期政策。我国房地产长期政策应厘清市场和政府的角色，以市场化导向为手段，以"放开一部分，保障一部分"为基本原则，以供求结构关系的合理调整而不是单纯的房价控制为基本导向。在此期间，地区性短期政策可与长期政策搭配，政府扮演好以下角色，以确保平稳过渡。

7.4.1 合理调整住房财富分配

（1）干预住房供应结构，完善住房保障体系

尤其在一二线城市，住房的供给结构偏向高端需求，在中低端市场，施加政府干预以促使住房供应结构合理化。在保障房体系中，"廉租房"比"经济适用房"更适合"保消费"的目的，尤其是，应满足低水平而不是中高层次的消费。城市内已有住房资源应得到充分利用，如城中村等事实上已经发挥廉租房作用，可以以补贴形式对其直接整改，这也是解决争议性房产问题的第一步。

（2）对经济增长和基础设施改善带来的级差地租实行溢价回收与再收入分配

在高端住房市场，主要由市场来决定其价格走势，不再使用旨在保民生的手段控制价格，在释放其经济活力的同时，采用财税等市场化手

段调控以防止投机泡沫。为防止供给结构偏向利润空间更高的高端市场，一方面在供给面偏紧的一二线城市加强容积率管制，另一方面，实行差别化的房地产保有税，提高豪宅持有成本，实现"劫富济贫"。

对住房保有环节征税比交易税更有意义：一方面，房产税具有溢价回收功能，即通过税基（房地产评估值）的提高回收城市建设带来的存量房地产增值；另一方面，房产税具有收入分配功能。从实施次序上，在房价上涨过快的一二线城市扩大试点，三四线城市的实施速度可以更慢，以防止在局部地区改变预期而刺破泡沫。

7.4.2　土地要素市场改革

（1）增加土地供应，有序推进农村集体建设用地入市

在城市中，更多的土地资源被配置到工业用途，工业用地供应面积占比稳定在55%左右，而住宅和商业用地平均为26%和15%。尤其在一二线城市，住宅用地供给远小于常住人口需求。据估计，目前2.5亿亩宅基地中有10%～15%处于空置状态；2008年农村人均居住点用地达229平方米，同年城市人均住房建筑面积却不足30平方米。城乡统一的土地市场将同时解决城市的用地紧张和农村的资金困难。

小产权房问题自20世纪90年代起悬而未决，已形成庞大的灰色市场。从1995年到2010年，全国小产权房建筑面积累计超过7.6亿平方米，相当于同期城镇住宅竣工面积总量的8%。十八届三中全会《决定》首推农村集体经营性建设用地流转，但为小产权房转正预期带来无限幻想。在长期的正向预期已形成的情况下，解决的时间表拖得越长，"长"出来的"违法建筑"就越多，强行拆迁的社会风险就越高。

因此，建议令小产权房"高成本转正"，大大降低小产权房获利空间的预期。备选方案是所有者交足价差，如无法负担，可令地方政府为共同产权所有人，发生交易时，政府有优先回收和转让收益权。这等于让农村集体土地主动提供中低收入群体的住房保障需求，有利于市场供

应结构优化。

从实施次序上，首先在城乡土地价格差异不大的东部发达城市放开，这里农村土地实际征收成本已接近市场价格，且灰色市场活跃。这有助于推动地方政府积极性，满足城市中低端住房需求，同时减少政策冲击。其实施政策将为其他地区提供示范效应，从而改变预期。

（2）推出土地税，构建地方财政的稳定现金流

走出政府财政困境必须要创造城市经济的稳定现金流。一次性土地出让金改为持续型土地税是我们长期追求的目标。在实施次序上，土地税可以首先在租约到期的国有土地和经营性集体建设用地上试点运行，可同时解决土地租约50～70年到期续约和农村集体土地溢价回收的问题。而且，参照香港土地批租制和年租制的混合体制，土地税的开征与出让金制度可以并行，实现"土地财政"的平稳过渡，即政府一次性收取部分出让金，其余采用按年度评估土地价值作为征收地租的依据。

第 **8** 章

中国式金融扩张的渠道：风险积累的实质

2008 年金融危机之后，随着经济增长动力转变，中国房地产价格上升，地方政府债务积累，金融结构也发生了变化，同时伴随着金融业规模迅速扩张，以商业银行理财产品、券商资管业务、银行同业业务等为主要构成的影子银行业务兴起。中国所特有的软预算约束、国家隐性担保和刚性兑付造成了金融资产的价格信号紊乱，为金融业的扩张和风险积累创造了条件和空间。

　　中国金融业规模扩张，一方面是为满足不同风险偏好投资者的投资需求，金融创新与金融产品日益复杂化的结果；另一方面是利率市场化逐步完成，银行业金融机构存贷款利差空间被压缩，商业银行为保障利润水平而不断进行规模扩张的结果，银行理财产品、委外投资等影子银行业务的出现，为商业银行实现规模扩张和监管套利提供了空间。影子银行业务兴起改变了中国金融系统的结构，降低了金融系统资源配置效率，加深了金融系统的潜在风险。本章将从中国影子银行业务兴起的原因、演进历程两个方面梳理中国金融业结构变化趋势，并从金融业规模、银行业复杂程度、金融业单位成本和融资效率四个角度分析我国金融系统结构的变化，揭示中国金融系统中所存在的风险。最后，通过对监管存在盲点、国家隐性担保和政府与银行的刚性兑付等多个方面进行分析，揭示中国式金融扩张风险积累的实质。

8.1　中国式金融扩张渠道：影子银行业务兴起

中国式金融扩张渠道中，一方面经济总量不断增长，金融系统为更好地服务实体经济本身规模增加；另一方面金融创新所导致的影子银行业务不断发展，拉长了中国金融系统的结构，致使金融业规模扩张，成为中国金融业扩张与风险积累的重点所在。所谓影子银行业务，一般将其理解为非银行但实现着与银行业务功能相似的一类金融机构。中国的影子银行业务在 2007 年金融危机之前初现雏形，但一直到 2009 年后才开始迅速发展。与国外以资产证券化与再证券化为主的影子银行活动不同，中国的影子银行活动主要以商业银行为主导，通过理财业务和同业业务吸纳资金，通过信托、证券、基金保险等通道机构实现资产配置，规避监管实现信用扩张。信托、证券、基金保险等金融机构仅仅作为通道，将银行资金投向标准与非标准债权资产，协助银行将资产从表内挪至表外绕过存贷比和资本充足率考核，以实现监管套利的目的。中国影子银行业务在金融创新与金融监管不断博弈的过程中演进，本节将从中国影子银行业务兴起的原因、演进历程两个方面展开分析。

8.1.1　影子银行业务兴起的原因

中国影子银行业务兴起，必须从中国特有的历史背景说起。主要表现在三个方面：一是 2009 年中国政府"四万亿"财政刺激政策，为中国影子银行业务兴起提供了触发机制；二是中国金融市场长期存在的存贷款利率管制，金融市场扭曲造成投资需求受到抑制；三是中国银行业存在不对称监管，不同规模的银行受到的监管力度不同，促使部分银行转向影子银行业务。

（一）"四万亿"财政刺激政策

为应对国际金融危机，2008 年底中国政府提出"四万亿"财政刺

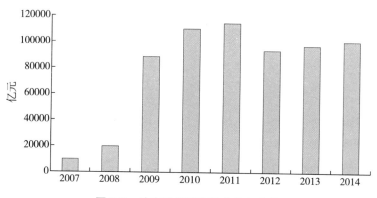

图 8.1　地方政府融资平台债务余额

资料来源：Wind 数据库。

激政策以提振经济。"四万亿"的财政刺激作为政治任务，主要通过四大国有银行向地方政府融资平台提供融资完成，实际上在政府层面片面地放开了金融管制，从而加大金融支持实体经济的力度。图 8.1 展示的是地方融资平台债务余额的变化趋势，从 2009 年开始，地方融资平台债务余额迅速上升，并在随后几年内保持较高水平，地方融资平台获得的融资主要投向房地产、基础设施建设等项目。

　　刺激政策提振经济的同时，带来了房地产价格的飞涨和地方政府债务的高企，同时地方融资平台操作并不规范，地方政府倾向于违规或变相为贷款提供担保，使得偿债风险增加。因此，2010 年央行和银监会开始大力整顿清理地方融资平台的贷款问题，要求地方政府和银行对还款来源主要依靠财政性资金的公益性在建项目（除法律和国务院另有规定外）不再继续通过融资平台公司融资，对不符合要求的项目进行清理处置。① 至 2010 年底，地方融资平台贷款问题基本清理完毕，大量项目贷款暂停或被清理。但从图 8.1 中我们可以看出，2010 年之后地方融资平台债务余额依然保持在较高水平。财政刺激带来的非规范的金融自由化

---

① 详见国发［2010］19 号文，《国务院关于加强地方政府融资平台公司管理有关问题的通知》。

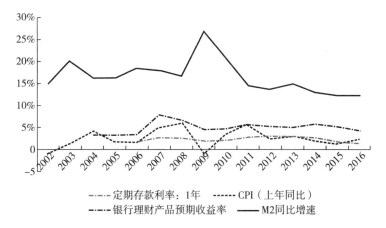

图 8.2　存款利率、CPI、M2 同比增速与银行理财预期收益率

注：1. 考虑到理财产品多为短期、开放型产品，为更好地进行对比，这里利率我们选取零存整取、零存零取、存本取息定期 1 年存款利率；2. 2012 年前利率数值为存款基准利率，2012 年之后为各银行利率值中位数；3. 银行理财产品预期收益率为当年所有周收益率平均值。

资料来源：Wind 数据库。

放松了对地方政府层面的金融约束，且在财政刺激结束之后，地方政府的财政工具仍在继续扩张（Bai et al.，2016）。银行通过表内业务向地方融资平台及相关项目提供融资的行为受到限制，进而转向利用表外业务为地方融资平台提供资金支持，从而推动了影子银行业务发展。

（二）利率双轨制

为促进实体经济发展、尽快实现工业化进程，中国社会长期存在对存贷款利率的管制。在 2015 年底利率市场化改革完成之前，商业银行的存贷款基准利率均由央行设定，利率的上下浮动也需要在规定范围内。

图 8.2 展示的是定期 1 年存款利率与银行理财产品预期收益率、CPI 以及 M2 同比随时间变化的趋势。从图中我们可以看出，存款利率在 2007、2008、2010、2011 等多个年份都低于 CPI，在 2012 年之后基本与 CPI 保持相同水平，并且始终比理财产品预期收益率低 2～4 个百分点。对投资者而言，通过存款的方式进行投资的回报率非常低。与此同时，多年来的巨额储蓄带来信贷扩张，贸易盈余使得外汇占款增加，我

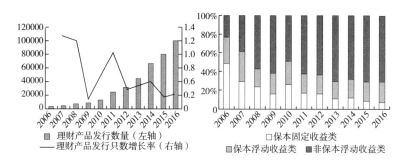

图8.3 银行理财产品发行只数及不同收益类型占比情况
资料来源：Wind 数据库。

国的 M2 扩张迅速，其同比增长率常年保持在 10% 以上，且远高于定期存款利率、CPI 和银行理财产品预期收益率，超出幅度达到 10 个百分点左右。增发的 M2 大量进入了房地产行业，推高房地产等固定资产价格，造成存款资产相对贬值。中国的存款利率长期被人为压低，导致财富由投资方流向贷款方，投资者进而转向收益率不被管制且高于存款利率的理财产品（Dang et al.，2014）。

银行理财产品是利率市场化的产物，也是影子银行业务资金的主要来源。理财产品本身也可以理解为影子银行业务的一种，银行发行理财产品吸纳资金，并按一定的预期收益率向投资者返还收益，投资者并不需要了解资金最终投向哪里，风险如何。银行发行理财产品募集资金有两个优点：一是部分理财资金不必计入表内，可以不参与存贷比和资本充足率考核；二是理财产品的收益率不被管制，银行可以根据自身流动性需求主动提高或降低预期收益率，以扩张或收缩理财资金规模。银行理财产品分保本类和不保本类两种，保本类理财产品与存款相同，存在刚性兑付，银行需按照募集资金的一定比例上缴准备金；不保本类理财产品不必刚性兑付，因此计入银行表外业务，成为影子银行业务资金的主要来源。

图 8.3 展示的是我国银行业理财产品发行只数（图 8.3，左）以及不同收益类型理财产品的占比（图 8.3，右）情况。从图中我们可以看到，在 2010 年之后，银行理财产品发行数量快速上升，且其中非保本

类理财产品达到 60% 以上，银行越来越倾向于通过发行大量理财产品尤其是非保本类理财产品募集资金。在存贷款利率被管制的情况下，理财产品业务模式的出现，让投资者享有更高收益率，让银行可以主动管理负债端，并在资产端规避部分监管，受到银行和投资者的青睐，促进了影子银行业务的发展。

（三）银行业的不对称监管

我国银行业的不对称监管主要体现在两个方面：一是存贷比监管不对称；二是国家隐性担保。存贷比监管不对称指的是不同规模的银行受到的存贷比监管约束强度不同。相比于四大国有银行，央行对其他股份制（中小）银行的存贷比监管更为严格。宋铮等（Song et al.，2015）指出，2007—2013 年，银行业的平均存贷比为 67% 左右，前十大银行（不包括四大行）的存贷比则为 74%，更高的存贷比约束主要针对中小银行。

国家隐性担保主要体现在，相对于中小银行，国有大型银行往往具有更低的银行挤兑风险，拥有稳定的客户群吸收存款（Dang et al，2014）。面对更严格的存贷比约束和相对不稳定的存款客户，中小银行转而通过理财产品（尤其非保本理财）筹措资金。四大国有银行为保证自己的市场份额，也纷纷在理财产品市场与中小银行展开竞争，促进了影子银行业务的兴起与发展。

8.1.2　影子银行业务演进历程

中国影子银行业务演进以 2013 年为界，主要经历了两个阶段。2013 年之前，影子银行业务的主要运行方式是以银行理财产品募集资金，之后通过信托、证券、保险、基金等公司的定向资产管理计划进行投资。这一时期的非标资产[②]不计入银行表内业务，不参与存贷比和资

[②]　即非标准债权资产，指未在银行间市场及证券交易所市场交易的债权性资产，包括但不限于信贷资产、信托贷款、委托债权、承兑汇票、信用证、应收账款、各类受（收）益权、带回购条款的股权性融资等。详见银监发【2013】8 号文《中国银监会关于规范商业银行理财业务投资运作有关问题的通知》。

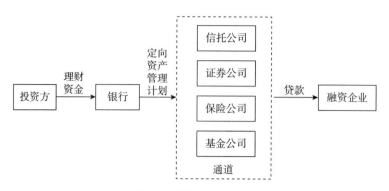

图 8.4 2013 年前影子银行主要业务模式图
资料来源：作者根据文献及相关资料绘制。

本充足率考核，成为银行业规避监管的主要投资标的。

图 8.4 展示了这一阶段影子银行的业务模式。银行通过信托、证券、保险、基金等渠道公司的定向资产管理计划，将理财资金投向非标资产，最终贷款人为实体经济，银行是隐性的借款人，由银行到企业的借贷链条被拉长，金融业的结构复杂性上升。

随着 2013 年银监会 8 号文件发布，银行理财产品投资非标资产受到限制。8 号文规定商业银行理财资金投放非标资产的比例不得高于理财产品余额的 35% 或上一年度总资产的 4%，且投资非标资产需经总行审核批准。银行将理财产品资金通过渠道公司投向非标资产的业务模式逐渐萎缩。

为了再度规避监管，2013 年之后，同业理财业务兴起，银行理财产品的资金来源不再只是单一的非银机构。同业理财有两个特点：一是资金规模巨大，可以批量解决发行行的流动性问题；二是同业理财资金来源主要是银行自营资金，同质性强。同时，随着银行间同业存单业务的放开，银行同业资金往来也成为部分银行尤其是中小银行资金的重要来源之一。这一阶段银行的主要投资方式是通过委外投资的方式，将资金投向标准资产，并最终流向实体经济。银行间通过同业代付、同业存单、应收款项类投资等业务进行会计科目腾挪，将信托受益权受让给同业银行，将风险由表内移至表外，实现监管套利。相比于 2013 年之前，

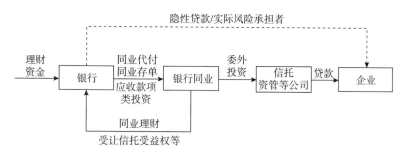

图 8.5　2013 年后影子银行主要业务模式图
资料来源：作者根据文献及相关资料绘制。

这一阶段的明显特征是，由银行到企业的信贷链条中加入了新的环节——银行同业，信贷链条被再次拉长，同业银行间的联系变得紧密。此外，同业业务出现后，资金开始在金融机构内空转。图 8.5 表示的是 2013 年后影子银行业务的主要模式图，箭头表示关系。

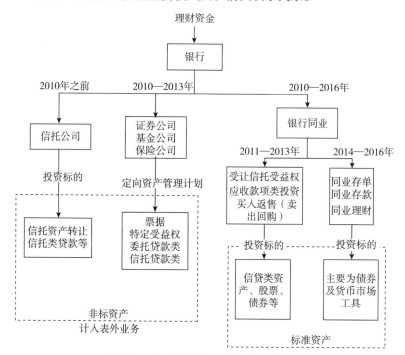

图 8.6　中国影子银行业务发展演进图
资料来源：作者根据文献及相关资料绘制。

资产负债扩张与实体经济增长

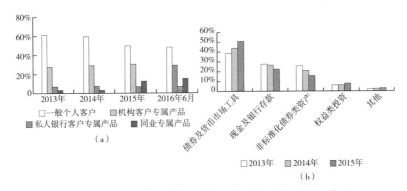

图 8.7　银行各类理财产品余额及投资各类资产余额情况

资料来源：中央国债登记结算公司公布的《中国银行业理财市场年度报告》（2013—2016.6）。

　　结合文献和相关资料，我们对影子银行业务的演进做了进一步整理分析，如图 8.6 所示。在 2013 年之前，影子银行业务分别经历了银信、银证、银基、银保合作的阶段，这一时期的投资标的主要为非标资产。2013 年之后，银行同业业务开始出现，以同业存单、同业存款、同业理财等方式出现的金融创新规避监管，在负债端主动扩充资金池，扩大利润空间，这一阶段的主要投资标的为标准资产，而其中同业业务的主要投资标的为债券及货币市场工具（王喆等，2017）。

　　上述影子银行业务模式的转变在银行的产品结构中有很清晰的反应。图 8.7 展示的是银行各类理财产品余额（a）及投资各类资产余额（b）情况。由图 8.7 我们可以看到，银行理财产品中同业专属产品余额在 2014 年后显著增加，在银行理财产品资金投资各类资产的余额占比情况中，债券及货币市场工具作为主要投资标的在 2013—2015 年呈持续上升趋势。

　　通过对影子银行业务演进历程的梳理我们发现，为实现规模扩张和监管套利，银行业不断进行金融创新，金融系统运行环节增加，银行同业业务扩张，各类银行间的联系越来越紧密，使得中国金融业的系统结构发生了变化，系统性风险不断累积。

214

8.2　金融系统结构变化与系统性风险

8.2.1　金融系统结构变化

随着影子银行业务的发展和模式变迁，金融业系统结构也发生了巨大变化，具体可以从以下四个方面分析。

（一）金融业规模扩张

影子银行业务发展伴随着我国金融业规模的扩张。我们以传统银行经营模式与影子银行业务中"假丙方"模式为例解释金融业规模扩张的形式，如图 8.8（a）、（b）所示。传统银行运行模式较为简单，只需单一银行便可完成资金从投资方到融资方的转移。在影子银行的"假丙方"业务模式中，银行 B 虽然是直接提供贷款的银行，但它通过受让信托受益权的形式，将贷款转移给银行 C；银行 C 作为实际贷款人承担信用风险。在这一模式下，有多家银行参与资金到实体的融资过程，银行业之间联系紧密，且信贷链条被拉长。除此之外，信托、证券、保险、基金等公司的资管业务在这一过程里迅速发展，在非银金融机构端扩张了金融系统的规模。图 8.9（a）、（b）展示了我国金融业规模随时间变化的趋势。

从图 8.9（a）、（b）我们可以看出，自 2002 年以来，金融业规模扩张的趋势明显，无论是金融业增加值占总 GDP 比重还是金融业占服务业增加值比重，都呈现上升趋势，金融业在国民经济中的重要性日渐突出。在金融危机前的 2005—2007 年，金融业规模扩张也较为明显，其增加值占总 GDP 的比重由 4.0% 上升至 5.62%，增长了 40.5%。金融危机后的几年内金融业规模扩张速度较为缓慢，一方面金融危机后国民收入大幅度缩水，可用来投资的资金减少，金融业较为凋敝；另一方面金融危机后国家一系列宏观调控政策出台，GDP 总量增长迅速，金融业的规模虽有扩张，但赶不上 GDP 的扩张幅度。2010 年之后，金融业的

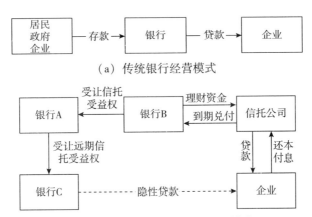

（a）传统银行经营模式

（b）影子银行业务中"假丙方"模式

图8.8　银行业务模式对比

资料来源：作者绘制及参阅王喆、张明、刘士达（2017）。

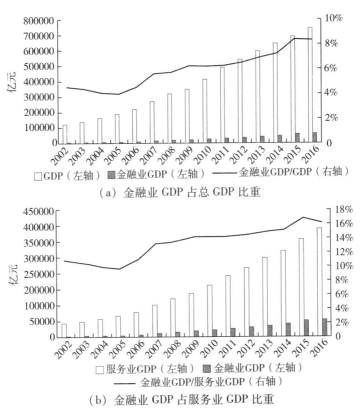

（a）金融业 GDP 占总 GDP 比重

（b）金融业 GDP 占服务业 GDP 比重

图8.9　金融业 GDP 占比变化趋势图

资料来源：Wind 数据库。

规模恢复扩张趋势，其增加值占总 GDP 的比重由 6.22% 增长至 2016 年的 8.35%，增长了 34.2%，其中 2014—2015 年增速尤为明显，这与前文提及的银行同业业务增加形成资金空转具有一定联系。

（二）银行业复杂程度指数

银行业复杂程度指数测算的是实体经济通过银行获得融资的复杂程度，该指数越高，说明实体企业通过银行获得融资的复杂程度越高、银行业效率越低。这一测算方式由格林伍德等（Greenwood et al.，2013）首先提出，他们通过对美国影子银行业务发展的梳理，提出了测算金融中介复杂程度指数（Credit Intermediation Index，CII）的方式。根据他们提出的方法，金融中介的复杂程度指数由所有金融中介的总负债与所有终端用户总负债的比值决定：

$$\text{CII} = \text{所有金融中介总负债/所有终端用户总负债} \tag{8.1}$$

传统银行业经营模式中，储蓄者每存款 1 元为银行带来 1 元负债，当银行将这 1 元负债全部贷给实体经济时，所有终端用户的总负债为 1 元，银行业的复杂程度指数为 1。当银行业变得复杂，储蓄通过影子银行业务流向实体经济时，1 元储蓄每流经一家银行最终都会进行再分配，最终进入实体经济的资金少于 1 元，此时银行业复杂程度大于 1。银行复杂程度指数越大，实体经济向银行获得融资的步骤越繁杂，银行每为实体经济提供一单位贷款所需要的资金来源越大，银行业提供融资的效率越低。我们根据格林伍德等（2013）提出的方法，使用银行业总负债与实体经济从银行业获得的贷款之比（公式 8.2）测算了我国银行业复杂程度指数，如图 8.10 所示。

$$\text{银行业 CII} = \text{银行业总负债/（人民币贷款 + 外币贷款）} \tag{8.2}$$

从图 8.10 可以看出，我国银行业复杂程度指数在 2007 年金融危机之前呈显著上升趋势，由 2003 年的 1.77 上升至 2008 年的 1.91，这一数值远高于 1，部分原因在于受存贷比和资本充足率约束，银行并不能将全部存款资金贷出。2008—2010 年，我国银行业

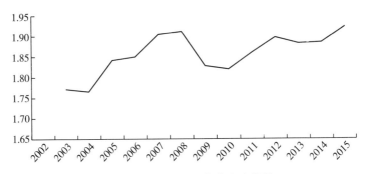

图 8.10 我国银行业复杂程度指数

注：这里银行业指除中央银行外的银行业金融机构。

资料来源：Wind 数据库。

复杂程度指数有所下降，与这一时期宏观基本面变化有关。2010 年之后，我国银行业复杂程度上升趋势明显，至 2015 年上升至 1.92。2008 年金融危机之后，我国银行业负债程度总体呈上升趋势，银行业变得复杂。

（三）金融业单位成本

金融业单位成本衡量的是金融机构向实体经济提供融资所需要的成本，这一概念由菲利蓬（Philippon，2012）首先提出，并给出具体的测算方式。金融中介生产金融产品，提供交易场所以及金融信息等服务，这些服务均构成金融机构的运营成本。菲利蓬认为，在均衡时，用户通过金融中介获得服务所需的成本由两部分组成，一部分为存户利息 r，另一部分为金融业单位成本 φ，当利息率一定时，金融业单位成本变化对实体经济的融资成本产生影响：

$$用户融资成本 = r + \varphi \tag{8.3}$$

其中，金融中介的单位成本可由金融业附加值与金融业总资产比值测算求得：

$$\varphi = 金融业附加值/金融业总资产 \tag{8.4}$$

当存款利率一定时，金融中介单位成本越高，实体经济通过金融体系获得融资的成本越高。为了更清楚地解释金融业单位成本，我们做了

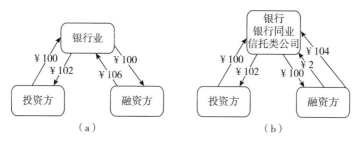

图 8.11 两种金融中介模式

图示。图 8.11 表示的是两种金融中介模式，（a）为传统的银行经营模式，（b）为现在的金融机构运作模式简略图。在传统银行经营模式中，银行从存款方获得 ¥100 储蓄，将其全部贷出，此时银行的总资产为 ¥100。银行获得收益 ¥106，其中支付存户利息 ¥2，银行创造 ¥4 附加值，此时金融中介的单位成本为 0.04（¥4/¥100）。图（b）展示的是复杂的金融机构运营模式图，金融机构不再是单一的银行，实体经济通过金融机构获得融资，银行贷款不再是唯一的方式，银行的资金可以通过银行同业、信托公司等渠道注入实体经济。此时的金融机构类似于一个黑匣子，我们不能分辨金融机构创造的 ¥4 附加值具体在各个部门如何分配，只能观测到黑匣子之外的实体经济流入和流出金融机构的资金量。

金融业总资产即实体经济对金融机构的负债，结合我国实际情况，我们使用社会融资规模的数据测算金融业总资产。社会融资规模即实体经济通过金融机构获得的融资（盛松成，2014）。考虑到金融机构不仅需要管理新增资产，还需要管理存量资产（Philippon，2012），我们用金融业附加值比社会融资规模总量（存量 + 增量）的比值，测算出我国金融业单位成本，如图 8.12 所示。

从图 8.12 中可以看出，我国金融业单位成本变化始终保持在 2.8%~4.0% 的水平。在金融危机之前上升趋势较为明显，由 2003 年的 2.8% 上升至 2008 年的 4.07%，达到近十年的峰值；金融危机期间，实体经济通过金融机构获得融资成本较高，此时危机带来的各类违约增

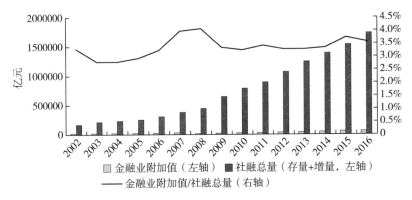

图8.12　我国金融业单位成本

加，金融业变得繁忙，但对实体经济的支持不足，金融效率低下；金融
危机之后，我国金融业单位成本有所下降，2009—2013年，始终保持在
3.3%的水平左右，这与这阶段我国影子银行业务始终停留在"银行、
银证、银基、银保"合作的模式有关，这一阶段金融业结构较传统银行
经营模式稍有拉长，但尚未过度复杂化。2014—2015年金融业单位成本
上升趋势明显，至2015年达到3.74%，为金融危机后的最高水平，这
与这期间内银行同业业务的出现与兴起有关。2014年及之后，我国影子
银行业务中出现同业代付、同业理财、同业存单等同业业务，通过各类
协议操作，银行与银行之间联系紧密，金融中介结构被拉长。2016年金
融业单位成本略有下降，至3.58%。金融业单位成本越高，实体经济通
过金融获得融资成本越高，即融资越难且越贵。2014—2016年金融业单
位成本平均水平高于之前，这与我国影子银行业务模式发生转变、金融
业结构发生变化有关。

　　整体来说，2002—2016年，我国金融业单位成本呈轻微上升趋
势，金融业单位成本的变动，对实体经济获得融资的难易程度产生影
响，进而将对经济的整体运行效率产生影响，即使是稍小的单位成本
变动，也会对资本产出比以及人均产出产生长远影响（Philippon，
2012）。

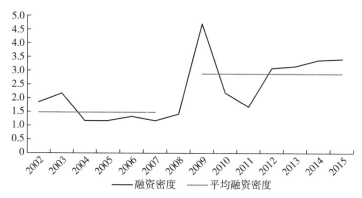

图 8.13　我国金融业融资密集度

（四）融资效率下降

国际货币基金组织 2016 年的《国家报告》系列③中提出信贷密集度的概念，并将其定义为每额外增加一单位 GDP 所需的信贷增量。信贷密集度越高，每增加 1 单位 GDP 所需信贷增量越多，信贷效率越低。但随着我国金融总量的快速扩张、金融结构多元发展、金融产品和融资工具不断创新、证券、保险类机构对实体经济的资金支持力度加大，商业银行表外业务对新增贷款的替代效应明显，新增人民币贷款已不能充分体现金融与经济的关系，也不能全面反映实体经济的融资规模（盛松成，2014），所以这里我们使用社会融资规模增量代替信贷增量，用其与 GDP 增量的比值测算我国金融业的融资密集度，所得结果与 IMF 报告中略有不同但大体趋势保持一致，如图 8.13 所示。

金融危机前后，我国金融业融资密集度显著上升，2008 年前平均融资密集度约为 1.48 左右，即每额外增加一单位 GDP 所需的社会融资规模增量为 1.48 单位，④ 但在 2008 年之后，这一数值上升至 2.88，每增

---

③　见 IMF Country Report No. 16/271，"The People's Republic of China"，August，2016.

④　这一数值在 IMF2016 年报告中约为 1.3，除我们所使用数据不同之外，IMF 报告中使用的数据区间为 1991—2015 年，1991—2002 年信贷密集度较低，故而危机前信贷密集度平均值略低于我们测算的水平；该报告中金融危机后的平均信贷密集度约为 2.6，比我们测算的 2.88 水平略低。

加一单位 GDP 所需社会融资规模量几乎翻倍，融资效率下降一半左右，并且从图中我们可以看出，自 2012 年之后，融资密集度始终保持上升趋势。

融资效率下降，原因有两个方面。一方面是由于信贷错配，因为国家隐性担保的存在，大量信贷资源流向了低效率的国有企业，不能有效转化为新的收入；另一方面是由于金融业效率下降，资金在金融业内部空转，并没有形成有效的信贷资源投向实体经济，金融业规模在金融危机后比之前增加一半，但它没有为实体经济带来更有效率的融资。

8.2.2 潜在风险

金融系统结构发生变化，主要的潜在风险有两点，一方面是金融系统本身的期限错配带来的风险，另一方面是中国金融结构发生变化带来的系统性风险。

（一）期限错配的风险

正统货币银行学理论中，金融中介的一个重要功能就是对流动性进行期限配置，完成资源配置、收益率曲线的形成以及货币政策的传导等职能（裘翔，2015）。银行通过短期存款、理财产品等方式筹措资金，并将其投向中长期项目，形成期限错配，通过风险溢价获取利润。期限错配带来的风险存在于短期和中长期两个方面。

首先，期限错配在短期内会带来流动性风险。银行负债到期形成资金需求，资产到期形成资金供给，如果负债的平均期限小于资产的平均期限，那么当银行负债到期后，银行需要不断地吸纳新的资金或者将负债展期（Rollover），形成流动性风险（裘翔，2015）。在我国影子银行业务中，资金来源主要为短期的理财产品资金。图 8.14 展示的是我国不同期限的银行理财产品发行占比情况。从图中可以看出，3 个月以内和 3~6 个月期限的理财产品占总产品数量的 80% 以上，97% 以上的理

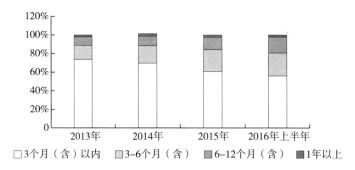

图 8.14　不同期限银行理财产品发行

资料来源：中国银行业登记系统《中国银行业理财产品市场报告（2013—2016H）》。

财产品期限为 1 年内。理财产品到期需要兑付，银行需要不断发行新的理财产品或通过同业拆借等方式获得资金实现兑付。

同时，理财产品资金到期后将以存款的形式存入银行，股份制银行尤其是中小银行为满足存贷比和资本充足率监管要求，在监管考核期内趋向加速理财产品到期，提升了期限错配的流动性风险（Song et al.，2015）。

其次，期限错配在中长期将带来信用风险。银行短期资金、理财产品投向中长期项目，资金到期后存在兑付风险（王喆等，2017）。银行资金收回情况由投向的实体经济回报率决定。当经济上行时，实体经济运转正常，银行可正常收回资金。但当经济下行或宏观调控收紧时，信贷资产到期的兑付风险增加。一旦出现兑付问题，将造成信用风险。

（二）系统性风险

影子银行业务活动中，银行同业之间通过同业代付、同业存单、同业理财等方式联系越来越紧密，尤其是股份制（中小）银行，资金来源单一，对同业业务的依赖性强。图 8.15 和图 8.16 展示的分别是不同规模银行存款类机构的资金来源及应用的占比和余额情况。从图 8.15 我们可以看出，中小型银行的银行同业往来资金来源占其总负债的比重和资金应用占其总资产的比重均高于大型银行，尤其在资金来源方面，2010—2014 年

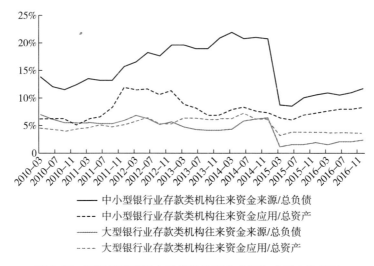

图 8.15　不同规模银行存款类机构资金来源与应用占比情况

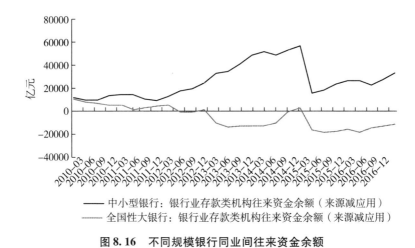

图 8.16　不同规模银行同业间往来资金余额

中小银行的银行同业资金来源占其总负债的比例平均为 17.02%,⑤ 这意

---

⑤　2015 年同业资金来源占比大幅下降，因为按 2014 年银监会 127 号文规定，部分同业
　　业务需在特定会计科目核算，不再计入同业资金往来项目，详见银监发【2014】127
　　号文《关于规范金融机构同业业务的通知》。我们将 2015 年数据中买入返售（卖出回
　　购）资金加入同业往来资金后，计算得中小型银行该年资产负债中同业往来资金来源
　　占其总负债约为 14.9%。

味着 2010—2014 年，中小银行有接近五分之一的资金来自银行同业业务。

图 8.16 展示的是不同规模银行存款类机构往来资金余额（来源减应用）情况，我们可以看出，中小银行同业资金往来余额始终为正且保持较高水平，是同业资金的主要需求方，大型银行则为主要的银行间往来资金的供给方。银行同业业务发展促使银行间联系变得紧密，中小型银行对同业资金依赖度高，一旦发生风险，易产生连带效应，引发系统性风险。

8.3　中国式金融风险积累的外部表现和实质

中国影子银行业务的演进过程是金融创新与金融监管之间不断博弈的结果。这一演进过程中，资产负债加速扩张，金融风险不断积累，主要表现和风险点便是高企的杠杆率，而风险累积的实质是中国目前的制度问题反应在了金融体系中。

8.3.1　中国金融扩张的主要风险点：高杠杆率

中国经济的宏观杠杆率正处高位，且不断上升。杠杆率主要有负债/GDP 和负债/资产两种衡量方式。就负债/GDP 来看，国际清算银行数据显示，截至 2016 年三季度，中国的非金融部门总负债/GDP 已达到 255.6%，负债主要集中在企业部门，非金融企业总负债/GDP 达到 166.2%（图 8.17）。就负债/资产来看，国家统计局数据显示，截至 2016 年末，工业企业的总体资产负债率为 55.8%，而国有工业企业资产负债率明显高于工业企业总体，达到 61.4%，且在 2008 年以后持续上升（图 8.18）。

中国经济的高杠杆率有其自身的结构性特征，可能的风险点和爆发机制都不同于其他国家。一方面，从负债/资产的角度来看，大量负债集中在企业部门，特别是从事重化工的国有企业。部分制造业企业成为

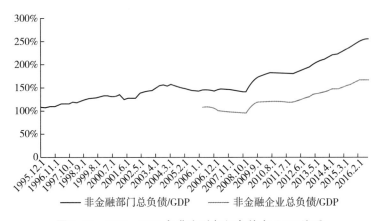

图 8.17　1995—2016 年非金融部门负债占 GDP 比重
资料来源：国际清算银行。

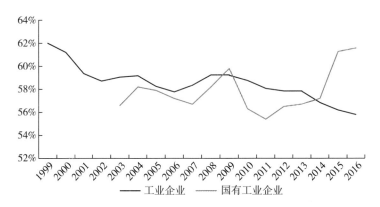

图 8.18　1999—2016 年工业企业的资产负债率
资料来源：国家统计局，Wind 数据库。

"僵尸企业"，即长期处于亏损状态，只能依靠银行贷款维持经营。尽管重化工行业的资本密集程度高，资产规模相对较大，但是由于长期亏损和产能过剩，很多资产都成为"死资产"，无法产生现金流。与此同时，融资受限又使得很多"僵尸企业"只能获得短期融资，且将这些短期融资投资于相对长期的重化工项目。因此，现金流短缺和"借短贷长"共同加剧"僵尸企业"的债务违约风险，并有可能引发系统性金融风险。另一方面，从负债/GDP 的角度看，当前维持 GDP 增长仍然依靠基建、房地产等传统动能，其背后则是持续的信贷支撑。基建、房地产本身并不形成具有生产能力的资本存量，不会创造未来的 GDP，要维持 GDP 增长则需要越来越多的信贷支持，其结果就是负债/GDP 比重越来越高。与此同时，金融体系难以发挥服务实体经济的功能，资金在金融体系内部空转，投机加杠杆越来越严重，甚至威胁系统性金融安全。

8.3.2　制度上的问题

中国金融经济体系中，制度上的问题主要有三个方面：一是监管存在盲点；二是国家存在隐性担保；三是政府、银行存在刚性兑付。

（一）监管存在盲点

我们知道，在一个不存在任何摩擦即市场完全、信息完全、合同完全的完美世界中，金融部门存在与否无关紧要，借款人、贷款人通过自由交易便能实现帕累托最优的资源配置结果。但在现实生活中，这一完美状态并不能达到，市场不完全、信息非对称且交易成本不为零，银行等金融机构的出现便是为了解决这些问题。但是由于存在搭便车的现象，存款人没有动力监督银行，同时也没有能力监管银行，这样的市场失灵的存在，使得政府有必要代表存款人的利益对银行等金融机构施行监管。从政府的角度来说，政府监管银行的主要目的有两个：保护存款人的利益和保持银行体系的稳定（类承曜，2007）。但是由于政府监管部门与金融机构之间存在信息非对称问题，监管始终存在盲点，这为银行等金融机构的监管套利行为提供了空间。

（二）国家隐性担保

中国金融系统风险积累，另一个重要根源在于中国政府的隐性担保。中国政府隐性担保的对象有两个：一是国有企业，二是国有银行。就如陈志武（2006）指出，自中国的国有银行形成的那一天起，"国家信用"便是其赖以生存和发展的最大和最重要的资源。

正如第 6 章所分析的，中国国家隐性担保的存在有其历史必然性。

国有银行作为国家调控整个经济活动的重要工具之一，在中国改革开放尤其是国有企业改革过程中发挥着重要作用。在中国从计划经济向市场经济的渐进转型过程中，作为国家的战略选择，国有银行贷款逐渐替代国家财政支出促进改革进行。这其中包括历史原因：农村经济、国有企业、对外开放等经济领域的改革需要大量的金融资源支持，在改革初期主要由政府通过财政拨款促进改革，但随着政府放权让利政策的实施，财政聚集资金的能力逐年下降，为了弥补资金不足，国有商业银行成为改革资金供给的主要来源（周小川，2008）。国有银行成为国企改革成本的主要承担者，累积了大量不良贷款，国家不得不为其提供隐性担保，在必要的时候，国家甚至直接对其进行救助和注资（谢雪燕，2016）。

存在国家隐性担保的同时，我国国有企业还存在软预算约束问题，缺乏有效的市场退出机制。国有企业经营不善无法偿还贷款或银行不良贷款主要来自国有企业时，国家将为它们兜底。在传统观念中，国有银行和国有企业均为国家所有，在没有完全实现政企分开的背景下，国有企业资金不足时找国有银行被认为理所当然，这种观念的形成具有很强的惯性和惰性，即使后期银行业不断改革、治理机制不断完善，国家对银行的控制力度减弱，国家隐性担保的观念和软预算约束问题依然存在。

在企业层面，国家隐性担保和软预算约束的存在使得国有企业具有更低的信息敏感度，银行更加愿意将资金贷款给国有企业。对于四大国有银行来说，虽然有国家隐性担保不易发生银行挤兑现象，但银行领导层不愿将资金贷给存在违约风险的民营企业以影响自身业绩考核；中小银行则出于尽量降低银行挤兑风险的原因，倾向于将资金贷给国有企业。这种隐性担保造成金融资产价格信号紊乱，资本市场不能辨别优质与劣质资产，短期内扭曲资本市场资源配置，长期压缩了经济增长的空间。在银行层面，国家隐性担保的存在使银行在信贷活动中获利但风险由国家承担，不利于银行加强内部风险控制和规范自身经营（谢雪燕，

2016）。在这种背景下，银行逃避监管的成本和风险降低，利润驱使和扩张意图促使银行规避监管，发展影子银行业务，加深金融系统的风险。

（三）政府与银行层面存在刚性兑付

政府层面的刚性兑付表现在地方政府对地方政府融资平台发行债券存在刚性兑付行为，扰乱市场定价机制。资本市场不再根据债券性质好坏而是根据其是否能够履约来制定价格，使得资本市场承担的风险变小，本身配置资源功能无法正常发挥。

银行层面的刚性兑付主要表现为银行对非保本理财产品存在刚性兑付行为。银行通过发行理财产品替代传统的存款募集资金，属于金融创新行为。银行理财产品的个人业务中，很大一部分购买者为拥有一定储蓄的中老年群体，即"大妈理财"，这类投资者不能完全接受理财产品不保本不兑付的现象。银行为避免不必要的冲突，同时保证新发行的理财产品能继续顺利筹措资金，对非保本理财产品进行刚性兑付。同时，银行发行理财产品背后有其信用背书，能否按期兑付影响到银行的信誉。非保本理财对应银行表外业务，投资于风险系数高的项目，银行对非保本理财产品的刚性兑付，用表内资金贴补表外业务，风险由表外溢出到表内。

银行的刚性兑付行为同时激励中小银行激进扩张。理财产品收益率高于存款，银行负债端成本上升，要维持利润水平，银行不得不扩张规模，同时，我国银行业规模非对称，国有大型银行规模远大于中小银行，而规模大小决定了银行可以经营的业务范围，刚性兑付的存在使中小银行的扩张行为非常明显。这种规模扩张的激励和刚性兑付结合在一起时，促使中小银行加风险、加杠杆，产生更大风险，这便解释了上一小节中揭示的问题：为什么中小银行会有如此强烈的扩张激励，发行理财产品、拓展同业业务。

综上所述，监管存在盲点为影子银行业务扩张提供了空间；国家隐性担保的存在使得银行在信贷活动中获利但风险由国家承担，降低了银行逃避监管的成本和风险，银行的利润驱使和扩张意图促进影子银行业务发展，加深金融系统的风险；政府与银行层面的刚性兑付使得资本市场承担的风险变小，本身配置资源的功能无法正常发挥，同时银行的表外风险溢出到表内，激励中小银行发行理财产品、拓展同业业务进行激进扩张，加风险加杠杆，产生更大的风险隐患。

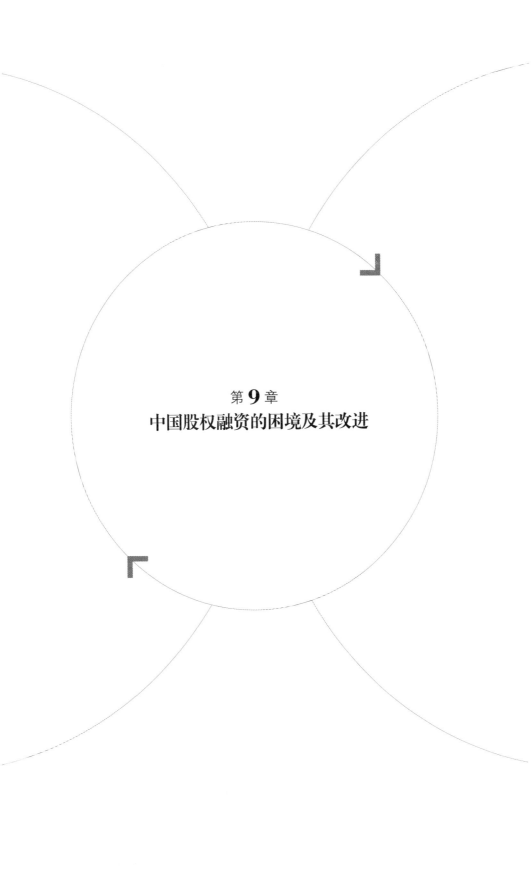

第 9 章
中国股权融资的困境及其改进

从前面各章的分析中，我们已经看到，中国的间接融资体系存在很大问题，资产负债过度扩张，影子银行业务迅速发展积累了巨大风险。除了监管和地方政府的因素，影子银行业务发展还与企业的融资需求得不到满足、资金供给者缺乏投资渠道有直接关系，而这两个问题源于直接融资发展滞后。近年来，中国的直接融资市场有了突飞猛进的发展，除了发展时间较长的沪深股市和债市，深圳股票交易所推出的中小企业股票交易板块、创业板块以及全国各地自 2009 年开始兴建的 OTC 市场都形成了一定的规模。2013 年中关村股票代办系统正式成立"新三板"市场，也是直接融资市场上进行的重要的制度性突破。然而，无论是中小板、创业板，还是 OTC 市场或者"新三板"，所能服务的企业数目占全国中小企业总数的比例太小，直接融资市场的规则和模式也受到来自监管部门较为严格的约束。

本章将分析直接融资市场，尤其是股权融资在中国发展滞后的原因及如何改善。本章第 1 节首先分析了直接融资中股权融资与债权融资的差异，指出了目前情况下发展股权融资的重要性；第 2 节梳理和讨论了股权融资市场中存在的问题；第 3 节对如何改进目前的直接融资市场做了讨论。

9.1 发展股权融资在未来中国金融改革中的重要性

在直接融资和间接融资比例失衡的背景下，大力发展直接融资是解决中国金融问题的一个可行方向。直接融资中，目前的债权融资主要以房地产作为抵押，且容易推高杠杆率，使得目前已经高企的风险更加雪上加霜。股权融资市场虽然还存在众多问题，但对于降低杠杆率、改善企业财务状况有重要意义。

从定义上看，股权融资是企业通过转让股份，与投资者分享所有者权益的融资模式。股权投资者与企业家同为公司的所有者，根据股权比例分享企业的盈利与承担各自义务，投资者看中的是企业未来的成长，希望能分享企业盈利的成果，更关注企业的长期发展与成长性。而债权融资双方是债务关系，一定期限后企业给投资者支付固定利息并归还本金，投资者只为获取大于银行存款利率的收益，债权融资需要抵押物做担保，注重的是短期安全性。另外，我国的直接融资中，债权融资的投资者以机构为主，相对更专业。而股权融资市场上，尤其是二级市场，散户占比更高，投机现象较为严重，价格中包含过多非理性因素。

但除了通常所说的权利、期限，投资者专业性，收益与风险不同等因素外，股权融资与债权融资的根本差异在于，从状态验证的角度来讲，债权融资是事先约定，股权融资是事后约定。债权的法律实施在事后只需要对两种状态：正常状态和（违约）破产状态进行验证，而股权的实施则需要对无穷多的状态进行验证。换言之，债权只要在非违约状态，对信息是不敏感的，因此不容易在金融市场引发逆向选择，从而维持正常的金融交易（流动性）（王永钦等，2016）。而股权是要到事后才能知道结果，对应的是股权价值，表现形式为股权价格，股价对信息最敏感的，也最容易引发逆向选择及道德风险。

股权融资与债权融资在状态验证角度上的差异，使得经营者在这期间容易利用信息不对称损害股东的利益，导致逆向选择。虽然股权投资者看中的是长期的股权价值，但若信息披露不及时到位，甚至经营暗箱化操作，就会导致投资人无法了解企业的真实经营情况。股权融资中如果发生信用缺失，就没有了流动性，股权价格也无法真实反映价值，而价格信号若出现错误，资源分配将会存在严重扭曲。所以，股权融资相对债权融资，更需要制度的完善，信用体系的搭建。正如王永钦等（2016）中所说的，不同的金融工具对法律体系等制度基础设施的要求是不同的。从金融体系设计的角度来讲，债权类金融工具（相对于股权类金融工具来说）更适合法律体系不健全的国家。

然而并不是说信息不敏感的债权金融工具就是法律体系不健全国家的必由之路，其不敏感性虽然减少了逆向选择，增加了流动性，却造成金融体系的透明度低，会通过杠杆周期静悄悄地积累系统性风险。同时，债权融资在投资风险分担方面不如股权类投资，近期由债务引发的全球性金融危机就是很好的例子。正是由于股权与债权类金融工具分别有分散风险以及提高流动性的相对比较优势，因此我们应适当平衡发展两类金融工具。通过打破政府的刚性兑付来提高债权类的风险定价能力，同时，借鉴和吸收普通法系保护投资者等方面的好的规则，完善股权融资的制度环境。

此外，由于股权融资形成所有者权益的关系，投资者在股权的投资上，更重视企业的生产效率、治理结构以及发展前景，因此，股权融资天然地能够更多地向中小企业以及民营企业输血。在直接融资与间接融资本身不平衡的现状下，发展股权融资可以帮助非金融企业去杠杆，并且有效缓解中小企业融资难、投融资期限不匹配等问题。微观上帮助企业降低财务费用、降低资产负债率，宏观上降低整体负债增加量，同时通过提高投资者所有者权益、提高负债率中分母的资产部分，对实体经济起到去杠杆的作用。

9.2 多层次资本市场建设的问题

股权融资的目标是建立形成供给及需求相匹配的多层次的资本市场，弥补债券融资、间接融资的短板与不足。然而中国目前的资本市场尚未成熟，存在市场新股发行制度不合理、主板市场门槛高、场外市场尚在起步阶段等问题，限制了资本市场配置资源的能力。本节首先简要对比了中国和美国的多层次资本市场，之后讨论了主板、中小板和创业板市场的各类问题，并介绍了其他融资方式的现状。

9.2.1　多层次资本市场简介

理想的多层次资本市场应至少包括三个层次：为大型企业服务的主板市场，为中小型企业和创业公司服务的中小板市场以及为初创型企业服务的场外市场，其中主板市场与中小板市场属于场内市场。与发达国家的资本市场相比，我们的资本市场发育还存在一些重要不足，如不同层级资本市场的比重、场外市场的自发性等。

美国目前的资本市场体系中，纽约证券交易所、纳斯达克等属于场内市场，场外市场包括电子公告板柜台市场（OTCBB）、OTCPink 市场集团（粉单市场）、OTCQB 和 OTCQX 等。其中场外市场的信息披露要求比场内市场低，上市公司数量也远远超过纽约证券交易所和纳斯达克，这些公司大多市值极小，对信息披露要求最低的 OTCPink 市场的上市公司数量最多。

美国的场外市场是适应实体经济的需要而自发产生的，且场外市场的发源和建设都远远早于场内市场。从最早的贸易公司的证券交易至今已有数百年历史，在这漫长的过程中，美国股票市场经历过投机、做庄、股灾等时期，在饱尝了 19 世纪 60 年代以前放任自流的市场所致的投机苦果后，逐步建立起十分完善的交易制度和投资者保护制度，并有较为成熟的监管体系和法律制度保障其正常健康运行。1975 年美国国会通过了《证券法修订法案》，规定上市制度采取注册制。美国证券交易委员会，简称 SEC，独立于行政部门对证券法规实施有效监督。1971 年纳斯达克成立，作为新兴产业板块，为中小企业服务，对财务及流动性要求低于纽交所的要求，却孕育了包括 Intel、微软、苹果等科技巨头。

目前在纳斯达克挂牌交易的公司大多为美国甚至全球范围的高新科技企业，且平均每家公司有 10 家做市商为其提供流动性。对于场外市场，美国同样有较为完善的监督制度和系统，有严格的信息披露要求，逐步建立了包括会计认证、评价和披露标准的制度，极大地提高了市场的透明度，使市场参与者可以有效获取信息。

完善的监管及法律制度配以做市商制度，以及发达的衍生品市场成就了美国多层次的市场。其中，做市商制度确保了市场的流动性，而衍生品市场为做市商提供了对冲现货的工具，提高做市商的做市效率。截至 2016 年底，伦敦交易所、纽交所和纳斯达克总市值分别为 28.1 万亿、136 万亿和 22.27 万亿美元。发达的直接融资市场基本反映了一个国家的产业经济的实景。比如美国以金融与科技见长，英国则是金融、消费及材料领域对经济的贡献更大，这些领域在股票市场上的市值占比也是最大的。

我国的股票市场的发展先从为国企服务的主板市场开始，其后才开始发展中小板、创业板、新三板等服务于中小企业的场内和场外市场。各层次市场都是在政府的主导下建立并发展的，监管及市场制度也在摸索中前进。政府最初为了推动科技体制的改革而引入私募证券交易，以建立创业风险投资基金和进行股权投资的方式促进创业。1985 年 9 月，中国第一家风险投资机构获得批准，之后陆续出现了许多创业投资公司，同一时期国际创业风险资本亦开始进入中国。私募股权交易出现之初，被收购和回购是投资退出的主要方式，2003 年之后，以 IPO（首次公开发行）方式退出的比例逐渐上升，但由于主板市场门槛较高，收购和回购依然是主要形式。2006 年 1 月，新三板的成立标志着我国正式的集中私募股权交易市场的建立，随后一系列的区域性股权交易中心也陆续成立，这些市场的门槛较低，中小企业能够进入这些市场挂牌并转让自己的股份，这些市场也是当前我国私募股权市场的主要构成部分。

2011 年、2012 年国务院出台的 38 号文、37 号文和同年证监会出台的《非上市公众公司管理办法》改变了新三板与区域性股权市场的定

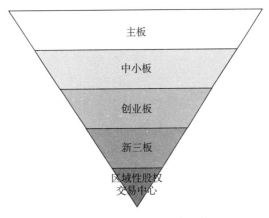

图 9.1　我国多层次资本市场格局

位，新三板成为全国性的非上市公众公司交易场所而不再是单纯的私募股权市场，区域性股权市场则继续维持了区域性私募股权市场的定位。

目前我国的资本市场体系如图 9.1 所示。其中，主板、中小板以及创业板属于场内市场，新三板、区域性股权交易中心则属于场外市场，其中区域性股权交易市场属于私募市场。

9.2.2　主板市场

主板市场的问题包括资源偏向国企、新股发行和退市制度不完善、缺乏合适的信息披露制度等，这些问题的产生既有历史遗留因素，也有后期改革不力、监管部门权责不清等因素。

（一）上市资源偏向国企

在中国股票市场发展之初，曾经争论过姓资还是姓社的问题。1986年 10 月，深圳出台《国营企业股份化试点暂行规定》，当时的主板以国有企业改革为试点，建立股市主要是为国有企业输血以及改革融资方式，企业的股票发行必须通过审批。到目前为止，主板发展了 30 年，一直维持着门槛较高的特征，能够在主板上市的仍然大多数为国有企业。Wind 数据显示，截至 2015 年底，国企背景的上市公司市值占 A 股总市值的 49.5%，占主板总市值的 68%。从行业分布看，上市国企主

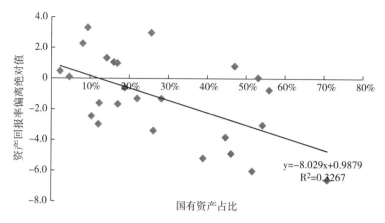

图9.2　国有资产比重高的行业资产回报率下降更加明显
资料来源：Wind 数据库。

要集中在银行业、非银金融业（保险券商信托）、采掘煤炭业、公用事业等行业，而这几个传统行业占据主板整体市值的半壁江山（其中四个传统行业的国企占主板国企市值 41%）。

　　然而，国有企业普遍存在效率低下、产能过剩现象明显、资产负债率高的特点。高善文在 2016 年的宏观报告中统计了 2001—2015 年的资产回报率与毛利率的长期均值，以及 2013—2015 年行业陷入低迷后的两者均值，从两者偏离程度来分析行业的效率问题。考虑国有企业的影响，图9.2 的横轴表示国有资产占比，纵轴是资产回报率的偏离绝对值，从统计结果看，其解释能力有 33%。统计表明，一个行业国有资本越集中，这个行业的盈利受到的抑制就越大。另外，具体到黑色、有色、

表9.1　几个行业资产报率、毛利率降幅及国有资产占比

行业	毛利率降幅	资产回报率降幅	就业占比	增加值占比	纳税占比	负债占比	国有资产平均比重
黑色	−25.62%	−5.45	2.27%	3.94%	1.80%	4.48%	48.94%
有色	−26.79%	−4.51	1.31%	2.56%	1.27%	2.41%	41.86%
化工	−8.57%	−1.88	2.79%	3.65%	3.14%	4.06%	19.35%

资料来源：安信策略报告 2016 年《守正待时》。

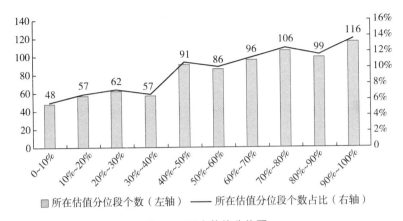

图 9.3 国企估值分位图

资料来源：Wind 数据库以及作者整理。

化工三个产能过剩的重化行业，如表 9.1 显示，三个行业在对经济的贡献差不多的情况下（纳税、就业等数据），化工行业国有资产占比低，其资产回报率、毛利率的降幅显著好于有色及黑色行业。

上述国企比例数据以及效率测算结果说明，主板市场的资源偏向相对低效的国有企业，市场资产配置效率无法得到提升。这里有历史遗留的问题，也有市场制度发育的问题。由于市值占比大，国有企业的走势对主板指数的走势有较大影响，在某种程度上股市的走势又绑架了政府，使得政府经常被动干预股市，在一定程度上稳住国企的股价，因此，投资者也倾向于追捧持有国企股票。国企虽然业绩较差，价格却不低。图 9.3 为上市公司国企估值的分位图，反映了这一结构性泡沫在 A 股市场的长期存在。大部分国企价格偏离基本面，截至 2016 年末，主板市场上国企数量为 850 家，估值超过 100 的国企数量达到 159 家，占比 18.71%。这意味着，有将近五分之一的国有企业，它们的投资者需要超过 100 年才能收回成本。

从再融资的角度看，表 9.2 显示，主板的再融资金额每年不断上升，在 2016 年达到 1 万亿，是同期 IPO 的 10 倍。其中前五大行业材料、资本货物、房地产、公用事业和银行自 2009 年到 2016 年再融资获取资

表 9.2 再融资情况表

| 日期 | 主板 | | | | 中小板和创业板 | | | |
| | IPO 统计 | | 增发统计 | | IPO 统计 | | 增发统计 | |
	首发家数	募集资金（亿元）	增发家数	募集资金（亿元）	首发家数	募集资金（亿元）	增发家数	募集资金（亿元）
2006	14	1180.23	44	869.35	52	161.46	3	17.81
2007	26	4379.92	133	2567.59	100	390.91	7	23.71
2008	6	733.54	97	1561.35	71	300.84	10	81.09
2009	8	1112.25	96	2363.21	90	627.73	18	133.91
2010	27	1894.06	111	2821.46	321	2991.07	41	299.62
2011	39	1014.01	120	3076.25	242	1795.68	56	409.12
2012	26	333.57	107	2751.23	129	700.75	43	418.89
2013	2	0.00	167	2948.29	0	0.00	96	585.94
2014	43	311.77	231	5144.90	82	357.12	242	1760.26
2015	92	1086.90	348	8069.15	131	489.49	464	4177.91
2016	103	1017.23	328	10499.6	124	478.85	484	6309.05

注：主板指上证 A 及深证主板。
资料来源：Wind 数据库。

金占整体再融资金额的50%，由于上节分析的制度问题，银行的资金又进一步流入房地产、基建等项目，大多为国有企业输血。这进一步降低了资本配置的效率，国企及传统行业在主板市场同样在挤占民企的融资需求。

（二）退市制度及信息披露制度

据 Wind 数据库统计，自 2001 年以来，我国退市的 A 股共 91 只，扣除集团上市等情况45 家，真正退市的公司仅有 46 家，而国外市场年退市率在 2% ～10% 之间。这种差异与我国实行审批制而非注册制有着直接关系，但同时我国的退市制度本身并不完善。

与美国的纽交所相比，首先，我国的退市要求不够精细，国内的退市标准是四年连续亏损，而纽交所针对不同的公司性质及上市情形都做了不同的要求。其次，我国的中间指导时期过长，上市公司在亏损期间有两年缓冲期，若缓冲期内符合恢复上市标准便可恢复上市，而纽交所的上市公司一旦触发退市标准，只有18个月整改期。第三，我国的监管机构不够独立，且证监会对退市有一票否决权，而美国的SEC独立于行政当局，独自审议公司退市进程。监管部门不独立的后果之一是，大部分效益不好的上市公司为国有企业，关系到地方政府的税收及就业等问题，如果这些公司面临退市，企业与地方政府都有很多腾挪补救措施，使得实际操作中A股整体退市比例很低，不能优胜劣汰。

完善的退市制度加上发行制度的开闸放水，A股市场这个资金池里的水才能活起来。而水清与否则需要上市公司与监管层的努力，完善信息披露制度，提高信息披露质量。中小板创业板市场目前普遍存在的三高现象以及信息不对称所带来的业绩变脸现象，尤其需要监管层高度重视，其中如何提高信息披露的质量，是关键。同样，我们对比美国与中国的信息披露制度，美国由于实行注册制，对于信息披露的要求相对我国审核制更高。美国完善的信息披露制度，首先表现在法律法规清晰明确，即由国会颁布的证券法、证券交易法为中心，监管部门负责这些法律法规的实施。其次，监管部门层次分明，由独立于行政部门的SEC作为监管主体，并制定关于信息披露的各种规则，同时美国金融监管局、司法部门、审判机关对证券信息披露进行司法监管，且充分发挥自律监管。此外，美国对上市公司要求的披露内容实行完全信息披露，包括强制性、自愿性；包含财务信息、非财务信息、公司治理股东信息等。若有对信息披露不实的情况，处罚力度大，包括明确细化的行政处罚、民事责任，甚至刑事责任。

我国的信息披露制度伴随着中国证券业市场一起发展，从1993年6月中国证监会颁布的《公开发行股票公司信息披露实施细则（试行）》开始，采取集中立法模式，以《证券法》为主体，行政法规、部门规章等规范性文件为补充。证监会主要对首次披露信息负责，主要表现形式为首次公开发行招股说明书；深沪交易所对于持续性披露负责，包括年报季度报告及重大事件披露；同时中国注册会计师协会配合把关信息披露质量。对于制度的完善，我国也做过相关补充修订文件，多以信息披露原则、重大事件定义及披露报告的内容格式改进为主。

因此，通过简单对比中美信息披露差异，我们不难发现，我国在法的主体纲领、监管主体独立性以及披露内容处罚力度上都需要做进一步改进。目前信息质量低，甚至存在虚假披露的情况，在很大程度上影响证券市场的发展。信息披露的完善不仅为了减少摩擦成本，更是为了提高上市企业整体的诚信水平，让投融者之间建立起信用正反馈机制，这是股权融资得以有效进行的根本所在。

针对有效信息的获取成本较高、信息透明度不够的问题，政府首先需加强监管力度，包括法律的细化及监管部门对于法的实施。尤其需丰富监管渠道，比如拓展对披露公告真实性的社会监督渠道。信息披露的时间不仅仅以季报、半年报、年报为主，也可通过公众的力量和民主监督的方式补充进行。证监会、交易所等监管部门可以尝试建立畅通的社会公众信息的反馈渠道，充分发挥众多股民作为利益者对上市公司的监督。其次，在披露内容上，美国要求上市公司保留 5 年的历史财务数据，我国只要求三年，并且在预测性披露的内容上仅流于形式，对上市公司的内部战略规划、公司年度计划等非财务数据的披露要求仍未明确。最后，对于信息披露主体违法的事例应从严处理，明确细化法律法规，细则需上升至民事责任乃至刑事责任，大幅提高企业违法的成本。让优秀的公司治理企业得到投资者更多的信任、更高的估值溢价。

（三）新股发行制度存在严重问题

新股发行的种种问题中，核心症结是供需不均衡，这实际上是人为导致的。自股票市场建立以来，中国股市经历了至少 9 次 IPO 暂停。首次暂停发生在 1994 年 7 月 21 日—1994 年 12 月 7 日，总计交易时间 98

天。当时年轻的中国股市经历了惨烈的暴跌，1994 年 7 月 30 日，监管层出台"三大救市政策"：年内暂停新股发行与上市、严格控制上市公司配股规模、扩大入市资金范围。在停发新股后，大盘先抑后扬，但随后回调，在新股重启后，大盘继续探底。这是中国股市发展历史上，第一次监管部门为了维持股市而停止新股发行。之后又陆续出台了至少 8 次类似的 IPO 停发干预，都是由于大盘的暴跌且几乎没有回转迹象、投资者失去信心，成交量低迷，政府为了维稳及救市停发新股，希望通过减少供给使市场稳定。

但统计表明，暂停 IPO 并不是好的救市策略，市场趋势最终还是会回到由基本面决定的逻辑。原先的下跌趋势若没有基本面支撑，短期供给面改善刺激的上涨只会带来之后更深度的回调。2004 年新股询价制度确立后，2009 年起证监会为新股的改革先后出具了五次《指导意见》，针对市场面临的问题提出相应的改革措施，但每次 IPO 重启后，总会有新的问题出现，同时老问题也难以根治。

经常性的 IPO 暂停还使得新股成为一种稀缺资产，而随着流动性的宽松，市场对新股的需求大大增加，新股被热捧、价格炒高便是自然的，新股的高收益率是市场均衡的体现。如果可以大幅放宽新股发行门槛和标准，大幅增加新股供应，新股"三高"的问题也将大大缓解。

简单粗暴地暂停 IPO 显然不能触及问题核心，总结目前新股发行制度中存在的问题，主要有以下几点：

（1）审核制造成权责不明。我国的 A 股发行仍采取审核制，由证监会对发行人进行资质审核，批准后予以发行。这一方面给了监管机构参与上市发行过程的权利，造成权责不明，利益捆绑，也使得新股制度改革一直都不痛不痒，无法改革到重点和要点。另一方面，许多投资者会认为，若新股存在业绩不符、收益损失、破发等问题，都是上层机构审核出了问题，缺乏投资者应有的收益风险匹配意识。

（2）市盈率限制带来套利机会。由于新股市盈率上限不得高于行业平均的限制，新股的发行市盈率比所在行业平均市盈率要低，另外，创业板一般属于细分行业，可比的公司较少，参照的行业市盈率亦存在偏差。这一人为压低发行市盈率的做法使得新股在定价上存在偏离，与二级市场的个股之间存在估值差异，带来一定的套利机会。

（3）发行商的激励机制不合理。负责新股发行的券商基本无须包销剩余新股，因此不用承担未来新股下跌的风险，一次性赚取高额的承销费用成为发行券商最大的动机。在这种情况下，发行券商与上市公司为了自身利益，倾向于过度包装企业，严重妨碍了投资者在定价上的正确判断。此外，主板市场企业的承销费用较高，有能力的大型券商更愿意选择承销主板的企业，一些传统低市盈率的主板企业也被包装成新能源、新技术来人为拉高市盈率。

（4）IPO 定价过程不合理。通常在初步询价过程中，发行方会组织路演，向机构介绍上市公司的基本情况，投资者根据介绍与公司及发行方交流，配合业绩预测和相对市盈率给出对应的报价区间，询价过程总共费时 3～4 天。在这一过程中，我们可以看到很多问题存在：首先，询价的时间过短，不足以让投资者及广大中小投资者充分认识上市公司。其次，业绩预测主要以近期财务数据及公司未来上市成功后的数据作为判断依据，存在业绩虚增风险。最后，按照规定，新股的市盈率不能超过行业平均市盈率，若超过 25%，需做上报处理。在这一规定下，机构统一以行业平均市盈率为参照，所有公司都在这一市盈率附近，难以区分不同质量的公司。

种种不合理的制度使得新股在发行首日的表现往往非常好，破发率[①]极低，因此吸引了大量游资炒作，换手率也极高，投资者的赌博心态严重。但把时间拉长到 10 天、半年之后，新股的走势依然主要由公司基本面及大盘的趋势来决定。另外，由于新股供不应求，不论是主板

---

① 破发即股票价格跌破发行价，破发率即破发的股票所占比例。

还是中小板、创业板，超募现象②普遍存在，创业板的实际超募资金甚至达到计划募集资金的 2~3 倍。超募的闲置资金无法有效利用，同时还会使得企业高管更倾向于离职套现，这对一个原本正处于快速发展和成长期的公司而言损失和影响极大。

9.2.3 中小板和创业板的投机泡沫

2003 年，国务院出台"国九条"，其中明确提出分步推出创业板市场，第一步便是中小企业板，这是深交所的主板市场中单独设立的板块。2009 年深交所推出创业板。两板块的上市门槛低于主板，以聚焦收入增长快、盈利能力强、科技含量高的中国版"纳斯达克"为目标。但在运行几年后，这两个板块中的企业已经鱼目混珠，参差不齐。截至 2015 年 12 月底，中小板、创业板分别有 765 家与 492 家上市公司，市值分别为 10.4 万亿元与 5.6 万亿元。

中小企业的泡沫主要是由于投机性太强。由于属于新兴产业、市值小、想象空间大，中小型创业公司的个股对投机性炒作资金有天然的吸引力。与港股相比，创业板虽然同属于高市盈率，但成交量的差异显示出了两地市场的差别（表 9.3）。理论上，信息不对称、盈利不确定的情况下本应缺乏流动性，但 A 股市场中，中小创的成交量占到整个交易量的半壁江山。

投资者对中小企业抛出的再融资需求也是有求必应。表 9.2 显示，2016 年中小板和创业板再融资的规模达到 6309 亿元，而当年 IPO 融资的规模仅 478.8 亿元，再融资规模是 IPO 规模的 13 倍之多。再融资大部分发生在公司高市盈率阶段，通常的资本运作手段是利用外延扩张收购来增加公司的一次性收入，做大市值，并享受中小创的高市盈率。

---

② 即实际募集资金超过计划募集资金。

表9.3 A股与港股市盈率比较

	2009	2010	2011	2012	2013	2014	2015
上证A股PE	30.75	16.73	11.06	11.75	9.69	14.21	16.47
中小板PE	55.49	49.05	26.77	28.36	36.75	42.48	64.35
创业板PE	79.09	70.75	36.07	34.35	60.30	63.76	96.03
H主板PE	38.98	31.10	22.16	18.38	49.25	11.59	76.93
H创业板PE	18.13	16.67	9.68	10.50	11.24	10.94	9.90
H主板成交额（百亿港币）	1543.95	1707.64	1709.11	1326.75	1518.58	1699.03	2583.60
H创业板成交额（亿港币）	757.62	1336.67	629.57	335.42	788.38	1654.59	2546.66

资料来源：Wind数据库。

关于再融资的用途，目前没有统一的统计，但可以从一些案例中略知一二。原公关行业第一股"蓝色光标"自2012年上市以来，先后定增融资48.4亿元、发债融资62.5亿元。收购了47家公司的股权，通过并表增厚业绩，收入从2011年12亿元提高到2016年120多亿元，成为融资并购资本运作的鼻祖。之后大量企业开启再融资并购模式，典型的是纺织服装企业，2012年以后纺织服装企业通过并购重组业务差不多包含了大部分新兴产业，包括影视、游戏、体育、教育等。我们统计了2012年起截至2016年底创业板的509起定增项目，其中四分之三的定增资金用于收购兼并或配套融资。

正常而言，并购之后，公司内部需要通过逐步磨合来消化并购产生的影响，若一家公司在短时间内不断地收购或者进行蛇吞象的配套融资，并同时伴有减持及业绩剧烈变化，这样的公司和高管是在真正做实业还是在搞资本运作，就不言而喻了。

企业热衷于资本运作，真正的原因还是在于我国相应的法律与风险管理配套仍未跟上，例如，对于上市公司的财务作假，目前相关监管及法律并没有从严处理。高市盈率并不能对应高成长，资本市场便会成为企业家圈钱、减持套现的工具。

9.2.4　其他投资市场的现状

除主板、中小板和创业板市场之外，场外市场侧重于为处于初创期、规模较小而风险较高的企业服务。主板市场的主要任务是筛选出实体经济中较为优质的企业，这些成熟期的大企业是国民经济的中流砥柱，满足它们的融资需求并通过严格的信息披露制度和公开市场来监督它们的行为，对于维持国民经济平稳运行具有重要意义。场外市场的主要任务则在于找出具有成长潜力的中小企业，为国民经济增长培养新生力量。

上一节中我们介绍了我国当前主板市场的情况，与理想状况差距还较大，上市公司的行业、所有制等结构不合理，资金配置效率较低。相比而言，较为年轻的场外市场受历史遗留问题的干扰少，且服务对象主要是中小企业，而国有企业中的中小企业大多已经退出了市场。因此，场外市场，尤其是区域性股权交易市场，有希望避开场内市场曾经走过的许多弯路，建立起一个真正为解决中小企业融资问题服务的交易市场。

区域性股权交易中心主要为特定区域里的中小企业提供股权、债权转让等融资服务。据不完全资料统计，截至 2016 年 8 月，全国的区域性股权市场共 38 家，除了云南省外，中国其他省份和直辖市均已设立了这样的市场。目前在区域性股权交易中心挂牌的企业绝大多数都尚未达到场内市场上市的条件，虽然仍不足以覆盖所有的中小企业，但依然是对资本市场体系的重要补充。区域性股权交易市场整体的挂牌企业数量已经超过了主板市场和二板市场之和，共有 54412 家（含展示企业），同期新三板挂牌企业 8860 家。但与美国的场外交易市场相比，我国的区域性股权交易市场的交易并不活跃，融资额也较小，各方面的经验都较为匮乏，且制度规则与主板市场重合度较高，挂牌标准也偏高。这些问题的存在说明我国私募股权市场的改善空间还很大。

除了银行系统和场内交易、区域性股权市场外，其他的股权投资方式包括天使投资、风险投资、新三板和互联网金融等，在 2000 年之后都经历了一个从无到有的快速发展阶段。

天使投资：2008 年，国内天使投资机构只募集了 3 支天使投资基金，募集金额 2.93 亿元，投资案例数为 25 个，投资金额 1.39 亿元。之后的几年里天使投资一直快速增长，但绝对数量依然较低。直到 2015 年才有一个爆发式增长，募集基金数从 2014 年的 39 个上升到了 124 个，金额从 65.68 亿元上升到了 203.57 亿元，投资案例数和投资金额分别达到 2075 个和 101.88 亿元。天使投资案例主要分布在互联网行业、电信及增值业务和 IT 行业，这三个行业占到了 75% 以上，互联网行业更是占了几乎一半。从地域来看，集中在北京、上海、深圳三个一线城市和浙江、广东两省。新三板退出是天使投资退出的重要方式，占所有退出方式的 43.52%。

风险投资：与天使投资相比，风险投资的增长速度并不快，仅有几个高峰，大多数时候在 10% 以下，但绝对数量远远超过了天使投资。2015 年，创投机构一共募集到 597 支可用于中国大陆的投资基金，可投资于中国大陆的风险资本存量达到 3961 亿元。2015 年风险投资案例数达到 3445 个，投资金额 1293 亿元，和天使投资一样，大量集中于互联网、电信及增值业务和 IT 行业，北京、上海和深圳是获得投资案例和金额最多的地方。对企业风险投资主要集中在企业的初创期和扩张期，2010 年之后，初创期投资所占比重上升较快，新三板也是主要的退出方式。

新三板：2015 年，中国新三板总市值和挂牌公司数都有大幅增加，涨幅超过 200%，挂牌公司数量从 1572 家上升到 5129 家，总市值从 4591.42 亿元上升到 24584.42 亿元。2016 年，新三板挂牌企业数量和市值继续飙升，截至 2016 年 9 月 30 日，新三板市场挂牌企业已达 9122 家，总市值 3.07 万亿元（此数据截至 2016 年 7 月 20 日）。新三板挂牌企业的行业分布与其他场外股权交易市场有所区别，机械制造业占挂牌公司总数的 19.1%，其次是 IT 业，之后是化工原料及加工、建筑/工程以及生物技术/医疗健康，这五大行业的挂牌企业数量超过挂牌企业总数的一半。地域分布上，排在前五位的是北京、广东、江苏、上海和浙江。2016 年 5 月，全国中小企业股份转让系统有限责任公司正式发布实施了《全国中小企业股份转让系统挂牌公司分层管理办法（试行）》，将新三板挂牌企业分为创新层和基础层，进一步丰富了资本市场层次。2018 年以来，由于市场活跃度不高、流动性不强、退出机制完善等原因，新三板挂牌企业数量相比 2017 年出现下降，截至 2018 年 11 月 6 日，新三板挂牌企业总数为 10854 家。

众筹融资：指以团购预购的方式，通过互联网募集项目资金的互联网金融创新模式。据统计，2014 年是全球众筹市场增长最快的一年，交易规模达到 614.5 亿元；2016 年，全球众筹规模接近 2000 亿元，众筹平台数量超过 1800 家。我国众筹平台虽然起步较晚，但发展速度很快，2015 年、2016 年更是爆发式增长，2016 年筹资额达到 224.8 亿元。快速发展也导致平台良莠不齐，2017 年，国内众筹平台进入深度洗牌阶段，根据赢灿咨询发布的《2017 年众筹行业年报》，2017 年底全国正常运营的众筹平台仅为 209 家，与 2016 年底相比下跌了约 51%，但筹资额与 2016 年几乎持平，这意味着整个行业正在向大平台集中，发展逐步进入规范阶段。

P2P 网贷：指个人之间以网络信贷公司提供的网络借贷平台为基本场所，实现借贷双方各自满意的借贷合约，借方收益为合约源资金以及利息同时承担合约风险，贷方在合约期限到达之时偿还本金和利息，网络信贷公司则收取提供网络信贷的中介服务费。当前，P2P 网贷的运营模式主要有两种，包括传统的 P2P 模式以及债权转让模式，两者的区别在于前者仅仅提供基本的信息服务，而后者还提供主动式的债权转让供需匹配，增加了第三方机构与借贷双方的关联性。截至 2015 年 5 月，中国国内的网络信贷平台已经超过 3000 家。然而，P2P 网络信贷的高利率、高风险以及缺乏有效监管手段等难以避免的弊端无形中让 P2P 网贷在中国的发展前景打上了一个大大的问号。根据网贷天眼的数据，自 2016 年 6 月以来，全国正常运营的 P2P 平台数量便呈下降趋势，2017 年 10 月底下降到了 1874 家。2018 年以来，众多 P2P 平台集中"爆雷"，也给社会造成了巨大不良影响。

众筹和 P2P 都属于互联网金融，我国互联网金融发展时间还很短，对互联网金融的应用正处于急速发展时期。互联网金融开展的业务暂时还是传统金融机构的渠道拓展，而且新兴事物的快速发展也带来了监管难的问题，监管问题成为互联网金融在我国发展的最大难题，同时，风险控制、信息安全等方面的问题也不可忽视。

总体来看，我国场外市场尚未发育成熟，尤其是天使投资和风险投资规模较小，且集中于少数几个行业，难以为更广大的初创型企业提供服务，互联网金融可能是未来的发展方向，但目前的制度尚不完善。虽然还存在许多问题和不足，但与主板市场相比，场外市场在为中小企业服务上拥有较大的优势，且已经开始发挥作用。数量众多的无法进入场内市场的中小企业在区域性股权市场、新三板市场得到了融资机会，且在挂牌之后成长迅速。由于数据限制，目前还无法进行进一步更详细的分析，从已有的成果来看，为了解决中小企业融资难的问题，场外市场是一个值得努力的方向，尤其是在 IPO 新三板等成为它们的主要退出方式之后。层次分明的资本市场将大大扩大直接融资渠道，平衡间接融资与直接融资比例，平衡债券融资与股权融资比例，优化金融结构，使实体经济的资源配置效率得以提高。

9.3　股权融资市场的改进

股权融资的健康发展，一方面可以起到去杠杆的作用，另一方面可以更好地配置金融资源。在我国，政府过多干预和制度不完善是股权融资市场上众多问题的根源。由于股权融资的特殊性，其相对应的配套制度、法律规范、民主监督法规等都需要建立和完善，而法律制度的建立与发展不是一朝一夕能完成的。股权融资的根本困境也在于此。

9.3.1　场内市场：新股发行制度及其配套

新股发行制度在原则上应做到公平公正、收益风险匹配、政策干预弱化、监管力度加强。在政府层面上，应该减少行政干预，不因大盘的

涨跌而影响新股供应，把发行的权利让给发行人与承销商，放开投资者
范围，增加承销商权利与义务，使询价定价、上市涨跌幅等都由市场来
决定，也让机构和中小投资者都有话语权。在定价方式上，改变市盈率
定价及低于行业市盈率的规定，综合考虑公司的成长性，体现出不同公
司的差异。在询价方式及配售方式上，最新的改革方案引进了剔出 10%
最高价的询价方式，旨在抑制机构盲目报高价的心态，效果比较显著，
但也应同时配套实施打击投机行为的相关规定，加大机构减持的成本。
在监管思路上，审批制应向注册制过渡，IPO 审核重心应放在信息披露
真实性和有效性上，加强对上市公司虚假谎报的惩罚，并完善退市机
制，加强对资本中介（承销商、会计、律师等）的尽责审核。最后，要
建立全周期的机制来避免融资人套利行为，约束其再融资行为，上市
后，企业分红要合理，给予投资者应有的回报。

当然，对于 IPO 的上述改革，还需要与其配套的其他改革。首先，需
要开发更多投资工具，比如优先股、个股期权等，给予投资者更多选择。
其次，打造多层次股权市场，包括新三板、企业债、资产证券化产品等，
扩展中小企业融资渠道。再者，有必要对投资者进行相关的投资者教育，
使其明白风险收益相匹配的基本原则，让投资取向更趋于理性。

9.3.2 其他层次资本市场的建设

相比于场内市场，场外市场的优势在于，企业需要付出的成本和代价
较小，不容易因自身的规模和资金限制被排除在外。场外市场建设可以从
以下几方面进行改进。第一，继续加大对中小企业的扶持力度，降低新三
板和区域性股权交易市场等的挂牌准入要求，将更多的小微企业纳入服务
范围。第二，同样要加强投资者教育和投资者保护，在市场准入资金层面
设立门槛，并让投资者在参与投资前通过相关的资格。第三，针对不同规
模和性质的企业再进行细分，建立分级信息披露制度。第四，建立通畅的
转板制度，让足够成熟的企业转移到更加适合它们的主板市场，并为投资者

表9.4　银行类型特征比较

银行类型	资金成本	贷款利率	贷款数量	信息成本
大银行	较高（通过银行间市场借款）	较低	高	低，主要依赖正规财务信息
中小银行	较低（通过银行间市场放款）	较高	低	高，可以接受人际关系等"软信息"

表9.5　企业类型特征比较

企业类型	议价能力	是否有健全的会计系统
大企业	高（可以选择直接融资或者间接融资）	是
中小企业	低（间接融资）	否

提供更加理想的退出渠道。第五，加大市场流动性，参考美国的做市商制度，选择优质的证券公司作为做市商，保证市场稳定，减少流动性风险。

最后，需要注意的是，解决中小企业融资问题、丰富投资渠道，还有一个途径是发展中小银行。表9.4、表9.5显示了大银行、中小银行与大企业、中小企业在资金供给及需求上的特征和功能匹配。简而言之，大银行更倾向于依靠财务信息等"硬信息"来判断一个企业是否可靠，因此更适合为大企业服务，而中小银行在挖掘"软信息"方面更有优势，因此与中小企业的匹配度更高。然而，在中国，即使是中小银行，也会倾向于选择大型企业、国有企业为主要贷款对象，因为这些企业背后有国家隐性担保或者土地、房产等优质抵押品。

本章节的结尾，我们试图从银行的角度提出解决中小企业融资难的问题。首先是为中小企业寻找信用背书，信用背书可以是来自贷款人的社会关系，也可以是来自政府部门。其次，社会关系网络或成为另一种渠道，但社会关系网络的资本化在我国现阶段主要采用的是私人集资手段，这在法律上是不被允许的。第三是引入银行竞争，通过政策上的改革和其他财富管理模式的开展，提高商业银行的财务成本，降低其利润边际，扩展银行业务覆盖面。

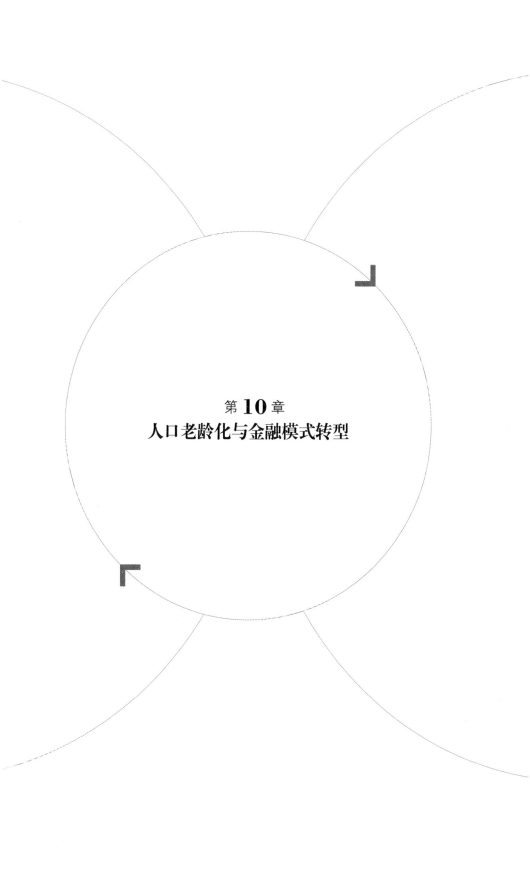

第 **10** 章
人口老龄化与金融模式转型

本书一开始，我们就开章明义：金融为实体服务就是要为家庭理财服务，为企业融资服务，为各级政府建设基础设施和提供公共产品服务，为中央政府进行宏观调控提供金融支持和服务。我们在本书的第4章曾经讨论，在金融体系运作过程中，不同的部门：居民部门、非金融部门、金融部门与政府部门相互之间发生关系，金融部门作为金融中介，将其他部门的金融资源配置于实体经济，从实体经济中获得收益，发生各类财产性收入与支出。我们分析了中国经济各部门财产性收入与支出的结构，通过国际比较我们发现，从财产性收支占可支配收入比重来看，欧洲各国的居民是金融市场收入分配中最大的获益者，他们从非金融企业和金融机构的活动中获得红利，并且从政府的社保基金中获得大量补贴。作为唯一的财产性净收入者，欧洲的居民从金融活动中获取的收益要远远高于我国的居民部门。通过数据比较我们发现，中国与欧洲等国家最大的差异是，政府从金融市场的发展中获得了最大的回报，导致属于居民的财产性收入偏低。更有甚者，非金融部门在获取金融资源时，其支付的价格并非市场均衡价格，金融部门的存款与贷款之间又具有比其他国家大得多的利差。这些数据说明，我国长期以来的金融模式是"发展建设型金融模式"，这一模式的最大特征，是人为压低金融资源的价格，牺牲资金供给者（家庭）的利益，使金融资源使用者以低廉的价格获取金融资源，加速我国的工业化和基础设施建设步伐。当一个国家人口年龄结构比较年轻时，人口红利大于资本红利，金融资源一定程度的粗放配置不一定带来很严重的问题，但是，当一个国家步入老龄化社会，人口红利消失，老人需要从财富的精细化管理中获取财富收入作为补充养老收入的来源时，金融体系运作是否有效就变得十分重要。欧洲是人类最先进入发达经济状态的国家，同时也是最先步入老龄化社会的国家。对这些国家的居民来讲，金融体系和金融市场的有效运作，并通过全球化将资产在全球配置，从全球新兴经济国家的人口红利中获取资本回报，是他们安度晚年的物质保障。金融活动及其收益从本质上来讲，是人口代际的资产交易与收益支付，是一个跨时均衡的问题。萨缪尔森（1958）的世代交叠模型对此做过很好的描述。对于一个家庭来讲，当家庭具有多个子女时，子女是金融产品的替代品，其数量是可以选择的，如果金融产品投资失败，我们可以从子女的人力资本投资中得到补偿。中国传统的"养儿防老"、"多子多福"，讲得就是这个道理。具体来讲，20 世纪五六十年代是我国的"婴儿潮"时代，出生于三四十年代的父母一般都有三四个孩子。对于他们来讲，储蓄多少，财富多少，财富的回报多少，都不是最重要的，重要的是将子女养育成人，养老就不成问题。子女如能成才，则获得额外回报。就整个社会来讲，只要人口结构年轻，社会养老保险体系就可以健康运行。20 世纪 70 年代末以来，我国实行了较为严格的独生子女政策，20 年之后，即 2000 年之后，中国的人口红利逐渐消失，开始进入老龄化社会。未来中国的养老保险体系面临巨大挑战，为了维持社会统筹养老体系的平衡，社会统筹养老金在未来退休人员的整体养老收入中的比重将逐渐降低，其他支柱的养老来源，如企业年金和个人储蓄以及财富管理收益将日渐重要，财富管理型金融必将提上议事日程。因此，对于独生子女的家庭来说，如何提高储蓄、有效管理财富、尽可能多地获得财产性收入就变得前所未有的重要。从这个角度来讲，中国的金融模式要从偏好资金使用者利益的"发展建设型金融"过渡到偏好资金提供者利益的"财富管理型金融"。财富管理型金融的最大特征是强调金融资源配置的有效性，从过去政府干预的粗放配置到今后的市场导向的优化配置，从较为单一的国内投资渠道配置扩展到国外渠道的全球配置，强调投资者利益保护的重要性。通过投资者利益保护倒逼金融中介平衡投资项目的收益与风险，提供丰富的金融产品，倒逼资金使用者提高资金使用效率，在金融资源优化配置的基础上获取资金回报。在本书的文献综述中，我们提及，金融发展路径会随着整体经济的发展水平加以改变，处于不同发展阶段的经济体会采用不同的金融发展策略，这就是所谓的"帕特里克假说"。帕特里克（Patrick，1966）将金融发展路径区分为"需求引导型"（demand-following）和"供给推动型"（supply-leading）两种类型，前者是指金融制度的发展会按照企业、产业发展的需要进行演化变迁，而后者则是主动将资金向特定产业、企业倾斜以推动其成长进程的模式，是以提前预期作为依据进行长期操作的制度模式。中国金融模式在长期内采取的是后者，随着中国经济的转型以及金融市场的发展，中国金融模式必然要求向需求引导型转移，将金融配置的核心任务放在管理人们剩余财富的方面。

本章第 1 节讨论中国的人口演变趋势；第 2 节讨论人口老龄化对我国经济增长与金融体系运行带来的一系列挑战；第 3 节讨论金融资源配置模式转型的必要性和重要性。

10.1　我国人口老龄化的特点

纵观新中国成立以来我国人口发展历程，我国的人口结构变动和人口再生产类型转变并不像西方发达国家经历了缓慢长期的变动历程，而是表现出高速的少子老龄化、快速高龄化、与经济发展水平不协调等特点，这与我国的特定制度背景、快速社会变迁不无关系。

10.1.1　人口老龄化发展速度快

中华人民共和国成立之初，由于社会安定、医疗卫生水平的大幅改

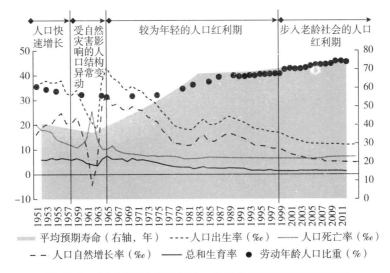

图 10.1　中国人口自然增长率、总和生育率及预期寿命变动

资料来源：国家统计局中国历年统计年鉴；联合国人口司世界人口展望 2012 版数据库；总和生育率部分数据来自黄华斌：《从各省区第六次人口普查数据看各地生育水平》http：//blog. sina. com. cn/s/blog_ 58d2ba6e0100rt92. html；预期寿命部分数据来自中国发展报告，2006 年中国现代化报告。预期寿命数据除去 1950 年、1960 年、1981 年、1990年、2000 年、2004 年、2005 年、2009 年和 2010 年数据，其余由内插法得到。

善，人口变动以死亡率下降为主，出生率缓慢上升，人口自然增长率上升，劳动年龄人口比重处于略有下降阶段。1959 年到 1965 年间，受自然灾害影响，人口死亡率和出生率都出现了巨幅波动，特别是自然灾害后生育率反弹式的回升，使中国人口自然增长率达到了中华人民共和国成立以来的最高水平。1965 年到 1999 年期间，中国处于制度体系重建的快速变革中，20 世纪 70 年代，开始推行的计划生育政策使中国总和生育率从 1970 年的 5.81 快速大幅下降到 2000 年的 1.22，远远低于 2.1的人口替代水平，在死亡率相对稳定的背景下人口自然增长率伴随人口出生率的下降而大幅下降。与此同时，中国也正处于人口年龄结构从年轻向成年转变的过程，劳动年龄人口比重大幅上升，从 1965 年的55.2% 上升到 1999 年的 67.7%。这一阶段，计划生育政策通过快速减少出生人口、降低少年儿童抚养比而加速了中国人口红利期的到来。

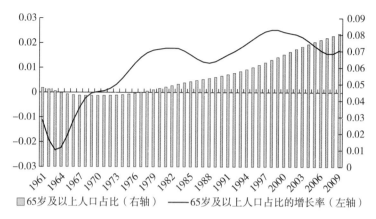

图 10.2　中国老年人口的变化趋势

注：图中劳动年龄人口为 15—60 岁人口。

资料来源：WDI。

　　1999 年中国正式进入老龄社会，根据《国家人口发展战略研究报告》，20 世纪 90 年代中后期，我国总和生育率已降到 1.8 左右。2015 年我国已经调整了人口政策，每对夫妻可以生育两个孩子，简称"二孩政策"。这一政策的实施，对未来 30 年我国人口结构的演变是否有作用，我们还得拭目以待。从日本、韩国等发达国家和地区的情况看，随着人均 GDP 的增长，生育率的下降是一个必然趋势。2010 年《世界人口数据表》显示，2010 年全球平均总和生育率为 2.5，发达国家、欠发达国家和最不发达国家分别为 1.7、2.7 和 4.5，目前我国总和生育率已经远远低于世界平均水平和发达国家水平。总和生育率的超低水平及平均预期寿命的增加，使中国享受着前所未有的人口红利期，另一方面也大大加速了中国人口老龄化进程。至 2000 年，中国 65 岁及以上人口所占比重已达到 6.96%，按照联合国制定的标准，中国仅用 18 年便完成了人口结构从成年型向老年型转变，[①] 而对比发达国家人口老龄化转变进程，日本为 25 年，英国用了 45 年，美国用了 60 年，而法国经历了漫长的 115 年。

---

① 国际上，判断一个国家或地区是否进入老龄化社会的标准是 60 岁及以上人口占总人口比重达到 10% 或者 65 岁及以上人口占总人口比重达到 7%。

表 10.1　60 岁及以上老年人口占比的跨国比较（％）

国家	2011 年	国家	2050 年
日本	31	日本	42
意大利	27	葡萄牙	40
德国	26	波黑	40
芬兰	25	古巴	39
瑞典	25	韩国	39
保加利亚	25	意大利	38
希腊	25	西班牙	38
葡萄牙	24	新加坡	38
比利时	24	德国	38
克罗地亚	24	瑞士	37
中国	13	中国	35

资料来源：United Nations Population Division（2011）；中国数据来自六普。

在庞大的人口基数下，老年人口规模也迅速膨胀，65 岁及以上人口占比在 20 世纪 70 年代之前出现过负增长，随后便一直保持正增长，1971—2009 年，平均增长率为 1.62％；2001—2009 年，平均增长率为 1.93％。就国际对比来看，根据 2010 年六普数据，中国目前 60 岁及以上老年人口占比为 13.32％，65 岁及以上老年人口占比为 8.92％，尚且低于发达国家水平。按照六普数据预测，至 2050 年，中国 60 岁及以上老年人口占比将达到 34.51％，65 岁及以上老年人口占比将达到 24.65％，届时中国老龄化程度将跻身世界前列，与发达国家老龄化水平十分接近，并且期间中国老龄化的速度将远远快于发达国家。这样快速而高程度的老龄化进程将对产业结构、储蓄水平、金融体系、养老公共服务体系、养老社会保障产生巨大影响。

10.1.2　人口高龄化趋势明显

根据人口学定义，80 岁及以上人口被界定为高龄老年人口。进入

表10.2 部分国家高龄老人年均增长速度（%）

年份	中国	西班牙	新加坡	日本	韩国	印度
1950—1975	4.9	2.9	3.2	4.7	4.3	3.7
1975—2000	3.3	3.7	7.4	5.7	5.1	3.2
2000—2025	3.5	2.0	5.0	4.1	5.5	3.2
2025—2050	4.8	2.1	4.6	1.1	4.1	3.7

资料来源：王琳（2004）。

21世纪以来，随着人口老龄化的提高，以及生活水平的提高、医疗服务的改善、死亡率的下降、寿命的延长，中国高龄人口的增长速度也不断加快。1990年到2000年的10年间，中国80岁及以上的高龄老年人口从768万增加到1199万，平均增长速度为4.56%，远高于中国老年人口和总人口的平均增长速度。根据2010年第六次人口普查，中国80岁及以上的高龄老年人口已经增加到2099万，较2000年几乎翻了一番。预计2020年中国高龄人口将达到2200万人，2050年达到1亿人，中国高龄老人占老龄人比重将从当前的11.79%上升到25%以上，这就意味着中国每4个老年人中就有1名高龄老人，中国也将进入深度老龄化社会。

事实上，不难发现，2003年以来在社会发展水平稳定、医疗卫生条件不断提升的背景下，中国人口死亡率开始出现回升，从2003年的6.4‰上升到2012年的7.15‰，这在某种程度上也说明了中国严峻的老龄化和高龄化问题。不同于年龄较低的老龄人口，高龄人口具有高度依赖性和非生产性特征，不仅对养老服务提出了新的要求，高龄人口规模增加、寿命的延长也影响了消费者生命周期的消费储蓄行为，并对其高龄阶段的资产增值、保值提出了更高要求。

10.1.3 人口老龄化与经济发展不协调

"未富先老"是当前中国人口结构变动和经济发展关系的关键性特点。人口老龄化本质上是现代社会的标志之一，是社会发展、医疗卫生

表 10.3　人口老龄化与经济发展的跨国比较

国家	年份	人均 GDP（美元）	人均 GDP/美国人均 GDP	老年人口占比（%）	后 20 年 GDP 增长率	后 20 年的老年人口占比（%）
中国	2011	5445	0.11	8.37		
日本	1960	479	0.17	5.73	0.07	9.05
韩国	1977	1042	0.11	3.61	0.08	6.41
新加坡	1960	395	0.14	2.04	0.10	4.72

注：老年人口占比为 65 岁及以上人口占总人口的比重。
资料来源：根据 WDI 计算得来。

服务不断完善的结果。一般而言，发达国家基本是在实现现代化、经济发展到一定水平的条件下进入老龄社会。发达国家进入老龄社会时，其人均 GDP 在 1 万美元左右，而中国在人均 GDP 仅仅为 5000 多美元时便迈入了老龄社会。这意味着，为应对人口老龄化，中国的劳动力将负担更多非生产性人口，加之老年人口相对创新能力低、创新意识弱、以健康衡量的人力资本水平较低，使中国面临较其他国家更大的经济增长压力，并降低劳动生产率和全要素生产率，进而削弱长期增长能力。

从国际比较来看，中国 2011 年人均 GDP 为美国人均 GDP 的 11%；这一比例略低于 1960 的日本与新加坡，与 1977 年的韩国一样。根据这些国家的经验，在人均 GDP 达到美国人均 GDP 的 10%~20% 时，发展中国家还能够保持近 20 年的快速经济增长，日本、韩国和新加坡在后 20 年分别保持着 GDP 年均 7%、8% 和 10% 的增长。需要注意到的是，这些国家在保持快速经济增长的阶段，并没有遭遇严重的老龄化冲击，日本在 1976 年 65 岁及以上人口占比才超过 8%，迈入老龄化社会，韩国和新加坡的老年人口占比在后 20 年还低于 8%。另一方面，这些国家在进入老龄社会后，经济增长速度便开始出现放缓趋势，特别是日本 20 世纪 80 年代后期经历了泡沫经济的破灭，之后经济便陷入长期低迷，这被归结为日本对全球化和人口老龄化的反应迟缓。反思中国，2011 年老年人口占比已经达到 8.37%，迈入老龄化社会，并且在当前世界经济再平衡、区域经济格局重构的外部冲击和内部经济结构调整的背景下，中国经济增长也面临着巨大压力。可见，中国人口老龄化将对中国经济发展造成更大的挑战，需要中国提前做出更多应对措施以便在劳动人口负担较重的老龄化阶段提高劳动生产率、增强单位劳动力的抚养能力。

10.2　人口老龄化造成的挑战

从经济发展的角度来看，人口老龄化带来的挑战远远不止劳动力的下降，沉重的养老负担和储蓄下降也有非常大的影响。在我国长期实行的"发展建设型金融模式"下，人口老龄化造成的养老问题尤其严重。

10.2.1　劳动力供给下降

人口年龄结构的变动是影响劳动力供给的主要因素，它决定了长期劳动力供给状况。中国于 20 世纪 70 年代开始实施计划生育政策，受到计划生育政策影响的人口群体在 90 年代左右步入劳动力市场，上一辈劳动力在期间尚未退休，0—14 岁人口占比受到计划生育政策影响而不断下降，由此促使劳动力比重维持了较长时间较高比重。然而，如果计划生育政策不发生重大转变，当前新出生人口的减少也就意味着未来该部分群体进入劳动年龄后，劳动力供给将继续下降。特别是人口生育行为往往具有一定的惯性，即使生育政策发生转变，总和生育率也未必会出现显著的回升。另外，人口老龄化体现在劳动力内部，就是劳动年龄人口也会出现老化，中青年人口占劳动年龄人口比重也将下降，由此进一步降低劳动生产力和社会抚养能力。

根据六普数据，2010 年中国 15—64 岁劳动年龄人口占总人口的比例为 74.47%，较 2004 年高出 2.34 个百分点，绝对数量近 10 亿。从劳

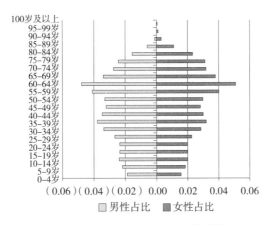

图 10.3　中国 2050 年人口年龄结构
资料来源：根据六普数据推测得来。

动年龄人口的内部构成情况来看，在全国 15—64 岁劳动年龄人口中，按照每 5 岁一个年龄组划分，其中占总人口比例最高的三个年龄组分别为 20—24 岁，9.56%，40—44 岁，9.36%，35—39 岁，8.86%，较为年轻的劳动力是劳动力的主要组成部分。但是，如果人口政策不发生变化，那么未来中国人口年龄结构将持续老化。根据联合国的预测，中国 2030 年之前，0—14 岁及以上人口比重逐步下降，老年人口逐步上升，劳动年龄人口则先上升后下降。劳动年龄人口比例在 2015 年以前不断上升，2015 年达到峰值，其绝对值约为 10 亿。按照六普数据进行推测，到 2050 年，15—64 岁劳动人口将会从 2010 年的 74.47% 下降到 63.50%，劳动力人口绝对数量仅为 7 亿，整个人口年龄结构呈现"蘑菇状"。这些预测结果都表明，中国劳动年龄人口绝对数量、相对比例和内部结构伴随着人口老龄化，将会向着不利于经济发展的方向变动，未来劳动力供给的状况不容乐观。

　　根据梅森（Mason，1997）的研究，当人口总抚养比低于 50%，该社会处于人口红利期。据此，如图 10.4 所示，1990 年开始中国人口总抚养比低于 50% 进入人口红利期，1999 年中国劳动年龄人口比重超过 70%，到 2012 年该比重为 74.1%，结合联合国人口司预测，该人口红

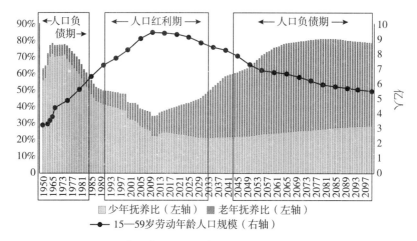

图 10.4　中国人口红利、负债和劳动力供给长期趋势

注：位于人口红利期和人口负债期的中间阶段为人口缓冲过渡期。

资料来源：World Population Prospects：The 2011 Revision, Department of Economic and Social Affairs, Population Division, UN。

利期将到 2033 年结束。另一方面，15—59 岁劳动年龄人口规模 2012 年首次出现下降，为 9.37 亿，较 2011 年减少 345 万人。尽管劳动总量出现下降，但就人口结构来看，我国人口红利期还将持续近 20 年。

然而，人口结构变动具有周期性，中国 1990—2033 年的人口红利期是夹在两个人口负债期中间的，差别在于，1981 年以前的人口负债期以少年抚养负担为主，而 2044 年以后出现的人口负债期以老年抚养负担为主，后者人口负债期也将持续更长。计划生育政策尽管使人口红利期提前到来，未来也将通过加剧老龄化而提前结束人口红利。因此如何在人口红利期的后半期为之后的人口负债期做好充足准备，尤其是应对老龄化的准备是一项长期而艰巨的任务。

同时，人口红利期的低抚养比往往也与较高的劳动生产率、较高的社会发展水平相联系。如图 10.5 所示，以 1950 年到 2010 年中日韩三国人均 GDP 年增长率和人口抚养比的关系为例，其中人口抚养比为总抚养比，包括少儿抚养比和老年抚养比。根据固定效应估计结果，在控制时间变量的条件下，全样本期间人口抚养比对人均 GDP 增长率的边际

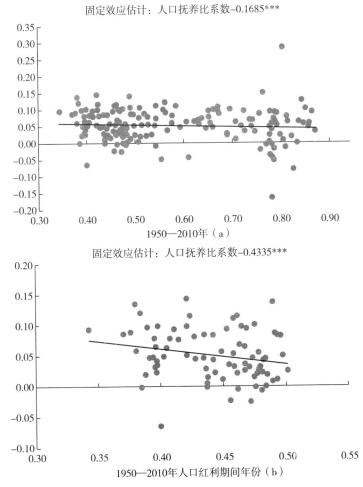

图 10.5   1950—2010 年中日韩三国人均 GDP 增长率与人口抚养比的关系

注: 人均 GDP 数据为 GDP per capita in 1990 US $ (converted at Geary Khamis PPPs)。

资料来源: 人均 GDP 数据取自 The Conference Board Total Economy Database, January 2011; 人口数据取自 Population Division of the Department of Economic and Social Affairs of the United Nations Secretariat, World Population Prospects: The 2010 Revision。

影响显著, 为 −0.1685。而若以三国人口红利期为样本区间, 人口抚养比对人均 GDP 年增长率的影响依然显著, 系数进一步上升至 −0.4335。这也就是说, 对于中国、日本、韩国三个亚洲国家来说, 人口抚养比越低则人均 GDP 增长率越高, 两者的关系在人口红利期得到进一步增强。

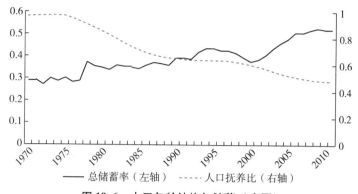

图 10.6　人口年龄结构与储蓄（中国）

资料来源：WDI。

10.2.2　养老负担加重

老龄化带来的另一个直接后果是养老负担的加重，这已经成为老龄化国家财政面临的普遍难题。人口结构趋向老龄化使得养老基金的来源越来越少，养老基金支付额却越来越大，老龄化国家将面临巨大的财政压力和社会负担，特别是对于养老保障还不完善、经济实力还不足的国家，该问题尤为严重。

当前中国养老问题主要包括：社保体系还不完善，城市养老保险范围并没有实现全面覆盖，农村养老保障制度刚刚起步以及养老保障支付额总体偏低等。这使得中国面临严重的养老金支付难题。中国社科院最近发布的报告显示，2011 年城镇职工养老金收不抵支的省份高达 14 个，收支缺口达 767 亿元，部分地区甚至开始从银行贷款来支持社保。而未来贷款到期，更会加剧养老金的收支缺口，给养老金的正常运作以及银行的正常运营带来风险。

此外，中国养老金的收益较低，真实收益率甚至为负。目前养老金主要有三大支柱：第一是企业年金，截至 2016 年底，企业年金基金累计结存 11075 亿元；第二是全国社保基金，2016 年末社保基金资产总额为 20423.28 亿元；第三是基本养老保险基金，2016 年末基本养老保险

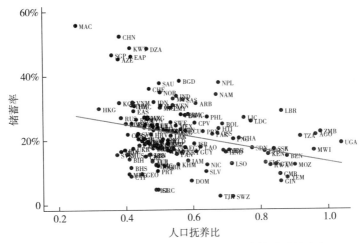

图 10.7　人口年龄结构与储蓄率的跨国比较（2011 年）

资料来源：WDI。

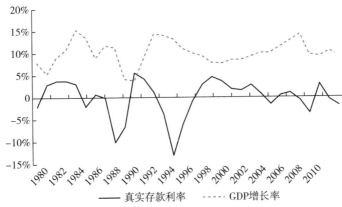

图 10.8　中国真实存款利率与 GDP 增长率的比较

资料来源：CEIC。

基金累计结存 43965 亿元。[②] 其中，前两部分资金已经实现了规范的专业化市场投资运作，然而规模最大的基本养老保险基金却始终存在银行，年均收益率不足 2%，如果考虑到通货膨胀的因素，那么基本养老保险基金的年均真实收益率甚至小于 0。

---

② 　资料来源：人力资源和社会保障部、全国社保基金理事会。

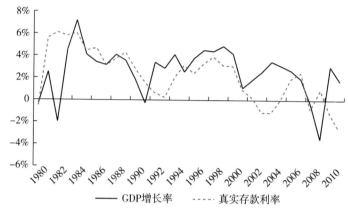

图 10.9　美国真实存款利率与 GDP 增长率的比较

资料来源：CEIC。

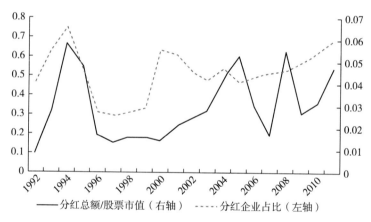

图 10.10　中国 A 股上市企业分红情况

资料来源：CSMAR。

　　中国最传统的、最牢靠的存续策略是"养儿防老"，其根本意义在于将子女作为一种远期"理财产品"。父母退休后，子女会将其收入的一部分用于赡养父母。因此，对于父母而言，最优的策略在于多生子女来最大化其退休后的收入。然而，独生子女政策实施以来，少子化变得较为普遍。中国家庭被迫选择通过金融产品，包括储蓄、股票、债券和住房等来代替子女赡养在长期储蓄中所占的比重，而中国的建设金融发展模式却忽视了资金供给者的财富投资需求。

为应对人口老龄化所带来的挑战，我们不仅需要对人口生育政策进行调整（2015 年十八届五中全会宣布一对夫妇生育两个孩子，正式结束独生子女政策），因为即便人口生育政策进行了调整，未来 20 年劳动力以及老龄人口的绝对数量已然无法改变，当前更为重要的是要对金融体制进行改革，鼓励金融创新，提高资源配置效率，以金融养老来弥补子女养老的不足。

10.2.3 储蓄下降

过去中国经济的快速增长离不开投资的作用，而投资来源于中国大规模的储蓄。人口老龄化过程中，人口年龄结构将改变储蓄消费比例，从而影响经济增长。根据生命周期假说，储蓄随着年龄的递增经历了从提高到下降再提高的过程，即少儿和老年时期属于净消费人口，而中青年时期属于净储蓄或净生产人口。因此，一个社会中青年人口比重上升的时期，一定是储蓄比重上升的时期，这时如果能够有效地配置储蓄资源，投资于高回报项目，对未来的老龄化是十分重要的。从个人生命周期来看，老年人属于纯消费群体，随着这部分群体所占比例的增加，日常生活支出、医疗等费用都会出现增加，由此导致整个社会的储蓄水平下降；从社会整体来看，社会中老年人比例的增加将会使国家用于老年社会保障、养老保障以及改善老年福利设施和老年公共服务的支出提高，这将导致用于生产性投资的比例下降，如果技术没有出现明显进步，那么国民产出水平会下降，国民经济增速也会放缓，从而对社会经济产生不利影响。不论是从中国经验来看，还是从国际经验来看，人口抚养比越高，储蓄率越低。根据人口年龄结构的变化趋势来预测，2020年我国储蓄率将下降到 33%，2050 年下降到 20%，2100 年下降到 12%（Peng，2005）。

10.2.4 发展建设型金融模式下居民财富投资收益低

发展建设型金融需要通过低利率的方式来降低企业，尤其是国有企业的融资成本，促进投资，特别是基础设施建设投资。而实现发展建设型金融的前提之一便是要限制居民财富投资的途径。如果居民能够将财富投资于除储蓄之外的其他金融产品以此来分享年均 10.0% 经济增长所带来的福祉增进，那么银行部门将只能通过提高存款利率来吸储。

1980—2011 年，中国 GDP 年均增长率为 10.0%，而同时期存款平均真实利率为 −0.2%，期间有 14 个年份的真实存款利率为负，存款真实利率不仅低于中国 GDP 增长率，而且低于 0，这意味着中国居民财富增加并没有与 GDP 增长同步，相反还补贴于银行部门。反观美国，在同样的时间段，美国 GDP 年均增长为 2.6%，存款平均真实利率为 2.1%，二者较接近，其差距远小于中国。

同样，居民财富投资的另一个重要渠道——股票市场存在诸多不规范和不透明之处，导致居民储蓄用于投资股市的利益得不到保障。1992—2011 年，中国 A 股上市企业中，分红企业占比均值为 51.6%，处于全球中等水平；企业分红总额与股票总市值之比的均值为 3.0%，低于同时期一年期存款利率均值 1.5 个百分点，CPI 均值 1.9 个百分点。可见，中国股市主要发挥筹资的功能，资源优化配置的功能不明显，其结果是股民的利益流失严重。中国的金融体系并没有重视资金供给者的利益。

10.2.5 高额储蓄与外汇储备

在发展建设型金融模式下，政府通过利率管控，降低了资金使用成本，并且将信贷优序地投向国有部门。由于金融资源配置无法通过市场机制来运行，金融资源价格无法准确地反映资源稀缺的信号，金融体系也无法甄别效益好的企业与效益差的企业，以及收益较高的项目与收益较低的项目。在这种情况下，中国经济处于长期动态无效的状态：金融资源错配，投资回报低下，资本市场的利率低于经济增长率。由于国内投资的低效和经常性的产能过剩，而同期中国融入全球化的比较优势明显，出口强劲，连年外贸顺差，中国的国内储蓄最终只能以外汇储备积累的形式出现。外汇储备积累背后的实质是，中国的总供给大于总需求，过剩产能需要美国等发达国家的进口大于出口（中国的出口大于进口）来消化，而我们则积累起大量的外汇储备。但与此同时，中国每年还大量引进外资（FDI），投资于中国的各类产业。显然，一个储蓄过度的国家是不会缺少资金的，因此，FDI 带给中国的不仅仅是资本，更多的是技术、管理、品牌和市场。但是，从投资的回报来看，中国将剩余无法在国内进行继续投资的储蓄投资于外汇储备，再将外汇储备投资于美国国债等金融产品，获取较低的回报（2% 左右的收益），同时引进FDI，让外国资本所有者获取高速增长期中国实体经济的收益。这种现象我们称其为"贷短借长"，即中国将自己的储蓄以短期债权的形式贷给美国，获取低收益，但同时以长期投资的形式借入美国等发达国家的资金，给予高额回报。相反，对美国来讲，他们是"借短贷长"。美国作为全球金融中心，以低息借入资金，通过金融市场有效配置给全球500 强等跨国公司，并由跨国公司来实现金融资源的跨国优化配置，获取高额资本回报。

中国目前外汇储备中的大部分是长期美国国债，同时中国又是 FDI 的净流入国，资本以国债的形式流向国外，再通过国外金融体系以 FDI 形式流回国内，出现了"借长贷短"的现象。美国则恰好相反，出现了"借短贷长"的现象。2013 年，中国的外汇储备达到了 3. 82 万亿美元，这些外汇储备大部分为美元外汇资产，而在美元外汇资产中，长期债券投资所占比重长期以来在 90% 左右，导致了其收益率较低，根据张斌等（2010）估计，收益率仅为 2.04%。相反，以 FDI 形式流入中国的资本获得了十分可观的收益。可见，FDI 在中国的回报率远大于外汇储备的回报率。随着人口结构的转变，中国经常项目顺差、外汇储备都将告别高增长时代，"贷短借长"的利益输出弊端将愈显突出。

10.3 人口老龄化倒逼我国金融配置模式的转型

人口老龄化对国民经济造成的这些挑战，使经济增长潜力受到了严重损害，发展建设型金融的储蓄动员的实际效果会大打折扣，金融资源配置效率较低、居民财富投资收益较低等弊端会愈显突出。人口老龄化带来的社会经济冲击将破坏发展建设型金融模式下形成的均衡，有助于推动金融模式向以市场化为导向的金融模式转型。这时我们就应该思考，我们如何从老龄化社会的财富管理的重要性视角来改革中国的金融体系，这实际上是十分重要和迫切的。以市场化为导向的金融模式能够更好地发挥市场机制在金融资源配置中的决定性作用，鼓励金融创新，提高资源配置效率，并以金融养老来弥补子女养老的不足，进而起到缓解人口结构变化对国民经济带来的一系列冲击。因此，当前中国的人口结构变化趋势能够起到倒逼金融模式转型的作用。

在发展建设型金融模式下，金融资源的配置更多地受到了政府的影响，"政治优序融资"现象较为普遍。此时，金融资源的价格无法反映资源的稀缺性，金融体系也无法对企业和项目进行甄别。金融服务于实体经济的诸多渠道受到了制约。如果企业无法获得资金用于投资和经营，那么企业的发展和经营效率必将受到不利影响。已有研究表明，高效率的金融体系能够鼓励研发和创新，只有通过不断的研发和创新，企业才能在国际市场上具有竞争力，才能够将大量外汇储备用于海外投资。从前面几章中国实体经济的发展来看，由于我们在制造业方面的比较优势在 2004 年起开始逐渐消失，尤其是 2008 年全球金融危机之后，出口这个中国经济改革开放以来一直最为强健的增长动力开始式微，为了维持一定的增长速度，在制造业投资下降之后我们大幅增加了房地产投资和基础设施投资。就家庭财富管理的角度来看，由于传统的银行存款收益率低下，资本市场投资收益也不明显，投资渠道单一和狭窄，而房地产市场的价格不断上升，相较而言，是家庭投资最理想的金融产品。但是，在第 7 章我们看到，中国的房地产市场已经积累了相当成分的泡沫，如果房地产泡沫继续下去，终有一天房地产泡沫会破灭，给中国实体经济和家庭财富投资造成巨大损失。因此，从这个角度看，我们必须改革和改进我国的金融体系，增加金融产品创新，一方面更好地服务实体经济的需要，创新的需要，另一方面，也为家庭财富管理打开更多渠道，确保投资的长期盈利性，使即将老龄化的人口有一个财务方面的合理安排。

除此之外，由于人口的老龄化，未来中国劳动力人口处于下降过程中，即使我们的金融体系运作是有效的，金融资源配置是合理的，由于人口的下降趋势，中国仍会出现全面的资本过剩。因此，我们不仅需要加快国内金融体系的改革，还需要进一步实行金融领域的开放，走出去，引进来，使中国的金融与全球金融体系接轨。从而鼓励企业研发和创新，推进"资本走出去"的战略。如果"资本走出去"战略能够成功实施，那么中国人口红利时期积累的外汇储备就能够得到有效利用，从短期债务的债权人转变为长期债务的债权人或者长期股东，从全球范围的经济增长中获得资本回报。更进一步地，如果中国金融体系足够发达，那么也能够吸引更多国外短期债务的流入，这些短期债务也将借助于中国金融体系进行金融资源的跨国再配置。从这个角度讲，如何培养中国自己的有全球竞争力的财富管理公司也是一件十分重要的事情。此时，中国的储蓄资源将与新兴市场国家的年轻劳动力相结合，获取这些国家人口红利所带来的经济收益，这将有助于缓解未来老龄化社会所带来的负面影响，负担起未来老年人口养老的重任。目前，我国提出的"一带一路"倡议，如果进展顺利，就有可能使中国居民的储蓄与财富得到有效配置，更为重要的是，"一带一路"国家多为人口年龄结构较为年轻的国家，人口红利明显，未来我们的投资有可能与这些国家年轻的人口相结合，从而带来较高的回报。除此之外，如何发展我国的跨国公司，尤其是民营的跨国公司，将中国居民的储蓄投资到海外，获取全球其他新兴经济体高速经济增长的红利。日本是一个人口老龄化十分严重的国家，但是日本老人因为有本国竞争力较强的跨国公司将他们的储蓄和财富配置到全世界，尤其是人口年轻的国家，带来较为丰厚的资本回报，养老的财务问题得以较好地解决。

最近几年我们对外投资（OFDI）已经超过外国对中国的投资（FDI）。但是，在我们将金融资源配置海外的同时，首先还是要完善国内的金融体系，完成金融配置模式的转型。先完善我国的金融体系，还是先开放金融领域，在国内一直有两种不同的意见。一种意见认为，先强体健身，完善国内金融体系。首先解决微观个体（国有企业和地方融资平台）的软预算约束问题，在此基础上"搞对价格"。国外利率市场化的改革实践主要依据麦金农（1988）和肖（1988）的"金融抑制理论"，即利率管制导致金融抑制，利率低于市场均衡水平，资金无法得到有效配置，金融机构与企业行为发生扭曲。改革开放以来，中国利率市场化改革已经取得了两方面的进展。（1）放松利率管制，推动金融机构自主定价，实现了贷款利率的基本市场化。2013年底银行表内资产中，贷款业务占57%，证券和股权投资占22%，同业业务占6.5%，再加上表外理财资金，市场化定价产品占比已经达到了90%，从负债端来看，债券发行融资、同业负债合计占20%，这部分由市场定价，再加上表外理财产品，那么市场化定价产品占比已经接近30%。（2）初步建立了以上海银行间同业拆放利率（SHIBOR）为代表的短期基准利率和以国债收益率为代表的中长期基准利率体系。另一种意见认为，如果没有金融开放，国内金融体系改革由于既得利益者的阻碍，难以有实质性进展。因此，必须通过开发来倒逼改革，加快中国金融体系的改革和完善。但是，2015年人民币国际化进程中的汇率改革，导致人民币贬值预期形成，资本外流明显，外汇储备下降。资本管制问题又重新被讨论。但是，从未来中国人口老龄化和中国经济持续增长的要求来看，金融开放和人民币国际化是一个必然趋势。国内金融体系的改革和完善必须与金融开放同步进行，互相促进。具体来说，我们要在风险可控的情况下，按循序渐进的方式推进资本账户自由化。按照国际货币基金组织的划分，资本项目包括 40 个子项目，中国目前的情况是，完全可兑换的没有，不可兑换项目 4 个，主要是非居民参与国内货币市场、基金信托市场以及买卖衍生工具。部分可兑换项目 22 项，主要集中在债券市场交易、股票市场交易、房地产交易和个人资本交易四大类。基本可兑换项目 14 项，主要集中在信贷工具交易、直接投资、直接投资清盘等。在跨境直接投资方面，FDI 和 OFDI 都有长足进步，但是在跨境证券投资以及外国债务和借款方面，管制程度较为严重。近期，中国在 QFII（合格境外机构投资者）、QDII（合格境内机构投资者）、RQFII（人民币合格境外机构投资者）以及三类机构可投资银行间债券市场之外，另建立了沪港通和深港通机制，在加速资本市场改革深化的同时也构建起居民对外证券投资的新渠道。上海自贸区 FTA 账户体系也已启动，在跨境证券投资和外国债务借款方面将有所突破。2017 年 7 月 3 日内地和香港债券市场互联互通合作（简称"债券通"）首日成交 70 多亿，表明国际资本对中国经济状况和资本市场有序性状况的认可，对人民币国际化、我国与国际资本对接有着很大的促进作用。资本的双向流动对中国金融市场的开放是十分重要的，只有国外资本的进入，才有可能讨论中国资本的投资海外。资本的单向流动是不可持续的。另外，通过金融开放，关键是要锻炼我们自己的金融机构，增强它们的竞争力，长期让它们担负起中国老年人口的财富管理的使命。

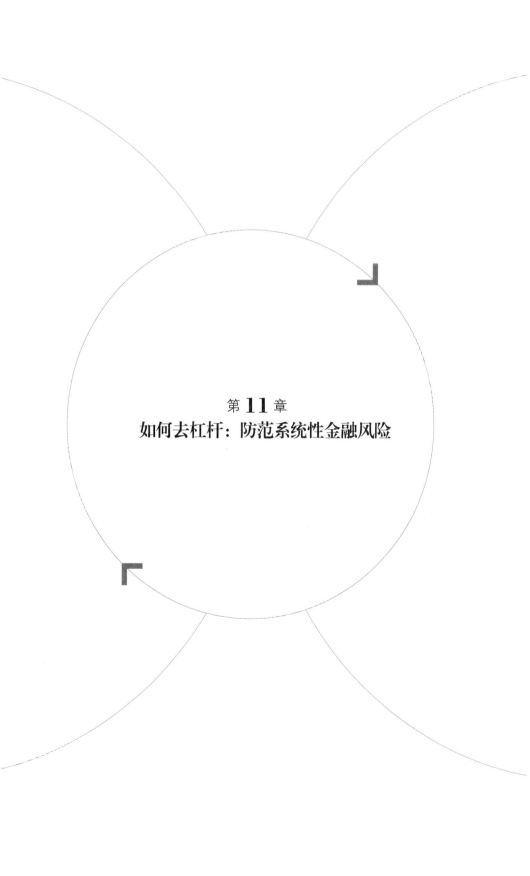

第 11 章
如何去杠杆：防范系统性金融风险

由于房价的过度上涨和影子银行的无序扩张已经积累一定程度的风险，去杠杆成为实现中国未来经济平稳发展的当务之急，"防风险"也和"稳增长""调结构"一起成为中国宏观政策选择的重要考虑。2017年7月14—15日在北京召开的第五次全国金融工作会议，再次强调要把主动防范化解系统性金融风险放在更加重要的位置。本章中，我们重点聚焦去杠杆的主要工具和国内外经验，并全面评估当前我国的去杠杆政策。本章具体安排如下：第1节阐述国内外的去杠杆经验，探讨去杠杆的可能路径；第2节梳理当前去杠杆方针政策和主要工具；第3节对我国当前的去杠杆政策做出全面评估，并分析了目前形势下的政策选择和方向；最后是本章总结。

11.1 如何去杠杆：国内实践与国际经验

去杠杆的手段可以分为微观手段和宏观手段。微观手段直接作用于微观企业，如债务重组、破产核销、债转股、央行买入坏资产、资产证券化、银行加大处置不良资产的能力等；宏观手段依托于宏观政策，对经济结构起作用，如通过通货膨胀、量化宽松等政策维持资产价格，提高资产报酬，提高名义 GDP 增长等。

成功去杠杆往往是微观手段和宏观手段共同运用的结果。在微观层面，改善微观企业的资产负债状况，腾挪资产空间，调整债务结构，保证企业在短期内不出现大面积违约，避免系统性金融风险，同时提高企业经营效率，提高资本回报；在宏观层面，以宏观政策扩张提高名义GDP 增速，并通过结构改革形成经济的新增长点。本节我们通过分析1998 年前后中国经济的去杠杆实践和发达国家去杠杆的国际经验，具体探讨去杠杆的可能路径。

11.1.1　中国上一次去杠杆的经验：1998 年前后

强调去杠杆并不意味着整个社会总杠杆率一定要下降，否则就无法在调结构的同时维持适度的经济增长。尤其在经济下行时期，几乎所有国家都难以容忍整体杠杆率的全面下降，而是通过公共部门的加杠杆来对冲私人部门的去杠杆，即将杠杆从高杠杆部门转移到低杠杆部门，比如 20 世纪 90 年代的瑞典、芬兰以及金融危机后的美国。通过杠杆率转移，在维持一定经济增长的同时，为高杠杆部门的去杠杆赢得机会，避免一国经济出现大幅波动。所以，积极的财政政策和适度宽松的货币政策是平稳经济增长和转型的关键。

中国上一轮去杠杆过程也是如此。面对 1992—1995 年产能的大幅扩张，中央政府决定一方面维持中性偏紧的货币政策，严控信贷，倒逼企业去产能、去杠杆；另一方面实施积极的财政政策，通过扩大国债发行规模加强基础设施投资。在这些政策影响下，企业部门杠杆率从 1999年的 102% 降至 2001 年的 93%，而政府杠杆率从 7% 上升至 16%。就负债/GDP 来看，1998 年前后政府通过宏观政策扩张提振名义 GDP 增长，为去杠杆营造了良好的宏观环境。在 GDP 增长的来源中，基础设施投资需求成为 1998 年经济增长的主要动力。

1998 年 7 月，朱镕基总理在内蒙古、山西等省考察时进一步指出，"针对当前通货紧缩的形势，中央决定实施更加积极的财政政策，筹集更多的资金，进一步加大基础设施投资力度，这是扩大国内需求、拉动

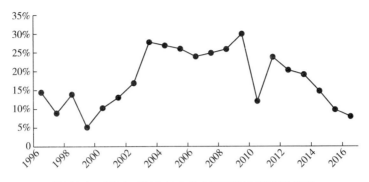

图 11.1　1996—2016 年全社会固定资产投资变化率

资料来源：国家统计局。

经济增长的最有效措施。"当时，由于原有消费热点趋于平淡而新的消费热点尚未形成，消费需求对经济增长的拉动作用明显不足；而受亚洲金融危机的影响，出口增幅也出现较大幅度的下降，在这种情况下，增加固定资产投资成为扩大内需的主要选择。同时，由于当时大量生产资料和消费品已经供求平衡或供大于求，在固定资产投资中增加一般加工工业投资，势必加重产能过剩，因此政府强调扩大固定资产投资中的基础设施建设投资（比如，农林牧渔水利业投资、铁路公路建设投资等）。随着基础设施加快建设积极效应的逐渐显现，固定资产投资速度明显加快，固定资产投资增长率从 1999 年的 5.1% 持续上升到 2003 年27.74%，并在随后的 5 年保持在 25% 左右的水平，有效地拉动了经济的增长。

与此同时，结构改革不断创造中国经济新的增长点，形成去杠杆的崭新动力。第一，消费结构升级拉动汽车等耐用消费品的工业生产。经历了 20 世纪 80 年代耐用工业品消费的推动，随着 90 年代加快基础设施建设的积极效应的逐渐显现，人们的生活水平和生活环境得到提高，消费结构也随之发生变化，人们对改善住行条件有了更大的需求。1998 年加大对水利、铁路、公路等基础设施建设的投资，带动了汽车工业的发展。例如，1999 年，连续多年不景气的重型载重汽车销售增长了 20%；适应城市间交通的大中型客车产销量也前所未有地增长了 20% 以上

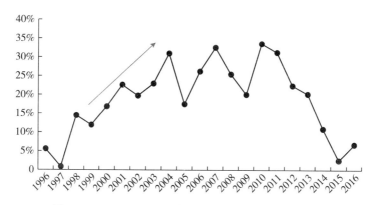

图 11.2　1996—2016 年房地产业固定资产投资变化率
资料来源：国家统计局。

（王斌，1999）。随着基础设施建设不断扩大以及经济的好转，路促进车，车促进路，相互促进，形成良性互动，汽车工业也得到迅速发展，并形成拉动经济增长的一股强劲力量。

第二，房地产业发展迎来历史性机遇，不仅人们对住宅需求的愿望愈加强烈，中央政府也提出要把住宅消费培育成新的经济增长点。根据国家统计局官方网站公布的数据可知，房地产业的固定资产投资增长率从 1997 年的 0.85% 持续上升到 2004 年的 30.99%（图 11.2），对 GDP 增长起到了重要作用。

第三，出口增长成为拉动中国经济增长的重要引擎。虽然受亚洲金融危机影响，中国出口增长率出现大幅波动，分别于 1998 年和 2001 年受挫，但随后平稳上升。尤其是 2001 年中国成功加入 WTO 之后，出口大幅提升，在 2002—2007 年保持每年 20% 以上的增长，对 1998 年之后的经济增长起到了无可替代的作用（图 11.3）。

基础设施的建设投资、房地产业和汽车工业的发展以及出口形势的好转，构成了拉动名义经济增长的四大动力，有效地实现了宏观去杠杆。

就负债/资产来看，1998 年前后去杠杆的主要策略是在短期尽可能腾挪资产空间、优化债务结构，避免系统性金融风险，并改善企业经营

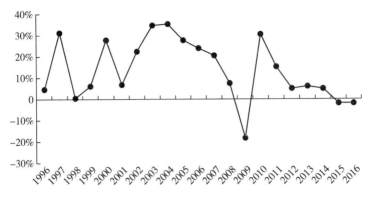

图 11.3 1996—2016 年出口额同比增长率
资料来源：海关总署，国家统计局。

效率，提高资本回报率。在中央政府推动加强基础设施投资的积极财政政策下，基础设施投资需求所覆盖的主要相关产业（如钢材、水泥、平板玻璃等）的产品需求得以保持较高的增幅。从投资的产业结构和地区结构来看，在积极的财政政策推动下，第一、第三产业投资大幅提高，西部地区投资保持较大增长幅度。中央政府通过产业结构的调整和跨地区投资的调整，提高了整体社会投资效率，从而提高资产回报率，实现了去杠杆的目的。

在中性偏紧的货币政策背景下，促进经济增长的积极财政政策的资金是政府通过扩大发行国债规模来筹集的，即提高政府杠杆率。政府的加杠杆为产能过剩企业的去杠杆赢得了机会，保证了经济在结构调整的过程中维持适度增长。

另一方面，在经济下行的大背景下，基于未来外部融资成本上升的预期，企业不愿意扩大投资而更希望持有现金以备未来自身融资或还债，资金流动性下降，大量产能过剩行业的企业收不抵债，银行面临企业债务违约风险。为了避免银行坏账率上升使人们对银行体系失去信心，发生大规模挤兑现象从而致使银行破产，国务院设立了金融资产管理公司以收购国有银行的不良贷款并对其进行有效管理和处置。1999年，东方、信达、华融、长城四大金融资产管理公司相继成立并分别负责收购、管理、处置相对应的中国银行、中国建设银行、中国工商银行、中国农业银行所剥离的不良资产。金融资产管理公司通过审慎地收购、管理、处置银行不良资产以及向银行系统注入资金来挽救金融行业，从而重建公众对银行体系的信心；通过运用有效的资产管理及资产变现战略，尽可能从破产倒闭银行的不良资产中多收回价值，最大可能地降低银行资产损失；在尽量减少动用政府资金的前提下，使金融行业能够实现资本重整，减轻银行重组对社会整体的震荡以及负面影响。

11.1.2　去杠杆的国际经验：北欧、美国、西班牙

（一）20 世纪 90 年代初，北欧经济体的去杠杆经验

20 世纪 80 年代，芬兰政府的金融自由化改革放松了对利率和信贷的控制，使得其国内信贷占 GDP 的比重快速上升，从 1980 年的 55.5% 上升到 1991 年的 89.8%。同时，芬兰央行在 1990 年实施的紧缩性货币政策（旨在降低由信贷和货币的迅速增长引发的通货膨胀）以及苏联解体对芬兰出口需求产生的冲击，导致芬兰出现大规模债务违约并陷入衰退。为实现经济复苏，芬兰政府通过降低利率、提高政府杠杆率等方式为企业赢得了改革时间，并积极对金融部门和居民部门进行重组和救助，避免了危机的持续蔓延与经济的踩踏性下行。在此期间，私有部门实现了去杠杆，而政府部门的债务上升了三倍。芬兰政府持续的政策措施最终推动经济从 1994 年开始走入复苏轨道，同时借助长期财政整顿政策推动了政府部门的去杠杆进程（高瑞东，2016）。

瑞典在 1991 年也经历了与芬兰类似的经济危机，并通过政府加杠杆成功推动了金融部门的去杠杆进程。瑞典政府一方面通过债务担保、资金注入、国有化等方式避免其主要银行破产；另一方面将每家银行分离为持有好资产的银行和持有不良资产的资产管理公司。资产管理公司独立对不良资产涉及企业进行救助或者剥离，或者待经济企稳后售出获益。这种隔离救助的模式对瑞典经济快速增长发挥了重要作用（高瑞

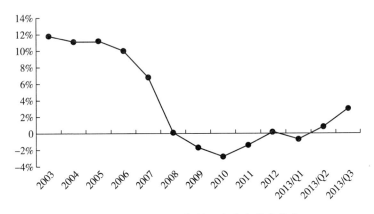

图 11.4　2003—2013 年美国家庭负债变化率

资料来源：美联储，曲凤杰（2014）。

东，2016）。

（二）2008 年国际金融危机后的美国

2008 年金融危机前，美国居民部门、政府部门和金融部门均陷入过度负债之中，美国经济的高杠杆率也主要体现在这三个部门中。美国 2008 年的去杠杆大体经历了两个阶段：第一阶段是 2008—2012 年，私有部门去杠杆，美联储量化宽松，政府部门加杠杆；第二阶段是 2012 年至今，随着经济的复苏，私有部门加杠杆，政府部门杠杆率上升速度下降（图 11.4）。

次贷危机以来，随着美国居民部门的不断去杠杆，2009—2011 年每年的负债分别比上年减少了 1.7%、2.8%、1.4%，2012 年也只微弱地增长 0.2%；到 2013 年三季度，美国居民部门在结束了五年的债务削减后出现了 3% 的增长，实现负债比较强劲的季度增长，去杠杆周期宣告结束。金融危机后，经济刺激计划以及不断增加对金融部门的救助，使得美国联邦政府负债分别在 2008—2010 年和 2011—2012 年这两个时期呈 20% 以上和 10% 以上的增长；直到 2013 年美联储才开始启动自动减赤机制。另外，美国政府高度介入金融部门的去杠杆过程，也是美国金融工具和金融机构的重组和整合过程。从去杠杆的时间角度分析美国此次去杠杆特点，我们发现，历史上各私有部门往往是分别去杠杆，很少有多个部门同时去杠杆，而本轮去杠杆操作同时涉及所有私有部门，并且金融部门的去杠杆操作与居民部门、非金融部门的去杠杆操作相互影响、相互强化（杨金梅，2009）。就如同费希尔在 1933 年所描述的"债务型通缩（debt deflation）"一样，当债台高筑的消费者和企业陷入金融困境的时候，通常都会出售资产偿还债务。如果所有人同时将资产出售，其结果就是市场价格的暴跌，反过来会导致债务人的经济状况在偿清债务之前进一步恶化，从而带来恶性循环。

经过六年左右的结构性去杠杆，美国经济复苏明显。总体来说，美国的去杠杆策略主要有三个。一是杠杆转移策略。美国政府先通过自身的加杠杆帮助居民部门和金融部门去杠杆，直到 2013 年美国实体经济好转趋势明朗以及居民部门和金融部门加杠杆步伐重启后，美联储才正式开始削减量化宽松政策扩张的步伐，提出后续逐步淡出资产购买政策。二是政府接管担保策略。2008 年危机后，美国共出资 2800 亿美元先后接管房利美和房地美以及第一大保险巨头美国国际集团。三是机构兼并重组策略。政府积极推动陷入困境的金融机构开展重组，推动地方性银行并购计划（曲凤杰，2014）。

11.2 目前中国的去杠杆政策

当前，中国政府已经清楚认识到高杠杆对经济增长可能造成的风险，债务推动的经济增长是不可持续的，反而威胁金融稳定。在 2015 年末的中央经济工作会议中，政府将去杠杆作为供给侧结构性改革，特别是"三去一降一补"（去产能、去杠杆、去库存、降成本、补短板）的重点任务之一。同时，去杠杆政策还要同"稳增长"和"促改革"两大政策目标保持一致，因此会尽量避免对短期经济增长的剧烈冲击，尽可能将经济增长速度保持在合理区间，在此基础上大力推进去杠杆。

以下将从微观层面的去杠杆工具和宏观层面的去杠杆政策两方面对目前的去杠杆政策进行具体阐述，并分析当前去杠杆政策可能存在的问题。

11.2.1　微观层面的去杠杆工具

2016 年末的中央经济工作会议、2017 年初的"两会"《政府工作报告》以及 2017 年 7 月在北京召开的第五次全国金融工作会议都对去杠杆政策做出解释。特别是，2016 年 10 月国务院印发《关于积极稳妥降低企业杠杆率的意见》，给出了去杠杆的具体途径。一方面，采取措施处理存量杠杆率。在债务端，对企业债务有选择地实施"债转股"，以市场化方式将银行对企业的债权转化为股权，同时处理银行不良资产，剥离坏账；在资产端，对企业存量资产进行盘活，推进资产证券化，将资产的未来现金流折现。另一方面，规范企业融资行为，兼并重组现有企业，破产清算僵尸企业；在完善现代企业制度基础上，加强企业融资行为的自我约束，打破预算软约束；同时积极发展直接融资，优化整体融资结构。

（一）债转股

债转股顾名思义就是将企业的债权转换成股权，以此达到去杠杆的目的。2016 年 9 月，国务院发布《关于市场化银行债权转股权的指导意见》，鼓励以市场化方式对优质企业的债务进行债转股。截至 2017 年 4 月，债转股的总规模在 5000 亿元左右；债务转换多为国有企业，并集中在产能过剩的行业，如钢铁和煤炭；目前，债转股的参与方以国有大型银行为主，并有越来越多的其他股份制银行和四大资产管理公司参与其中。

在中国经济转型过程中，债转股并不是新鲜事物。1998 年前后的债转股引起了学界的很多争议，比如一些企业，特别是国有企业通过债转股在短期内实现了杠杆率的迅速下降，但由于经营管理模式没有改变，几年后债务规模又出现了明显上升。实际上，"抓大放小"的国有企业改革才真正提高了这些企业的经营效率，其中，很多之前债转股的企业并没有存活下来，而是通过破产清算来提高整体经济的资源配置效率。也因此，北京大学中国经济研究中心宏观组（1999）认为，要警惕实施不当的债转股转变为"赖账经济"，如果不改变国有企业的微观运行机制，债转股难以真正解决国有企业的问题。

与 1998 年前后的债转股相比，本轮债转股的重要特征是市场化原则。《关于市场化银行债权转股权的指导意见》连续用了四个"市场化"表述，即"充分发挥市场在资源配置中的决定性作用，建立债转股的对象企业市场化选择、价格市场化定价、资金市场化筹集、股权市场化退出等长效机制"。同时，债转股中的政府行为受到严格约束，"政府不强制企业、银行及其他机构参与债转股，不搞拉郎配"，"明确政府责任范围，政府不承担损失的兜底责任"。在企业选择上，为避免债转股恶化产能过剩和僵尸企业问题，本轮债转股要求，债转股对象不能是僵尸企业，必须发展前景较好；在银行行为上，为防止银行对债转股的滥用，本轮债转股规定，银行不能直接实施债转股，而须以向资产管理公司转让债权，再由债权转为股权的方式进行。

尽管本轮债转股强调市场化要求，但本轮债转股仍然具有与 1998 年债转股的类似特征，难以从根本上解决企业债务问题。债务的负债端主要是经营效率较低的国有企业，当前则表现为产能过剩行业的僵尸企业问题；债务的资产端主要是国有商业银行，容易受到国家政策和地方政府行为影响；在宏观环境层面，宏观经济增长趋于下行，供给侧结构性改革是提高资源配置效率、增强经济增长新动能的关键。

（二）银行不良资产处置

银行不良资产处置，是指银行通过重组、核销、出售不良资产等方式，减少银行自身不良资产，即银行资产形式的企业贷款。目前，银行不良资产证券化在处置银行不良资产中占据越来越重要的位置。不良资产证券化，即通过对不良资产进行打包，再以证券化方式进行出售，处置商业银行不良资产。

2015 年以来，伴随中国经济下行，商业银行不良资产趋于上升。截至 2016 年四季度末，我国商业银行的不良贷款规模为 1.51 万亿元，不良贷款率达到 1.74%，较 2014 年四季度末上升 0.5 个百分点。在行业分布上，银行不良资产主要集中在国有占比高、产能过剩的上游原材料行业，比如钢铁、煤炭以及与此相关的批发零售业，如钢贸。同时，商业银行真正的不良资产规模可能远远超过银监会公布的 1.51 万亿元。一方面，商业银行不良资产处理能力低下，不希望不良贷款率过高，影响其达到银行业内部的监管要求；另一方面，地方政府看重地方就业，国有企业在隐性担保之下存在软预算约束现象，商业银行也乐意继续接济无法偿还债务的地方国企。因此，大量不良贷款就通过"借新还旧"、债务展期等方式被掩盖成正常贷款。

2016 年 4 月，我国重启不良资产证券化，以提高银行处理不良资产的能力。不良资产证券化的规模趋于扩大，2017 年 4 月，国家发展改革委发布《关于 2017 年深化经济体制改革重点工作的意见》，要求"在严格控制试点规模和审慎稳妥前提下，稳步扩大银行不良资产证券化试点参与机构范围"。但是，目前银行不良资产证券化的规模还十分有限，截至 2017 年 4 月，尚未用完 2016 年不良资产证券化 500 亿元的试点额度。

不良资产证券化可能是提高银行不良资产处置能力的突破口，但并未改变商业银行的借贷模式。现阶段，我国商业银行的不良资产处置方式相对有限，不良资产处置效率相对较低，不良资产的证券化有助于对不良资产进行市场化定价、识别风险、判断收益，并实现银行对不良资产的高效处置。但是，我国对不良资产证券化的推广仍然相对谨慎，由于美国次贷危机的教训，2008 年银监会暂停了商业银行不良资产证券化试点。自 2016 年开始，我国重启不良资产证券化试点，但是银行尚未将不良资产证券化作为不良贷款处置的主要手段，而不良资产证券化的市场参与者极少，难以真正发现价格、甄别风险。特别是，银行可能会借此转移坏账风险，而忽视借贷过程中的风险识别，难以约束其继续对低效率企业发放贷款。

（三）企业资产证券化

资产证券化是指将缺乏流动性、很难单个出售的企业资产的未来现金流打包出售给作为独立第三方的特殊目的载体（special purpose vehicle，SPV），再由其发行以企业资产现金流为基础的资产支持证券。作为一种新型的直接融资方式，资产证券化可以盘活企业的存量资产，提高流动性，并减少信贷融资，起到降杠杆的目的。2017 年 3 月，《政府工作报告》明确提出"促进企业盘活存量资产，推进资产证券化"，将企业资产证券化作为去杠杆的重要手段。目前，我国企业资产证券化规模仍非常有限，截至 2016 年末，企业资产证券化的发行规模不到 5000 亿元。

在一定程度上，企业资产证券化符合我国微观企业的资产负债现状，但在我国存在水土不服的潜在风险。部分产能过剩行业的国有企业产出受到抑制，但是仍拥有庞大规模、难以变现的企业固定资产，通过资产证券化，企业可在不新增债务的情况下获得现金流，即将存量资产提前变现，缓解高杠杆率导致的经营风险，起到盘活存量资产的目的。但是，首先，国有企业的资产质量无法得到保证。很多产能过剩行业的国有企业的账面资产庞大，但可能只是"死资产"，缺乏真实现金流；因此，盲目做资产证券化，而不改变企业行为本身，可能导致企业经营风险转向金融市场，存在加剧金融市场风险的可能性。其次，资产证券化对法律规则要求较高。资产证券化主要在法律体系完善的英美等国较为发达，目前，我国仍缺乏完善的法律规则和统一的监管体系。最后，资产证券化的市场规模仍然非常有限。如果没有足够数量的市场参与者，以及相对较大的市场规模，资产证券化市场就很难有效甄别风险，并实现充分市场定价。

（四）优化企业经营管理（兼并重组、破产清算、打破软预算约束）

优化企业经营管理，是确保企业杠杆率不再过度上升的关键。2016年10月国务院印发的《关于积极稳妥降低企业杠杆率的意见》要求，"积极推进企业兼并重组"，"完善现代企业制度强化自我约束"，"依法依规实施企业破产"，实际上都属于优化企业经营管理的范畴。

优化企业经营管理最重要的改革措施是混合所有制改革，即企业股权结构同时包括国有资本、集体资本和非公有资本，以此提高国有企业的经营管理效率。混合所有制改革尚处于试点阶段，截至2017年4月已有19家左右的企业成为混合所有制改革试点企业。值得指出的是，混合所有制改革重点是企业内部股权结构，尚未触及企业经营所处的市场结构。换句话说，在大部分行业破除垄断、提高市场竞争程度，并在部分自然垄断和公益性行业对国有企业实施有效监管，才能实现企业经营管理效率的进一步提升。

与此同时，兼并重组、破产清算也成为提高行业市场集中度、提升资源配置效率的重要手段。兼并重组的重点是产能过剩行业，特别是钢铁和煤炭，比如2016年12月宝钢和武钢合并成立宝武集团，提高钢铁行业集中度，并压减钢铁落后产能，提高企业经营效率。由于涉及职工安置就业，以及地方政府对当地经济和财政收入的考虑，破产清算推进相对较慢。

（五）发展股权融资

我们在第9章已对股权融资专门做了详细论述，这里只是作为去杠杆措施之一，我们再做简单阐述。作为直接融资的重要方式，股权融资以股权代替债权，在不增加债务的情况下提高企业资产规模。更为重要的是，股票市场具备重要的价格发现功能，可以有效识别和提供微观企业的重要信息，准备实现资产定价，并促进金融资源的有效配置。目前，我国不断完善多层次资本市场建设，在股权融资方面，不仅包括主板、中小板、创业板、新三板，还积极建设了区域性股权交易市场和证券公司柜台市场。但目前，直接融资，特别是股权融资在我国实体经济融资中的占比仍相当低，2016 年，直接融资占社会融资总额的比重仅为 23.8%，其中股权融资占比更是只有 7.0%。

我国股权融资的最大阻碍是法律和规则不健全。股权融资的发展不仅需要完善的产权保护，而且要求法律和规则不断适应金融创新及其监管要求，从这种意义上来讲，尊重判例的普通法（海洋法）系要好于一成不变的大陆法系，股权融资在英国、美国明显比欧洲大陆、日本发达。同时，我国股权融资市场偏重融资，而非价格发现；与此相对应，监管偏重于上市审批，而非上市后监管，也没有完善的退市机制，出现了种种如 IPO 堰塞湖、伪造企业信息、损害投资者利益的不好现象。我国股权融资发展须依赖法律法规的健全和监管体系的完善。

11.2.2　宏观层面的去杠杆政策

在宏观政策层面，金融监管明显加强，货币政策也边际收紧。2017 年初银监会发布了《关于银行业风险防控工作的指导意见》，重点加强现有金融监管政策的执行力度，强调"严守不发生系统性风险底线"。在具体措施上，银监会一方面加强对银行信用风险、流动性风险的监管力度，对房地产、地方政府融资提出更严格的管控；另一方面进一步约束影子银行融资在金融体系内部空转，特别是要对银行理财、同业业务、互联网金融做出严格规范和整治。与此同时，货币政策在边际上也有所收紧，银行间市场融资成本明显提高，整体信贷同比增长有所回落，传统增长动能如房地产和基建融资被收紧。

（一）金融监管明显加强，防止"资金空转"

金融监管明显加强，特别是加强对银行体系监管的执行力度，避免资金在金融体系空转。2017 年以来，银监会连发数个监管文件，重点加强对银行同业业务和委外理财的监管，并防止资金违规流向房地产和地方政府基建。同时，央行从 2017 年一季度开始将银行委外理财纳入宏

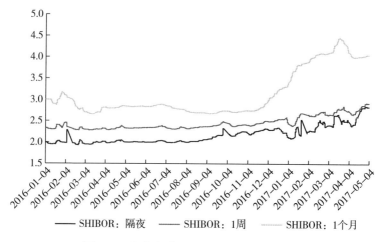

图 11.5　银行间市场利率：SHIBOR（%）
资料来源：全国银行间同业拆借中心，Wind。

观审慎评估（MPA），也对银行委外理财收缩起到一定效果。

　　我们在第 8 章也已经给出分析，资金在金融体系内部空转，并不断流向房地产、基建，加重经济结构扭曲，是当前中国金融体系功能发挥的一大障碍。银行通过银行间市场的同业业务获得廉价的短期资金，再通过同业理财、委外投资等渠道在金融体系内部空转，不断套利；同时，部分资金通过非标等途径投向房地产和基建等对资金利率不敏感的部门，加剧结构扭曲，威胁系统性金融稳定。本轮金融监管重点强调对原有监管规定的严格执行，整治金融体系乱象，避免资金空转和对房地产、基建的违规融资，实现金融系统真正为实体经济服务，资金"脱虚向实"的政策目标。

（二）货币政策边际收紧，避免"大水漫灌"

　　宏观方面主要采取扩张政策稳增长，2015 年开始，中国政府采取扩张性的财政和货币政策稳定经济增速。2016 年以来经济增长明显企稳，特别是名义 GDP 增速触底反弹。在价格方面，CPI 温和上涨，PPI（生产价格指数）涨幅明显提升，显示整体经济需求好转。伴随企业利润改善，企业资产负债状况出现好转，杠杆率有所下降，但整体经济信贷继

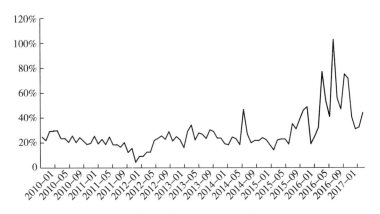

图 11.6　居民按揭贷款占新增人民币贷款比重

资料来源：中国人民银行，Wind。

续上升，特别是家庭部门的房地产贷款快速增长，引发对中国经济信贷快速增长的担忧。

货币政策边际收紧，防止"大水漫灌"可能引发的系统性金融风险。2016 年下半年开始，央行货币政策出现明显转向，由"稳健的货币政策，保持松紧适度"转为"稳健中性的货币政策"。为处理好稳增长、调结构和防风险之间的平衡，央行在经济增长回升以后边际收紧货币政策。2016 年四季度的《货币政策执行报告》认为，"宏观政策既要密切关注形势发展变化，加强预调微调，防止结构调整过程中出现总需求的过快下滑，又要注意保持定力，避免过度放水，固化甚至加剧结构性矛盾"。

在具体措施上，央行既收紧银行间市场的流动性，又减少对传统增长动能，如房地产、基建的信贷投放。上海银行间同业拆放利率（SHIBOR）自 2016 年年末开始明显上升，隔夜 SHIBOR 利率由 2016 年初的 2.0% 升至 2017 年 4 月末的 2.8%，1 周和 1 个月 SHIBOR 利率也不同程度上升（图 11.5）。抬升银行间市场利率，不仅提高银行间短期拆借成本，进而对贷款利率产生上升压力，而且提高债市加杠杆在银行间市场的融资成本，起到推动债市去杠杆目的。同时，信贷增长势头逐渐放

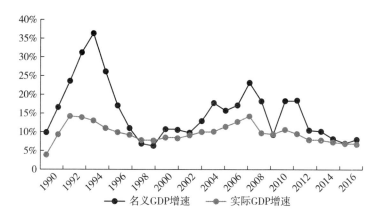

图 11.7　1990—2016 年 GDP 同比增速：名义和实际

资料来源：国家统计局，Wind。

缓，传统增长动能，如房地产、基建融资明显受限。截至 2017 年 3 月末，M2 增速已降至 10.0% 左右；同时，信贷结构也发生明显变化，房地产贷款占新增贷款比重大幅下降（图 11.6），房地产市场加杠杆的势头得到明显遏制。

11.3　对目前去杠杆政策的评估

与 1998 年的成功去杠杆相比，本轮去杠杆过程中，名义 GDP 增速尚未回升，但 2016 年以后价格回暖，尤其是 PPI；货币政策有所收紧；资产腾挪和债务调整的工具使用也尚有不足。

11.3.1　本轮去杠杆与 1998 年对比

就负债/GDP 来看，1998 年前后，中国经济成功实现去杠杆的重要经验是提振名义 GDP 增长率，其关键在于价格水平的反弹。当实际 GDP 增长低迷时，高杠杆的宏观环境容易引发 "债务—通缩螺旋"，即高债务导致企业需求下降，出现价格下跌，而价格下跌又进一步加剧债务负担，进而增加触发明斯基时刻（Minsky Moment）的可能性。在这

图 11.8　国有工业企业杠杆率与 PPI 涨幅

资料来源：国家统计局，Wind。

种情况下，维持温和通胀的宏观环境，提振名义 GDP 增长率对去杠杆至关重要。1998 年至 1999 年，中国经济处于通缩环境，但到 2000 年，CPI 同比增速即以由负转正，GDP 平减指数回到 2.0% 的温和通胀水平，名义 GDP 增速也回到 10.7%，比当年实际增速高 2.2 个百分点（图 11.7）。

价格水平回升对本轮去杠杆也同样重要。2015 年，经济增长低迷导致国内价格增长放缓，甚至出现通缩迹象，CPI 同比涨幅仅为 1.4%，PPI 同比下降 5.2%，名义 GDP 增速明显放缓至 7.0%，仅比实际 GDP 涨幅高 0.1 个百分点。由于名义 GDP 增长放缓，企业利润下降，无法实现去杠杆。但是在 2016 年以后，总需求管理下需求扩张，加上部分行业（如钢铁、煤炭）去产能，共同导致价格水平明显回暖，特别是 PPI。如图 11.8 所示，PPI 同比涨幅从 2016 年初的 − 5.3% 升至 2017 年初的 6.9%，工业企业的资产负债率也相应回落。

宏观政策扩张是实现价格回升、提升名义 GDP 增速的关键。1998 年前后，我国采取适度宽松的财政和货币经济政策，为温和去杠杆创造了良好的宏观经济环境。在本轮去杠杆过程中，价格水平的回升也部分来源于需求侧的财政、货币政策扩张，价格回暖带动名义 GDP 增速回暖，形成了企业去杠杆的良好环境。2017 年一季度，名义 GDP 同比增

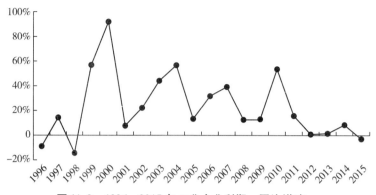

图11.9　1996—2015年工业企业利润：同比增速

资料来源：国家统计局，Wind。

速为11.8%，较上季度大幅上升2.3个百分点；实际GDP同比增速为6.9%，较上季度上升0.1个百分点。

2017年以来，伴随政策重心由"稳增长"转向"防风险"，以及对物价过快上涨的担心，宏观政策出现了边际收紧，尤其是货币政策。适当的总需求管理政策回调有助于经济结构调整，防止传统增长动能再度扩张。但是，目前通胀水平仍然温和，温和扩张的宏观政策仍是提升名义GDP增长率、为去杠杆营造良好宏观环境的关键。

就负债/资产来看，1998年前后成功去杠杆的关键是尽可能腾挪资产空间、优化债务结构，避免大面积债务违约，同时改善企业经营效率，提高资本回报。高杠杆企业往往经营困难，缺乏现金流，一味要求现有企业去杠杆的效果并不好，还有可能加重企业负担。因此，短期腾挪资产空间、优化债务结构显得格外重要。1998年前后，债务和资产的跨部门、跨所有制和跨期腾挪极大地缓解了企业高杠杆问题。当时先是对企业债务实行债转股，后又成立四大国有资产管理公司剥离银行坏账，再是国有银行上市引入外部资金，同时，很多经营不善的国有企业破产清算，而民营企业则进入了相应的制造业领域，民营企业接盘提高了生产效率，极大地降低了相关行业的杠杆水平。同时，1998年前后的国有企业改革、住房货币化改革、财政分税制改革和加入WTO极大地改善了中国经济的要素配置效率，提升了生产效率，进而提升了资本回报率。工业企业利润的同比增速在 1998 年触底，随后持续回升至 2000 年 92.0% 的高位，利润回暖极大地推动了企业部门的去杠杆进程（图 11.9）。

资产空间腾挪、债务结构调整、以结构改革提高资本回报对本轮去杠杆也非常关键。就目前的去杠杆政策来看，企业资产证券化、发展股权融资、企业兼并重组及破产清算，都是指向腾挪资产空间。但是，这些手段更多的是在短期避免债务违约，降低系统性金融风险。从长期来看，以"三去一降一补"为主线的供给侧结构性改革成为提高企业生产效率，真正实现去杠杆的重中之重。

与 1998 年相比，当前的资产腾挪和债务调整工具使用还可以进一步丰富，同时，结构改革推动新经济增长点进一步提升的空间巨大。一方面，从当前进展来看，由于宏观经济的债务和资产存量非常庞大，现有工具仍不能完全满足短期内的资产腾挪和债务优化需要。另一方面，伴随着中国经济结构转型，服务业和先进制造业不断发展，居民消费需求也在不断升级。但是，这些新增长点尚不能与传统动能的宏观经济影响相比，仍然需要进一步的结构改革，落实"中国制造 2025"、"互联网＋"战略，继续支持"新经济"发展。

11.3.2　本轮去杠杆的合理政策选择

由上文可知，本轮去杠杆同样着眼于"负债/GDP"和"负债/资产"两方面：在"负债/GDP"方面，以宏观政策扩张加快价格回暖，提升名义 GDP 增速，带动利润回升；在"负债/资产"方面，短期内腾挪资产空间、优化负债结构，长期内推动结构性改革，提高生产效率和资本回报率。但同时，当前的去杠杆进程仍然存在一些问题。本轮去杠杆的合理政策选择应着眼于以下三方面：

第一，价格回暖才能继续抬升名义 GDP 增速，宏观政策要平衡好增长与通胀的关系。维持相对中性适度的宏观环境，继续以名义 GDP

增长促进去杠杆。当前 PPI 的快速上涨并未完全传导至 CPI，整体经济仍然处于温和通胀状态。当然，如果名义 GDP 增长带动了居民收入提高，需求回升抬升整体物价，宏观政策需要做出进一步相应调整。因此，宏观政策对增长和通胀的平衡就显得格外重要，在不引起通胀过度上涨和确保金融稳定前提下，通过宏观政策提高名义 GDP 增速，推动整体经济的去杠杆进程。

第二，短期来看，还是要在资产腾挪空间、债务结构优化上继续下功夫，如扩大企业兼并重组、引入外部投资者。另外，就整个宏观经济来看，土地资产的价值尚未完全实现，集体建设用地、农民土地入市都可以形成巨大规模的资产，并进一步用于盘活宏观经济的资产结构。当然，在这一过程中也应重点控制可能的风险和比例失调问题。

第三，长期来看，只有继续推进供给侧结构性改革，才能真正提高企业经营效率，从根本上解决高杠杆问题。从 1998 年前后的去杠杆经验可知，结构改革能够推动生产效率提升，并提高企业的资本回报，进而实现持续的良性去杠杆。特别是，当前中国经济的很多结构性问题仍然严重，土地、资本等生产要素的配置效率相对较低，部分行业仍然存在国有垄断，阻碍了企业进一步提高生产效率。因此，未来在要素市场上要进一步推进金融市场改革、土地市场改革；同时，破除部分行业的国有垄断，提高市场竞争程度。

11.3.3 我国去杠杆的新机遇："新经济"增长与企业"走出去"

2012 年以后，中国经济的传统增长动能，特别是重工业、房地产和基础设施建设逐渐式微；同时，创新驱动的新产业、新业态和新产品不断涌现，"新经济"在中国经济增长中的重要性不断上升。国家统计局数据显示，2017 年一季度，我国工业机器人、光电子器件、光伏电池产量分别同比增长了 55.1%、51.6% 和 18.8%。同时，中国经济由制造业、投资驱动转向服务业、消费驱动，2016 年，服务业对 GDP 增长的贡献已达到 58.4%，消费支出对 GDP 增长的贡献更是达到 64.6%。"新经济"增长不仅拉动整体经济增长，促进更高生产效率的资本形成，而且正外溢到传统行业。例如，"共享单车"兴起就极大地促进了对传统自行车制造业的需求，2017 年一季度，传统自行车产量同比大幅增长了 17.0%（董礼华，2017）。

此外，制造业全球布局也有助于推动去产能，提高资本回报，实现企业去杠杆。当前，人口红利趋于减弱，依靠廉价劳动力比较优势的"加工组装"生产已难以为继。中国企业需要有自己的全球产业链布局，在全球范围内配置要素资源，形成中国的跨国公司。"一带一路"建设正是我国企业"走出去"的良好契机，通过海外投资设厂将供应链的低端环节转移到国外，而国内生产则转向中高端零部件生产和研发创新等高附加值环节。在这一过程中，海外布局前期的港口、管道、厂房等基础设施建设将拉动国内产能过剩行业需求，利于这些行业企业去杠杆。

11.4　总结

本章主要研究了中国经济的高杠杆问题，并对当前的去杠杆政策做出综合评估。我们对去杠杆的微观手段和宏观手段进行了详细梳理，并重点研究了国内外去杠杆的成功经验，特别是我国在 1998 年前后的去杠杆实践。在此基础上，我们详细分析了本轮去杠杆的政策方针和具体措施，并比较了本轮去杠杆和 1998 年去杠杆的异同。我们认为，要成功实现本轮去杠杆，首先，宏观政策要平衡好增长与通胀的关系，价格回暖才能继续抬升名义 GDP 增速；其次，短期来看，去杠杆不能局限在压减现有杠杆率，还要在资产腾挪空间、债务结构优化上继续下功夫；最后，长期来看，推进供给侧结构性改革，提高企业经营效率和资本回报率，从根本上解决高杠杆问题。值得指出的是，当前我国去杠杆还存在制造业创新与企业全球化布局的新机遇。一方面，中国经济增长的新动能不断涌现，并带动传统动能转型升级，推动整体经济去杠杆；另一方面，制造业企业对外投资，提升在全球产业链中的位置，提高资本回报，促进实体经济降杠杆。

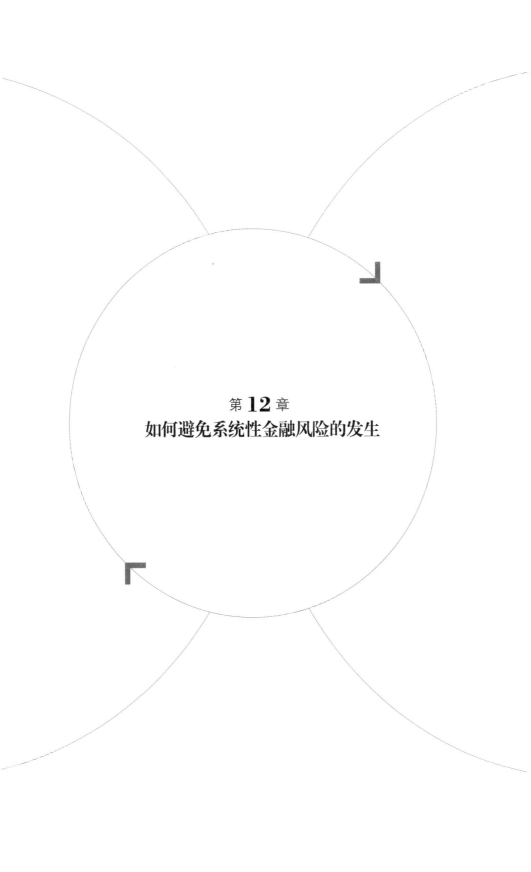

第 **12** 章
如何避免系统性金融风险的发生

本书的第 1—8 章从经济学、金融学理论和中国改革开放 40 年历史两个维度系统分析了我国资产负债扩张与实体经济增长的关联以及由此产生的问题；第 9 章讨论了我国股权融资面临的困境及其改进的措施，分析了股权融资对去杠杆的重要性；第 10 章分析中国人口结构变化与金融模式转型之间的关系，去杠杆对我国这样一个即将进入老龄化社会的经济可持续发展的重要性；第 11 章介绍国际上去杠杆的一般原理和具体操作以及我国当前在供给侧改革中去杠杆的具体做法，未来进一步去杠杆可选择的措施。本章将在总结全书内容的基础上，讨论系统性风险问题的长期解决方案，正如之前的章节多次强调的，金融体系的问题的根源在于实体经济，提高实体经济的增长效率，是解决金融问题的治本之道。本章第 1 节通过英国工业革命时期政府负债的历史案例来表明杠杆率与实体经济效率之间的互动，第 2 节探究未来中国实体经济增长的动力，第 3 节在三种情景假设的基础上分析中国的高杠杆率是否可持续，最后是对全书的回顾和政策建议。

12.1　高杠杆率并不一定不可持续

如前所述，杠杆率不断提高会加重实体经济负担，积累风险，增加经济危机爆发的概率。但事实上，当经济已经处于高杠杆状态时，不能贸然去杠杆，在某些情况下，即使经济中存在很高的杠杆，操作得当，也依然可以持续，且高杠杆率反而能推动经济结构的转变。而且，只有当实体经济的结构发生根本性改变时，我们才有可能真正做到去杠杆，促进实体经济的可持续增长。

　　下面我们以英国为例说明问题。在 1692—1815 年 120 余年间，英国几乎每 3 年中就有 2 年处于战争状态，频繁的海外战争导致政府的巨额债务，为了支付战争费用，英国政府的债务占 GDP 的比例从 5% 上升到了超过 200%。但同一时期，英国的产能扩张了 8 倍，人口增长了 3 倍，成为世界工厂，且经济增长速度越来越快。从 1780 年到 1860 年，英国的棉制品产量增长了 41 倍，资本回报率则从 1770 年的 10% 上升到 1860 年的超过 23%。高速增长的实体经济使得债务的规模显得越来越微不足道，虽然英国政府从未偿还过其债务，但随着战争结束，债务占 GDP 的比例在 1815 年之后有了较大幅度的下降。

　　事实上，英国政府的大举借债对当时的经济增长产生了较大的正面影响。18 世纪中期，英国的绝大多数财富和资源掌握在贵族手里，土地占总财富的比例超过 70%，贵族将这些资产用于农业和传统行业的投资。出于固有的偏见，贵族不屑于给新兴产业投资，也不愿意借钱给新兴资本家，几乎没有金融机构会为企业家提供资金，且银行受到政府的严厉管制，新兴资产阶级只能依靠留存利润或是向亲戚朋友借债来扩大投资。政府债券出现后，由于政府债券的回报高于用于农业的土地回报，贵族大量购买政府债券，减少了在农业和传统行业的投资。原本在这些行业的劳动力转移到新兴行业，且工资增长缓慢，资本家的收入因而快速提高，资本积累速度上升，推动了社会经济结构的变化，大大加快了英国步入现代化的进程。如图 12.1 所示，在 1770 年，英国现代化行业年产值仅占工业总产值的 13%，到了 1831 年，已经达到 36%（Ventura et al.，2015）。

　　由这个例子可见，在经济高速增长的情况下，高杠杆率并不会造成

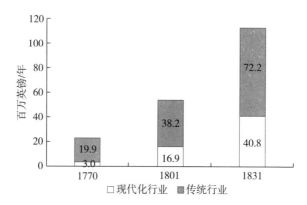

图 12.1　英国工业中现代化行业与传统行业产值
资料来源：Ventura et al. （2015）。

很大的威胁。如果资金来源于传统行业，反而有利于将资源分配到新兴行业，从而推动经济结构转型。这其中的关键，一是实体经济本身在工业革命之后存在强劲的增长动力，二是低效率行业在结构调整中被挤出。

12.2　中国实体经济增长的动力分析

由 12.1 节的分析推论，解决杠杆率过高所带来的风险，除了直接的降杠杆措施，更为根本的途径是增强实体经济发展的动力，促进新兴产业的发展，推动经济新陈代谢、保持活力。从全球经济范围来看，2008 年金融危机之后，推动一个国家经济恢复发展的因素可以分为以下三类：

（1）直接要素投入。直接要素投入包括人口、土地和资本等生产要素的投入。

（2）需求调节。需求调节包括政策刺激、金融市场调节和新市场开发。政策刺激分为财政政策和货币政策，财政政策即政府通过降低税收、扩大支出等方式提高就业和劳动者收入，扩大总需求。此外，还可以通过改善收入分配来刺激消费。货币政策主要是利用宽松的货币投放在经济中注入流动性，提振需求和生产。金融市场则能够在时间维度上调整供给和需求，通过将未来的供给或需求挪到现在来缓解当前供需不均衡的问题。同时，世界各国的发展情况存在巨大差异，对发展中国家进行进一步开发，一方面可以增加对设备和基础设施的需求；另一方面也能够提高这些国家居民的收入，从而扩大市场。

（3）供给效率提升。首先是技术进步。产出的增长可以分解为技术进步的贡献和要素投入的贡献两部分（Solow，1957），革命性的技术进步以大量颠覆性的新产品或新生产方式为标志，能够引发新一轮经济增长的长周期到来。其次是结构调整和商业动态。结构调整包括产业结构和城乡结构的变化等，涉及资本和劳动力要素资源在不同产业以及城乡之间的再配置，商业动态考察的则是企业层级的资源重新配置频度如何的问题（袁志刚等，2016）。

关于直接要素投入在我国还有多大空间的问题，我们已经有了许多分析，形成的基本共识是直接要素投入的扩张在我国已经到了瓶颈阶段。第六次人口普查给出的总和生育率为 1.18，这个数据是有所低估的，但将 2010 年与 2015 年的人口数据进行对比校准之后，真实生育率也仅有 1.4 左右，人口数量将在未来几年达到最高点，劳动力人口前几年已经从最高水平开始回落，人口红利已经消失。十八亿亩耕地红线和生态文明的考虑决定了我国土地利用的上限和环境保护的限制，特大城市的供地已经面临天花板。北京的"十三五"规划提出，到 2020 年城乡建设用地规模控制在 2800 平方公里内，但目前北京市城乡建设用地规模已经达到了 2921 平方公里，因此未来每年还要减少建设用地；上海的"十三五"规划提出的到 2020 年建设用地增量也只有 40 平方公里。此外，土地供应关系到房产价格以及拆迁问题，存在中央与地方政府的博弈，维稳需求也使得土地拆迁费用大幅上升。过去的大量债务积累导致大规模资本投入在未来也难以持续。

需求调节方面，金融危机之后，中国政府紧接着出台了四万亿刺激

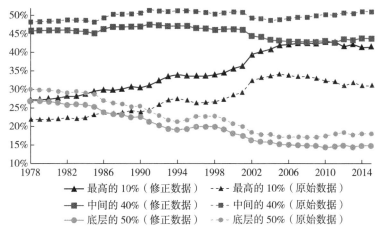

图 12.2　中国的收入不平等

资料来源：Piketty et al. （2017）。

政策，虽然在短期拉高了经济增速，但留下了非常严重的后遗症。经济增长过度依赖政府投入，从 2013 年开始，基础设施建设投资超过制造业投资和房地产投资，成为固定资产投资中占比最高的部分，且每年同比增速在 15% 以上。与之相应的是政府债务迅速扩张，国际清算银行估计中国政府债务占 GDP 比例在 2016 年底约为 46%，迅速上升的债务制约了财政刺激的空间。金融危机之后伴随着财政刺激的是宽松货币，M2/GDP 在 2016 年达到了 2.08，但宽松货币并没有进入实体经济，而是推高了房市和股市泡沫。房价高涨进一步挤出了实体投资，从 2008 年之后，这种趋势越来越明显。

　　从收入差距来看，中国的收入差距依然较大，且近年来没有改善的趋势。根据皮凯蒂等（Piketty et al.，2017）的测算，收入最低的 50% 的群体的收入占总收入比重 15%；中间的 40% 的群体获得了不到 45% 的总收入；而收入最高的 10% 则达到了 41% 左右。金融市场也尚不完善，信贷消费的观念尚未形成，居民新增贷款更多的是房贷，尤其是 2015 年 6 月以来，主要金融机构新增个人购房贷款占金融机构新增居民户人民币贷款的比例从 52% 上升到了 2017 年一季度的 75%。

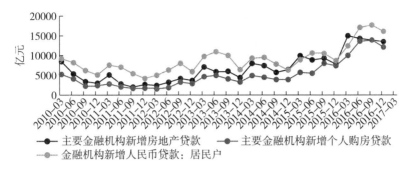

图 12.3　居民新增贷款

资料来源：Wind。

中国的地区差异和城乡差异对收入差距的推动作用较大。近年来，中国出台了一系列扶贫政策，针对农村地区状况进行改善，但土地产权的问题极大地限制了农村的发展，土地不能自由流转使得土地资源配置效率极低，也使农民的财富难以上升，户籍制度又阻碍了进一步城市化的进程。在城市中，住房正在成为新的收入分配不平等来源，随着房价和房租上升，有房人群和无房人群的差距越来越大。

新市场开发可能有较好的前景，从习主席 2013 年提出"一带一路"倡议以来，我国已经与 40 多个国家和国际组织签署了"一带一路"合作协议，一批重大基础设施建设项目已经落地并顺利推进。2014—2016年，中国对传统"一带一路"沿线国家的出口总额约占对全球出口总额的 27.4%，进口总额约占全球进口总额的 23.7%。2016 年，中国全球对外承包工程业务同比增长 3.5%，对"一带一路"沿线国家完成营业额同比增长 9.7%；全球新签合同额同比增长 16.2%，对"一带一路"沿线新签承包工程合同额同比增长 36%；对"一带一路"沿线国家的承包工程出口明显快于其他地区。①

供给效率提高方面，目前中国的高新技术产业尚在培育期，截至2015 年底，高新技术企业从业人员占城镇就业人员总数的 5.06%，工

---

① 数据来源：http：//finance. people. cn/n1/2017/0508/c1004 – 29259701. html

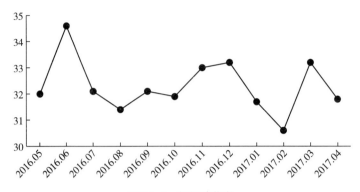

图 12.4 新经济指数
资料来源：第一财经，成都数联铭品有限公司。

业总产值占 GDP 的 27.54%，考虑到工业增加值与工业总产值的比例，②
工业增加值占 GDP 的比例约在 5.51% 到 6.61% 之间。图 12.4 是中国近
期的新经济指数。新经济指数是指新经济行业的投入占全部行业投入的
比重，新经济行业是按照一定标准筛选出来的代表未来发展方向的行
业，特征是轻资产、高人力资本、高科技投入。从新经济指数开始计算
以来，中国新经济的投入占比一直在 30% 左右波动，一定程度上反映出
中国经济的新动力尚未完全形成。

近年来，中国的第三产业占比迅速上升，由于第三产业的生产率低
于第二产业，总体生产率被拉低。城市化率依然在上升，但速度减缓。
随着大量农村人口转移到城市，未来城市化率上升的空间缩小。但如果
户籍制度改革取得突破，依然有较大的潜力。在企业方面，国企依然在
经济中占据重要地位，僵尸企业严重阻碍了企业间的资源配置，不利于
企业新陈代谢。

总体来看，中国目前传统经济增长动力不足，新动力尚未完全形
成，未来几年很难出现经济增长率的大幅提高。2017 年一季度和二季
度，中国的 GDP 增长率为 6.9%，高于预期值，中国的经济增长率已经

_____

② 缺少 2015 年高新技术企业工业增加值的数据。2008—2012 年，中国高新技术企业的
工业总产值与工业增加值比例大致是 0.2 ~ 0.24。

连续 10 个季度保持在 6% ~ 7% 之间，似乎已经稳定在了 L 型的底部。此外，软预算约束、僵尸企业和虚拟经济的泡沫挤出了有活力的实体经济投资，经济结构也没有朝着有利的方向转型。这种情况下，高杠杆率自然难以持续。但只要实体经济的增长动力出现，未来还是有众多改善机会。首先，第四次工业革命到来，中国与发达国家在许多行业的起跑线十分接近，很有可能实现超车。其次，农民市民化和土地确权将带来巨大的财富增长和消费能力提升。第三，制造业升级和服务业开放，占据全球产业链高端位置，也将带来显著的效率提升和经济增长空间。

12.3 中国会发生系统性金融风险吗？

高杠杆率的危害和可持续性受到经济增长速度和结构变动影响，但种种因素导致在未来相当长的一段时期，中国的经济增长可能处于速度较低的状态，且新动力的形成需要时间和空间，新兴产业的发展也存在波折反复。总结起来，目前中国经济面临的主要问题和风险可以概括为两类：第一，内部改革进程缓慢（如金融体系的改革，国有部门软预算约束的改革，房地产市场税制的改革，服务业改革和开放，农民的市民化进程改革，农业生产的改革，农村土地制度的改革等）；第二，对外开放的进程和外部风险的上升。

未来中国经济的增长空间和风险控制能力很大程度上首先取决于我们的继续改革和对外开放的力度。例如，国有部门的软预算约束问题的解决，才有可能将经济资源真正配置到具有高增长潜力的部门，结构问题才能得到解决；房地产市场的稳定，价格的稳定，才能解决财富的合理分配问题，才能提高我们的社会流动性，抑制泡沫资产对实体经济的挤压；农村、农民、农业问题的解决，不仅农业生产和效率的大幅提高，中国城市化速度才能大幅提高，"三农"问题解决的根本启动点和枢纽是土地改革；等等。改革与开放这件大事做对了，做好了，中国经济增长的空间才真正被打开,增长的空间一旦打开,我们才有可能将长期积累的债务在增长以及增长的预期中进行处理。因此,未来经济状况和金融系统将如何演变?长期问题以及改革的问题,本书的前面几章都已经大量讨论了,这里我们将在各种短期对外开放的政策变化方向假定之下讨论金融风险问题。本节设定了三种虚拟的政策环境,从完全封闭隔绝外部风险到激进地实施改革和完全开放,在这三种环境下分别进行分析,并比较各自的优缺点。

12.3.1 情景一: 资本流动封闭

在谨慎的资本封闭的政策之下,我们对资本的流动具有高度的敏感性。一旦中国高杠杆的负债率继续上升,银行坏账频现,引起外部世界的高度关注,并进而引起国际炒家的投资利空行为。这时我们就会面临突然而至的系统性金融危机,我们必须在资本流动方面紧闭国门,严控资本内外流动。由于在封闭状况下,资本内外流动被禁止,人民币汇率重新回到固定汇率时代,内外投机行为被取消,资本只能在国内封闭循环。在资本流动封闭情况下,由于我们的债务基本是内部债务,没有希腊等国家那样的高额外部债务,我们的资产负债还可以继续扩张,风险还可以在相当程度上继续往后推延。在这个过程中我们等待内部改革释放增长空间。当然,如果未来增长空间没有被打开,资产负债的继续扩张,对实体经济是十分有害的。总有一天我们将面临严重的"明斯基时刻",资产负债再也不能持续,风险终将全面爆发。因此,用资本流动严控的方式对付系统性金融风险的发生,从某种意义上讲,只是用时间换空间:如果我们能够通过改革等措施有效打开中国实体经济的增长空间,系统性风险才有可能被避免。否则,只是将问题推延,后果将变得更为严重。

根据国际清算银行的估计,2016 年底中国整体债务占 GDP 比例为255.6%。在最简化的情况下,假设经济增速可以维持在 6.5% 不变,同时债务占 GDP 的比例以每年 14% 的速度上升（2008 年之后的平均速度），则债务占 GDP 的比例将于 2030 年达到 451.46%，如果利率为 4%，则利息占 GDP 的比例为 18.06%，GDP 中将近五分之一的份额被用于支付利息。

但事实上，在与外部世界资本流动相对封闭的情况下，GDP 的增速很可能比 6.5% 更低，经济改革尤其是服务业改革也很难推进。首先，进出口在中国经济中依然发挥了较为重要的作用，近年来，我国每年贸易净出口占当年 GDP 的 2% ~ 7% 左右。其次，国外的技术和先进经验也对中国的劳动生产率提高至关重要，在以制造业为主的年代，江小涓（2002）估计，2001 年 FDI 对 GDP 增长的贡献率为 26.2%，当年 GDP 增长率为 7.3%，其中 FDI 贡献了 1.9%；孙海顺（Sun，1998）认为，在 1985—1995 年，东部地区 FDI 对 GDP 的贡献率达到 28.5%，西部地区为 12.5%。当前，中国已经进入服务业增长十分重要的年代，2017 年上半年服务业占比已经达到 54%。相较而言，制造业融入全球化、全球产业链相对容易，服务业融入全球化，提高服务业标准和劳动生产率更加不容易。欧洲一些外围国家，如希腊等，在欧洲一体化过程中，制造业增长很快，融入欧洲一体化相对容易。但是，那些国家的服务业发展一直十分滞后，难以融入全球化。今天在中国我们同样面临这样的问题：如果我们不积极对外开放，或者对外开放是有选择的，有所保留的，我们服务业的劳动生产率提高就会受阻，经济增长的空间就难以打开。这时，债务占 GDP 的比例将上升得更快，因为随着劳动生产率增速下降，每单位 GDP 所需要的信贷量更大。现实情况中，2011 年之后，债务占 GDP 的比例也是呈现加速上升的状态，2012 年债务占 GDP 比例上升了约 14%，而 2016 年债务占 GDP 比例上升了 21%。如果债务占 GDP 比例的上升速度每年增加 2%，则债务占 GDP 比例将在 2022 年达到 434%。此外，据摩根士丹利估计，中国名义 GDP 每增长 1 元人民币，需要额外的 6 元人民币的新债务，如果每单位 GDP 增长所需要的新

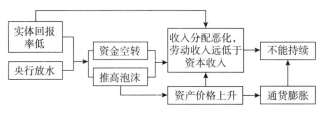

图 12.5　封闭经济下的演化

债务保持上升趋势，则债务占 GDP 比例上升速度会更快。

此时，为了避免出现 GDP 中的一大块被用于支付利息的情况，可以采取的措施是以宽松的货币政策降低实际负债率。央行作为最后贷款人，通过货币放水来降低利率，从而在通货膨胀中达到实际去杠杆的目的。但如果实体经济回报不高，宽松的货币将进入虚拟领域继续炒作泡沫；且资产回报大大高于劳动回报，收入分配必然恶化，进一步使得经济增长不可持续。如果以计划的形式改变投资结构，将重新回到计划经济的时期，历史已经证明，这种模式是不可持续的。

总而言之，封闭的情况下，虽然隔绝了资本外部流动导致的金融风险，但如果内部的实体经济没有起色，现金流不是来自实体经济而是来自货币放水，这种状态是难以持续的。

12.3.2　情景二：资本非对称开放

非对称开放的情况下，一方面，以较为缓慢平稳的步调借助市场力量调整经济结构；另一方面，允许自由贸易和投资，保持经常项目开放，甚至在金融领域继续改革开放，鼓励外部资本流入国内，但用行政手段严控国内资本流出。

事实上，中国经济的资产负债较高速度的发展有一定合理性。首先，中国的储蓄率很高，储蓄率在 2002 年之后都超过了 40%，2010 年高达 52%，目前仍然在 45% 以上。而中国的金融市场不发达，居民储蓄以银行存款为主，2015 年中国家庭金融资产中现金和储蓄类占 51%，其中存款占了 45.8%，股票仅占 11.4%。相比之下，美国家庭金融资产中现金和储蓄类仅占 13.6%，欧盟为 34.4%。③ 其次，中国的对外债权大于对外债务，是对外净资产持有人，拥有 3 万亿美元的储备。对外债权意味着外汇占款，也即国内货币发行增加，从而推动国内资产负债扩张。同时，对外债权相当于国家储蓄，充足的外汇储备增强了风险抵御能力。第三，中国的资本项目管制严格。中国对资本流入一向持欢迎态度，但资本流出的自由度很低。目前，个人仅有每人每年 5 万美元的兑换额度，企业的直接对外投资在 2014 年前后有一定的鼓励和放松，当时外汇储备达到了 4 万亿美元的顶峰，随着外汇储备迅速下降，2016年下半年开始，企业对外投资又有所收紧。资本项目的严格管控不仅是出于国家安全和审慎宏观管理考虑，也有反洗钱、反恐融资的作用。作为资本项目管制的结果，中国避免了大量资本外流导致经济失血的风险，在资本流动方面相当于封闭经济，在国家的主导和控制下，可以一定程度上避免金融风险的爆发。

正因资产负债扩张的合理性，过去的十多年中，中国经济增长伴随了迅速的资产负债发展，未来也不能一味强调去杠杆导致资产负债过度收缩。

随着世界经济形势变化、中国自身经济发展到了一定阶段，过去的模式已经不可持续，资产负债发展的影响开始逆转，国家出台了一系列措施试图推动经济社会改革、转变发展模式。目前调整经济结构和金融改革的进程较慢，效果并不尽如人意。近年来，中国的外部平衡伴随着内部投资的大幅上升，消费占 GDP 比例相对于投资较弱（Zhang，2016）。虽然工业品出厂价格和 PMI（采购经理指数）在恢复，企业部门也在缓慢地去杠杆，但外部融资风险和金融脆弱性在上升。此外，还有一个关键风险是美国的政策可能导致流动性收得更紧，使得金融体系更加动荡。在美联储上一次加息后，中国人民银行紧跟着提高了借款成本，但与此同时，又往市场注入了大量流动性。大量流动性推高了期限

③　资料来源：http：//chfs. swufe. edu. cn/Upload/家庭金融资产配置风险报告 . pdf。

错配风险，过去两年，非银行金融机构日益依赖于批发货币市场来融资，非银行金融机构占中国回购市场借款总额从 2013 年的 14% 上升到了 2016 年的 54%，这些融资被用于长期投资。非银行金融机构资产质量下降提高了贷款人的风险，信贷期限进一步缩短，形成恶性循环。同时，借款成本上升提高了债券融资的成本，债券违约数量急剧上升。全球转向贸易保护主义将阻碍贸易和全球经济增长，也加大了中国企业运营的压力（IMF，2017）。如果企业选择将成本转嫁给消费者，则会在更多经济部门里引起通货膨胀。总体而言，目前经济体系改善的速度跟不上风险上升的速度。

如果这一做法持续下去，在更长的时期里，假设没有大的科技革命、生育率保持低位，各项改革无法触及实质问题，实体经济效率很难有大的改善，则经济增长依然会依赖于货币放水和信贷上升。同时，对国企的改革不充分使得金融资源错配继续恶化，经济结构进一步扭曲，新兴行业得不到发展，新动力迟迟无法形成，无处可去的货币推高通货膨胀，引发本币贬值，将引起外国资本流向转变，资金外流控制将越来越困难。从 2014 年 6 月到 2016 年底，中国的外汇储备从 4 万亿美元降低到了 3 万亿美元，资本外流的风险越来越高。2017 年以来，国家采取一系列措施堵上了许多漏洞，包括查封地下钱庄、缩紧企业对外投资等，但如果国内外投资环境的差距持续拉大，资本外流的压力持续上升，国内资本将继续寻求任何可能的渠道流出去。与此同时，考虑到美国加息风险，中国的宽松货币政策空间也进一步缩小。中国企业对国外资本和外部融资的依赖度较高，一旦资本外流无法抑制，资产价格将会崩溃。同时，国内流动性紧缩加上期限错配导致流动性危机，影子银行的局部风险也会演变成系统性风险。

相比于资本封闭状态，这一情景下能够享受到服务业开放和金融开放的好处，但同时需要控制资本外流的风险。如果有切实的技术进步来形成新的投资热点，促进新行业形成，提高实体经济效率，或者及时有

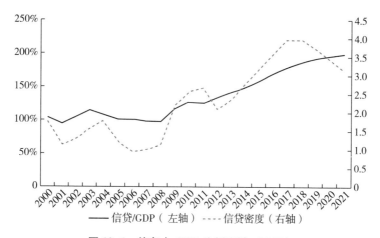

图 12.6　债务占 GDP 比例预计（IMF）

资料来源：https：//www.imf.org/external/pubs/ft/wp/2016/wp16183.pdf。

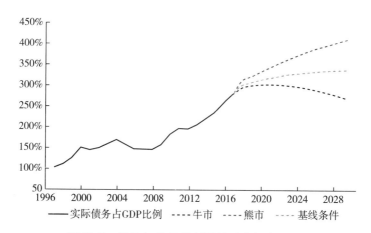

图 12.7　债务占 GDP 比例预计（摩根士丹利）

资料来源：Morgan Stanley，the next decade of China's transformation，2017。http：//www.morganstanley.com/ideas/china-economic-market-transformation-bluepaper。

效地通过"一带一路"倡议开发发展中国家市场、吸收过剩产能，则能为更深层次的改革争取到时间和空间。在控制外部风险的情况下，加快调整结构，形成新动力，完成经济发展模式的彻底转变，从而在保持长期增长的同时避免大力度的改革和金融开放带来的短期风险。但是，中国各领域的大刀阔斧的改革涉及更多既得利益者的利益，没有外部开放

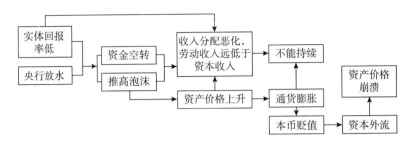

图 12.8　非对称开放下的经济循环

的倒逼机制，改革推进面对非常大的阻力。新技术革命的爆发具有很强的不确定性，目前世界各大主要经济体都在加大科研投入、促进创新经济发展，这并不能保证带来足够大的技术革新。"一带一路"倡议在近两年推进良好，沿线各国与中国各项合作都加速推进，但依然存在较大的政治风险和文化冲突问题。

12.3.3　情景三：一步到位的改革与开放

一步到位的改革与开放即采取较为激进的改革措施，在土地改革、人口政策、国企改革、城市化、公共产品均等化、服务业对外开放等各个关键方面通过对外开放的倒逼机制，尽快完成改革任务。同时加大金融开放力度，按照前面几章我们展示的逻辑进行全面的改革和开放。

在大力度推进经济改革与金融开放的过程中，为了尽量避免过于激进的措施导致经济崩溃，需要平衡以下基本关系：

（1）增长与改革、去杠杆：在新动力尚未形成的情况下，实际上世界各国都在依赖加杠杆来推动经济恢复。如果要尽快去杠杆，短期增长率必然降低。再加上各方面改革推进有可能造成的混乱和不稳定后果，短期的增长率将进一步下降。增长率下降将带来社会不稳定、就业下降、投资和消费不足等问题。如何在增长与去杠杆之间取得平衡，是目前面临的最困难、也亟须解决的问题。

（2）短期债务与长期投资：中国目前的基础设施建设依赖短期融资，造成期限错配，依靠银行间市场调节，一旦这一环节出现问题便容易引发流动性危机。去杠杆旨在降低负债率，所采取的措施有可能加大危机发生的风险。因此需要发展与作为长期投资的基础设施相对应的融资手段。

（3）直接融资与间接融资：直接融资与间接融资并不是互斥的关系，二者事实上更多的是互为补充，包括对企业的监督方面。中国金融市场不发达限制了直接融资的发展，但直接融资对企业去杠杆有非常重要的作用。此外，资本市场的一大功能是价值发现，完善的金融市场也有助于筛选出真正的优质企业。在银行系统改革、为中小企业提供更充足的信贷来源的同时，也需要发展股权投资和其他投资，做对资产价格。

（4）房地产市场回归理性：需要注意的是，房地产和基础设施建设仍然意义重大。随着中国社会老龄化程度日益上升，房地产和基础设施建设需要在劳动力人口和宏观储蓄率出现大的下降之前，为将来的老龄化社会做好准备。房价泡沫固然需要解决，但也不能急于一时，房价在短时间内迅速下降将对经济造成巨大危害，因此，控制泡沫和稳定房价之间的平衡关系至关重要。

（5）外部平衡：随着人口结构变化，国内劳动力占比下降，中国在将来势必要推进人民币国际化，使金融资源在全球层面配置，避免国内人口老龄化带来的不利影响。同时需要注意人民币国际化过程中可能引起的美元的反击，以及国际交往中的政治和文化冲突。

如果说情景二是长期调养，情景三则相当于刮骨疗毒，根治顽疾的同时，也有可能使得巨大风险提前爆发。这一方式的好处在于减少了未来的不确定性，即使没有技术革命和大范围海外市场开拓，也能通过自身的脱胎换骨提高效率。但在短期内推进多项彻底的改革措施必将遇到极大的阻力，如果各项措施之间配合不当或是配套措施不够完善，很有可能引发巨大的社会经济危机。首当其冲的是全面金融开放引发的资本外流，在实体经济效率尚未提高、房地产泡沫严重的情况下，贸然开放资本项目管制，资本势必会流向回报较好的国外地区。资本外流将迅速消耗国内外汇储备，并导致资产价格崩溃，房地产泡沫破灭，引发大规模破产和全面性的危机。其次，监管不到位的情况下，激进的土地改革和国企改革措施将导致大量腐败，在短时间内快速扩大国内财富和收入不平等。第三，僵尸企业破产之后，将出现大量失业工人，同时，土地流转也可能使一部分农民失去土地，如果不能妥善安置，将威胁社会稳定。

12.3.4 小结

本节所讨论的三种情景实际上都有一定的极端化，现实中不太可能出现完全封闭或是极度激进的情况，但相应的趋势是存在的。通过对较为极端的情况的模拟，可以大致预测这样的趋势下去是什么后果。这三种情景中，情景二最为稳妥，情景三最有可能在短期摆脱困境，无论是哪一种情景，对问题的根治都需要有实体经济效率的提高，否则在长期都是不可持续的。

下一节将对本书的主要内容进行总结回顾，并在此基础上，结合三种情景的优缺点，归纳出一个较为全面的政策建议方案。

12.4 全书总结与政策建议

金融为实体经济服务，正如第 3 章所总结的，可以概括为为家庭理财服务，为企业融资服务，为各级政府建设基础设施和提供公共产品服务，为中央政府进行宏观调控提供金融支持和服务，这其中实际上反映出的是资产负债扩张与实体经济发展的良性互动。但这种良性互动并不是必然会发生的。从 20 世纪 90 年代以来，全世界的金融体系的规模大举扩张，期货价值和外汇交易量远远超过实际商品生产和贸易量，同时复杂度迅速上升，传统观点认为金融深化和复杂性增加会对经济增长和资源配置更有利，但事实上未必如此。2008 年金融危机中，过度复杂的金融系统积累起的庞大债务难辞其咎。由于逐利动机和监管不足，金融部门自身具有过度发展的内在倾向。全球化的深化增加了全球和新兴市场国家的储蓄，但全世界的投资却有明显的下降趋势，储蓄和投资失衡使全球利率进入下降通道。金融部门收益下降，因而有激励选择更高收益同时也更高风险的行为，日益增多的复杂的金融工具便是其中一类。这些工具大多是在金融机构内部交易，扩张了金融系统的资产负债。同时，20 世纪 80 年代的去监管措施和衍生品的出现助推了银行资产负债规模扩张与实体经济的脱钩以及银行业务重心转移。金融部门的主要业务逐渐转向了零和博弈。

　　一个社会中，各部门的资产负债表都相互关联。危机之后，中国各部门的金融乘数④都有所上升，这意味着实体经济对信贷的依赖不断加重，且金融部门内部的信贷链条延长，资产负债扩张加快。随之而来的是内部风险攀升，危机一旦爆发，资产价格下跌引起的各部门总资产缩水将比 2008 年危机期间更加严重。此外，中国相比欧盟的一个特殊之处在于，政府获得的财产性净收入占可支配收入比重远远高于居民部门，也就是政府是金融市场更大的受益者，而非金融企业地租上升也使非金融部门的利润更多地流向了政府，挤出了居民部门本应从股票市场中获得的红利收入。金融为居民服务不足，这与中国过去的经济发展模式有关。

　　计划经济下，我国所有生产活动都由政府集中控制，包括储蓄和投资。金融体系完全由政府控制，在经济发展初期发挥了"集中力量办大事"的重要作用。在 80 年代，乡镇企业对中国经济增长的贡献巨大，在乡镇层面也有一定的金融自由化，包括农村信用合作社体制改革、鼓励民间借贷、降低企业家贷款融资门槛等。90 年代的经济发展由全球化背景下的制造业发展驱动，国企改革降低了私人部门的进入门槛，锦标

---

④　关于金融乘数的详细解释请见第 4 章。

赛竞争使得地方政府有激励追求经济增长，同时充裕的农村剩余劳动力降低了劳动力成本。随着劳动力成本上升，基本面的优势难以维持。2000 年之后，基础设施建设和房地产的重要性开始上升，2004 年之后，基础设施建设和房地产的重要性越发明显，到了 2008 年，基础设施投资成为经济增长的最大动力，"国进民退"的趋势较为明显。1994 年的分税制改革造成地方政府财权和事权不匹配，使得地方政府有激励寻求其他收入，随着经济增长动力转换，制造业的重要性降低，地方政府日益依赖土地出让收入来补足财政收支之间的差额，90 年代中期已经有了地方融资平台的雏形。四万亿刺激计划之后，地方政府财政收支缺口急剧放大，地方政府融资平台成为政府的表外支出的主要融资来源，由于土地是地方政府融资平台的重要抵押物，土地价格一路上升，从而抬高了非金融企业的地租。同时，私有企业和受政府偏好的国有企业的金融资源可获得性差异不断扩大，私人投资被挤出。总结我国经济增长模式的演变，实际上中国的经济增长一直都是在政府主导下进行的，在 20 世纪 80—90 年代出现过"国退民进"的浪潮，但随着土地价格上升，尤其是金融危机后实体经济回报下降，国有部门力量再度增强。

金融结构的演变和经济结构演变是相对应的。计划经济时期，我国银行的功能是为政府吸收闲散资金并分配给企业，实行国家计划下的储蓄投资转化机制。改革开放后，中国的金融体系经历了几个阶段的市场化改革，但依然是由政府主导的，虽然主导的程度在减轻。随着经济发展到了一定程度，由政府主导的金融体系的缺陷越来越突出，金融资源配置效率低下对经济发展的阻碍也越来越严重。投资效率低下，且越是经济发展慢的地方越依赖投资，制造业投资占比以及资本形成中的机器设备占比持续下降。在这样的金融结构和经济结构演变过程中，出现了两个核心问题：房地产泡沫膨胀和影子银行扩张，几乎所有重要问题都与这两个问题紧密相连，并围绕它们展开，这两个问题中也蕴藏了当前中国经济中最大的风险。

　　房地产价格上升、土地和建筑物占投资和资本形成的比重增加都显示了房地产市场的迅速发展，房市发展带动了土地市场扩张，房地产税收和土地出让收入对地方财政的重要性日益上升，使得地方政府有动机干预房地产业，从而扰乱了价格随市场形势波动的机制，稳固了投资者的看涨预期。2009 年之前，房地产市场的泡沫主要集中在东部地区，且与城市规模正相关，但在 2008 年后，小城市和西部城市的房地产泡沫迅速发展，甚至超过了中等城市。此外，由于政策目标不同，在对房地产泡沫的管理上，中央与地方存在持续博弈，中国的房地产泡沫实际上是一个被管理的刚性泡沫。一方面，房地产泡沫对企业与政府投资有一定挤入作用，且在某种程度上吸收了流动性，起到了抑制通货膨胀的作用；另一方面，房地产泡沫的膨胀导致经济中出现"脱实就虚"的现象，在地方政府的目标函数中，工业发展的收益相对弱化，房地产业以及服务业的重要性日益提高，中国经济的持续增长动力遭到侵蚀。目前的城市发展高度依赖泡沫化的房地产市场。一旦市场形势出现波动，城市发展将陷入困境。此外，房地产泡沫膨胀、地方政府融资方式转变和"脱实向虚"也对银行系统产生了全面而深刻的影响。

　　2008 年金融危机之后，中国金融业的规模和复杂度迅速扩张，以商业银行理财产品、券商资管业务、银行同业业务等为主要构成的影子银行业务兴起。影子银行的资金大多流向了房地产和基建项目，一方面是配合"四万亿"的刺激政策，另一方面也是在追求监管套利、满足不同投资者的需求。影子银行兴起推动了地方政府的债务迅速积累，也使银行体系内部的联系更加紧密、银行之间的同业业务往来更加频繁，其中也隐藏了巨大的债务，推高了杠杆率，成为中国金融体系最大的风险点。这种风险积累的实质是制度的不完善在金融层面的反应。此外，影子银行兴起还与企业缺乏直接融资渠道、投资者缺乏投资渠道直接相关，这些问题背后是中国直接融资市场发育的滞后，尤其是股权融资市场。

中国的股权融资市场并非自发出现的，股市建立之初，是为了给国有企业提供新的融资方式、改革旧的融资体系，这就注定了股市的发育将深受政府干预困扰。对于年轻的中国股市来说，制度质量也是一个大问题。在所有制和行业构成上，中国主板市场以国有企业和银行业、采掘煤炭业、公用事业等传统行业为主，且国有企业往往难以成功退市。主板市场的上市制度中的问题也主要是由行政力量干预所致，此外，主板市场还存在信息披露制度不完善等问题。中小板和创业板相对更为年轻，且成立目标是要为中小企业服务，没有主板市场的历史包裹，但由于中小企业的成长空间大、监管不严格，中小板和创业板存在严重的投机泡沫。新三板等场外市场目前还处于起步期，服务能力有限，制度也不够完善。

"发展建设型金融"模式的惯性和直接融资市场的落后使得金融为居民部门服务不足，居民作为资金供给者，所获得的收益率较低，但中国人口结构的变动使金融配置模式转变、投资者利益保护成为当务之急。中国人口老龄化的速度快，高龄化程度高，且与经济发展水平不协调。人口老龄化使得劳动力和储蓄减少，且国内资本出现过剩。为了改善这种情况，金融机构的竞争力提升是关键，一方面可以提高国内资本的回报，给家庭更多好处，另一方面可以推动资本更好地走出去，充分利用国外劳动力。

在杠杆率居高不下、股权市场尚未发育成熟的情况下，为了避免短期的金融风险，降杠杆成为当务之急。总结国内外经验，降杠杆基本都是通过宏观政策和微观工具结合的方式进行。当前所实施的降杠杆政策中，债转股主要集中在产能过剩的国有企业，且容易受到地方政府的影响；银行不良资产处置和企业资产证券化的规模十分有限；混合所有制改革尚处于试点阶段，破产清算的推进相对较慢；对影子银行的监管明显加强，且货币政策在一定程度上收紧。目前来看，价格和名义GDP增长都有一定回升，但企业生产效率还需要进一步提升，资产腾挪和结构改革也有很大空间。

从长期来看，解决金融体系的问题、避免系统性风险、增强金融为居民、企业和政府服务的能力，最根本的依然是要提高实体经济的增长动力和增长效率。无论是以负债/GDP 还是负债/资产来衡量杠杆率，只要分母增长速度快于分子，杠杆率便会下降。封闭经济、严控资本账户都只能维持暂时的安定，实体经济效率提升需要对过去形成的不合理制度进行彻底改革。同时，随着特朗普上台、全球贸易保护主义兴起，外部风险的威胁也越来越大。

面对稳增长、促改革和控风险的两难选择，改革措施的选择和实施顺序、时机都非常重要，操之过急可能会得不偿失。本书前面的章节在对具体问题进行分析的基础上已经分别提出了一些政策建议，对这些政策建议加以总结整理，并综合三种情景的优缺点，本书的主要建议如下：

1. 在短期内，适当调整对经济增长率的要求，加大去杠杆力度。维持适度宽松的宏观政策，推动价格水平温和上升，以名义 GDP 的增长降低杠杆率；同时要严控资产泡沫，防止宽松的政策推高泡沫、扩大财富差距，并加强对银行和金融机构同业业务的监督，防止资金在金融体系内部空转。丰富资产腾挪和债务结构优化的工具，如扩大企业兼并重组范围、增加外部投资者、破产清算等，并加大实施力度。盘活经济中的存量资产，如农民土地和企业中的"死资产"，增加现金流。与此同时，在资产重组和破产清算过程中可能会产生一部分下岗人员，必须采取有力措施对其进行妥善安置，如加强就业保障和劳动者职业技能培训等，从而保障人民生活和社会稳定。

2. 在长期，需要继续推进内部的各项改革。包括：

（1）金融体系改革，完善多层次资本市场。首先要完善主板市场，改善新股上市发行制度、信息披露制度、退市制度和投资者保护制度等，减少行政干预，优化股市行业和所有制结构，加强优胜劣汰，增加新股供应，提高股票投资回报率。其次，对于其他市场，要降低进入门槛，并同样要完善信息披露机制，针对不同规模和性质的企业采取不同的信息披露要求，加强投资者教育，建立通畅的转板制度。第三，缓解中小企业融资难问题，还有一个途径是大力发展中小银行，并加强中小银行与中小企业对接，充分利用中小银行在"软信息"方面的优势。

（2）政府体系改革，减轻对土地财政的依赖。首先，改革财税体系，促进政府财权事权相匹配，并加强地方政府发展实体经济的激励。其次，硬化对国有企业和地方政府的预算软约束，辅之以妥善安置破产企业职工的政策。第三，加强对影子银行体系的监管，加强对地方政府违规提供担保的惩罚，将表外业务纳入监管范围。减少国家隐性担保和刚性兑付，允许债务违约，并与加强投资者教育的政策相配合。

（3）户籍制度改革，并推动城乡公共服务均等化。虽然本书中涉及较少，但户籍制度改革能促进劳动力进一步流动，改善劳动力资源配置效率；另一方面，城乡公共服务均等化也能减轻大城市的人口流入压力，抑制房价上涨趋势。同时，农村公共服务（如教育、医疗）改善有利于提高农村劳动力素质，增加劳动力的质量红利；社会福利的改善有助于扩大消费，增加消费对 GDP 的贡献。提高实体经济效率必须要有户籍制度和劳动力流动制度的改革，且这一项改革和政府体系、房地产市场的改革可以相互配合。

（4）房地产市场改革，控制房价上涨速度。在公共服务均等化有所进展的情况下，由于人口流入的压力减轻，一线城市房价上升的速度也会减缓。同时，金融体系和政府体系的改革如果能减轻政府对土地财政的依赖，使地方经济增长和房价的绑定关系有所松动，拓宽企业的直接融资渠道，并加强对资金流动的监管，对房价的控制也会更加容易，中央政府与地方政府之间的冲突也会减少。因此，长期来看房地产市场的改革需要有前几项改革作为基础。同时，在房价相对稳定、经济发展对房地产业的依赖减少后，对于房地产市场本身，首先需要改革土地供应制度，在房价上涨压力大的城市增加供地，而在房产库存高的城市适当减少供地。其次要完善保障房制度，加强保障房供应。第三，要有序推出房产和土地在持有环节的税收，如房产税和土地税，加大持有环节的成本，为地方政府创造稳定的现金流。

3. 积极培养经济增长的新动力，提高生产率。短期政策和长期改革都是在改善资源利用效率，而真正提高增长动力的是创新和技术进步。首先，在金融市场改革的配合下，为创新企业提供多样化的融资渠道和政府优惠政策，因地制宜推动互联网、云计算、人工智能、共享经济、大数据等新兴行业和高科技行业的发展。其次，加快实施制造业转型升级，发展高端制造业，推广智能制造，淘汰落后产能，加强工业实力，并满足居民消费升级所带来的对高端产品的需求。第三，扩大服务业对外开放，积极构建以服务贸易和投资准入为核心的新型国际贸易准则，提高服务业的效率和服务质量。

4. 鼓励企业走出去，实现资产全球布局。中国的老龄化趋势意味着未来国内的劳动力将出现价高量少的局面，企业的全球布局，尤其是制造业企业，有利于充分利用全世界各地的劳动力资源，并充分接触各地的市场，有助于提高我国产品在世界上的市场占有率，这是新的动力来源。企业走出去与金融改革相结合，走出去的企业在国内上市，将在全球获得的利润以红利的形式分给国内的投资者，在未来也有助于缓解养老保险难以为继的问题。企业走出去，首先要继续大力推进"一带一路"倡议，以国企打头阵，建设好基础设施之后，再由各行各业的民营企业出去参与当地竞争。其次，要积极参与各项区域性投资贸易协定，为企业走出去争取有利的标准和规则、创造良好的条件。最后，走出去能否成功的根本还是在于强大的企业，尤其是强大的民营企业，需要在国内各项改革的推动下培育起高效率的民营企业。

5. 最后，在实体经济有了起色的基础上，有序推进金融开放和人民币国际化。第2章已经提到，金融自由化的效果与一国的经济发展程度、金融发展程度及制度质量的好坏有关。我国目前实体经济面临诸多问题，投资效率降低，资产回报下降，过早放开金融体系可能会对国内造成巨大冲击，进而威胁经济的稳定。且美国对于人民币国际化十分警惕，不宜贸然推进。但在实体经济有了一定发展之后，金融开放有助于吸引更多投资和外来消费，人民币国际化也是企业更好地走出去的重要基础，因此这二者都是未来改革的重点。

参考文献

A

[1] Acemoglu D, Ozdaglar A E, Tahbazsalehi A. Systemic Risk and Stability in Financial Networks [J]. The American Economic Review, 2015, 105 (2): 564 – 608 (45).

[2] Aghion P, Banerjee A V. Volatility and Growth [M]. Oxford University Press, 2005.

[3] Aghion P, Angeletos G M, Banerjee A, et al. Volatility and Growth: Credit Constraints and the Composition of Investment [J]. Journal of Monetary Economics, 2010, 57 (3): 246 – 265.

[4] Aldasoro I, Angeloni I. Input-output-based Measures of Systemic Importance [J]. Quantitative Finance, 2015, 15 (4): 589 – 606.

[5] Allen F, Gale D. Financial Markets, Intermediaries, and Intertemporal Smoothing [J]. Journal of Political Economy, 1997, 105 (3): 523 – 546.

[6] Allen F, Gale D. Financial Contagion [J]. Journal of Political Economy, 2000, 108 (1): 1 – 33.

[7] Allen F, Morris S, Postlewaite A. Finite Bubbles with Short Sale Constraints and Asymmetric Information [J]. Journal of Economic Theory, 1993, 61 (2): 206 – 229.

[8] Almeida H, Campello M, Liu C. The Financial Accelerator: Evidence from International Housing Markets [J]. Review of Finance, 2006, 10 (3): 321 – 352.

[9] Arcand J L, Berkes E, Panizza U. Too much finance? [J]. Social Science Electronic Publishing, 2015, 20 (2): 105 – 148.

B

[10] Bai C E, Hsieh C T, Song Z M. The Long Shadow of a Fiscal Expansion [J]. NBER Working Papers, 2016.

[11] Benoit S, Colliard J E, Hurlin C, Pérignon C. Where the Risks Lie: A Survey on Systemic Risk [J]. Review of Finance, 2017, 21 (1): 109 – 152.

[12] Bernanke B, Gertler M. Agency Costs, Net Worth, and Business Fluctuations [J]. American Economic Review, 1989, 79 (1): 14 – 31.

[13] Bernanke B, Gertler M, Gilchrist S. The Financial Accelerator and the Flight to Quality [J]. Review of Economics and Statistics, 1996, 78: 1 – 15.

[14] Bhattacharya S, Thakor A V. Contemporary Banking Theory [J]. Journal of Financial Intermediation, 1993, 3 (1): 2 – 50.

[15] Bisias D, Flood M, Lo A W, et al. A Survey of Systemic Risk Analytics [J]. Annual Review of Financial Economics, 2012, 4 (76): 119 – 131.

[16] Bonfiglioli A. Financial Integration, Productivity and Capital Accumulation [J]. Journal of International Economics, 2008, 76 (2): 337 – 355.

[17] Boot A W A. Relationship Banking: What Do We Know? [J]. Journal of Financial Intermediation, 2000, 9 (1): 7 – 25.

[18] Bourassa S C, Patric H, Hendershott, James Murphy. Further Evidence on the Existence of Housing Market Bubbles [J]. Journal of Property Research, 2001, 18 (1): 1 – 19.

[19] Broner F, Ventura J. Rethinking the Effects of Financial Globalization [J]. SSRN Electronic Journal, 2010, 131 (3): 1497 – 1542.

[20] Broner F, Rigobon R. Why Are Capital Flows So Much Volatile in Merging Than in Developed Countries? [M] //External Financial Vulnerability and Preventive Policies. 2006: 015 – 040.

[21] Brusco S, Castiglionesi F. Liquidity Coinsurance, Moral Hazard, and Financial Contagion [J]. Journal of Finance, 2007, 62 (5): 2275 – 2302.

C

[22] Caballero R J, Gourinchas P O. Financial Crash, Commodity Prices and Global Imbalances [J]. Brookings Papers on Economic Activity, 2008, 2008 (2): 56 – 68.

[23] Caballero R J, Krishnamurthy A. International and Domestic Collateral Constraints in a Model of Emerging Market Crises [J]. Journal of Monetary Economics, 2001, 48 (3): 513 – 548.

[24] Caballero R J, Krishnamurthy A. Excessive Dollar Debt: Financial Development and Underinsurance [J]. Journal of Finance, 2003, 58 (2): 867 – 893.

[25] Caballero R J, Krishnamurthy A. Bubbles and Capital Flow Volatility: Causes and Risk Management [J]. Journal of Monetary Economics, 2006, 53 (1): 35 – 53.

[26] Caballero R J, Simsek A. Fire Sales in a Model of Complexity [J]. Journal of Finance, 2013, 68 (6): 2549 – 2587.

[27] Cai H, Wang Z, Zhang Q. To Build above the Limit? Implementation of Land Use Regulations in Urban China [J]. Journal of Urban Economics, 2016.

[28] Case K E, Shiller R J. Is There a Bubble in the Housing Market? [J]. Brookings Papers on Economic Activity, 2003, 2003 (2): 299 – 342.

[29] Castiglionesi F, Feriozzi F, Lorenzoni G. Financial Integration and Liquidity Crises [J]. Management Science, 2017, forthcoming.

[30] Cecchetti S G, Kharroubi E. Why Does Financial Sector Growth Crowd Out Real Economic Growth? [J]. BIS Working Paper, 2016, No. 490.

[31] Chakraborty I, Goldstein I, MacKinlay A. Do Asset Price Bubbles Have Negative Real Effects? [J]. SSRN Electronic Journal, 2013.

[32] Chamon M D, Prasad E S. Why are Saving Rates of Urban Households in China Rising? [J]. American Economic Journal Macroeconomics, 2010, 2 (1): 93 – 130.

[33] Chaney T, Sraer D, Thesmar D. The Collateral Channel: How Real Estate Shocks Affect Corporate Investment [J]. American Economic Review, 2012,

102 （6）：2381 – 2409.

［34］ Choi O, Sze M. Ghost Towns and Property Bubbles—A Trek for Reality ［R］. Citi research, 2013.

D

［35］ Dang T V, Gorton G, Holmström B. Ignorance, Debt and Financial Crises. Yale University, 2015, Working Paper.

［36］ Dang T V, Gorton G, Holmström B. Banking vs. Transparency ［J］. Arhold Kling blog web, March 31, 2017.

［37］ Dang T V, Wang H, Yao A. Chinese Shadow Banking：Bank-Centric Misperceptions ［J］. Working Papers, 2014.

［38］ Dewatripont M, Maskin E. Credit and Efficiency in Centralized and Decentralized Economies ［J］. Review of Economic Studies, 1995, 62 （4）：541 – 556.

［39］ Diamond D W. Legal Systems, Bank Finance and Debt Maturity ［J］. University of Chicago, 2007, Working Paper.

［40］ Diamond D W, Verrecchia R E. Optimal Managerial Contracts and Equilibrium Security Prices ［J］. Journal of Finance, 1982, 37 （2）：275 – 287.

［41］ Diamond P A. National Debt in a Neoclassical Growth Model ［J］. American Economic Review, 1965, 55 （5）：1126 – 1150.

［42］ Dooley M P. A Model of Crises in Emerging Markets ［J］. NBER Working Paper, 1997, No. 6300.

［43］ Du J. Legal Institutions, Structure of Foreign Capital Flow and Financial Crises ［M］. PhD dissertation, 2000, Harvard University.

［44］ Du J. Corruption and Corporate Finance Patterns：An International Perspective ［J］. Pacific Economic Review, 2008, 13 （2）：183 – 208.

E

［45］ Eichengreen B. Global Imbalances and the Lessons of Bretton Woods ［M］. MitPr, 2006.

［46］ Elliott M, Golub B, Jackson M O. Financial Networks and Contagion ［J］. American Economic Review, 2014, 104 （10）：3115 – 3153.

F

[47] Fan S, Zhang X, Robinson S. Structural Change and Economic Growth in China [J]. Review of Development Economics, 2003, 7 (3): 360 – 377.

[48] Fang H, Gu Q, Xiong W, et al. Demystifying the Chinese Housing Boom [J]. NBER Macroeconomics Annual, 2015, 30 (1): 105 – 166.

[49] Farhi E, Tirole J. Bubbly Liquidity [J]. The Review of Economic Studies, 2012, 79 (2): 678 – 706.

[50] Fisher I. The Debt-Deflation Theory of Great Depressions [J]. Econometrica, 1933, 1 (4): 337 – 357.

[51] Fostel A, Geanakoplos J. Leverage Cycles and the Anxious Economy [J]. American Economic Review, 2008, 98 (4): 1211 – 1244.

G

[52] Gai P, Haldane A, Kapadia S. Complexity, Concentration and Contagion [J]. Journal of Monetary Economics, 2011, 58 (5): 453 – 470.

[53] Gan J, The Real Effects of Asset Market Bubbles: Loan-and firm-level Evidence of a Lending Channel [J]. Review of Financial Studies, 2007, 20 (6): 1941 – 1973.

[54] Geanakoplos J. The Leverage Cycle [J]. Cowles Foundation Discussion Papers, 2010, 24 (1): 1 – 66.

[55] Geanakoplos J, Zame W R. Collateral Equilibrium, I: A Basic Framework [J]. Economic Theory, 2014, 56 (3): 443 – 492.

[56] Glaeser E, Huang W, Ma Y, et al. A Real Estate Boom with Chinese Characteristics [J]. Journal of Economic Perspectives, 2017.

[57] Greenwood R, Scharfstein D. The Growth of Finance [J]. Journal of Economic Perspectives, 2013, 27 (2): 3 – 28.

H

[58] Haldane AG. Rethinking the Financial Network. Speech Delivered at the Financial Student Association Conference in Amsterdam, April 28, 2009.

[59] Himmelberg C, Mayer C, Sinai T. Assessing High House Prices: Bubbles,

Fundamentals and Misperceptions [J]. Journal of Economic Perspectives, 2005, 19 (4): 67 – 92.

[60] Ho S P S, Lin G C S. Converting Land to Nonagricultural Use in China's Coastal Provinces: Evidence from Jiangsu [J]. Modern China, 2004, 30 (1): 81 – 112.

[61] Holmström B, Tirole J. Private and Public Supply of Liquidity [J]. Journal of Political Economy, 1998, 106 (1): 1 – 40.

[62] Huang Y. How Did China Take Off? [J]. Journal of Economic Perspectives, 2012, 26 (4): 147 – 170.

[63] Huang Y, Pagano G, Panizza U. The Dark Side of the Chinese Fiscal Stimulus: Evidence from Local Government Debt [J]. Working Paper, 2017.

[64] Hui E C M, Yue S. Housing Price Bubbles in Hong Kong, Beijing and Shanghai: A Comparative Study [J]. Journal of Real Estate Finance & Economics, 2006, 33 (4): 299 – 327.

I-K

[65] IMF, The People's Republic of China. IMF Country Report, August 2016, No. 16/271.

[66] IMF, Global Financial Stability Report (GFSR) 2017, http://www.imf.org/en/Publications/GFSR/Issues/2017/03/30/global-financial-stability-report-april-2017.

[67] Jensen M C, Murphy K J. Performance Pay and Top-Management Incentives [J]. Journal of Political Economy, 1990, 98 (2): 225 – 264.

[68] Kiyotaki N, Moore J. Credit Cycles [J]. Journal of Political Economy, 1997, 105 (2): 211 – 248.

[69] Kose M A, Prasad E S, Terrones M E. Financial Integration and Macroeconomic Volatility [J]. IMF Staff Papers, 2003, 50 (1): 119 – 142.

L

[70] La porta R, De-Silanes F L, Shleifer A, et al. Law and Finance [J]. Journal of Political Economy, 1998, 106 (6): 1113 – 1155.

[71] Leitner Y. Financial Networks: Contagion, Commitment, and Private Sector

Bailouts [J]. Journal of Finance, 2006, 60 (6): 2925 – 2953.

[72] Levin R. Finance and Growth: Theory and Evidence, in Handbook of Economic Growth, P. Aghion and S. Durlauf ed. , 2005, Elsevier Science.

[73] Li H, Li L, Wu B, et al. The End of Cheap Chinese Labor [J]. Journal of Economic Perspectives, 2012, 26 (4): 57 – 74.

[74] Li L, Wu X. Housing Price and Entrepreneurship in China [J]. Journal of Comparative Economics, 2014, 42 (2): 436 – 449.

[75] Liberti J M, Mian A R. Collateral Spread and Financial Development [J]. Journal of Finance, 2010, 65 (1): 147 – 177.

[76] Lu Y, Sun T. Local Government Financing Platforms in China: A Fortune or Misfortune? [J]. IMF Working Paper, 2014, 13 (243) .

M-N

[77] Martin A, Ventura J. Economic Growth with Bubbles [J]. American Economic Review, 2012, 102 (6): 3033 – 3058.

[78] Mason A. Population and the Asian Economic Miracle [J]. East-west Center Program on Population, 1997, 1 – 4.

[79] Mckinnon R I. Money and Capital in Economic Development [M]. Brookings Institution, 1973: 679 – 702.

[80] Minoiu C, Reyes J A. A Network Analysis of Global Banking: 1978 – 2009 [J]. Journal of Financial Stability, 2013, 9: 168 – 184.

[81] Minsky H P. Stabilizing an Unstable Economy [M]. Yale University Press, 1986.

[82] Naughton B. The Chinese Economy: Transitions and Growth [J]. Mit Press Books, 2007, 1 (4): 511 – 513.

P

[83] Painter G, Yang L, Yu Z. Homeownership Determinants for Chinese Americans: Assimilation, Ethnic Concentration and Nativity [J]. Real Estate Economics, 2004, 32 (3): 509 – 539.

[84] Papaioannou E. What Drives International Financial Flows? Politics, Institutions

and Other Determinants [J]. Journal of Development Economics, 2009, 88 (2): 269 – 281.

[85] Patrick H T. Financial Development and Economic Growth in Underdeveloped Countries [J]. Money & Monetary Policy in Less Developed Countries, 1966, 14 (2): 174 – 189.

[86] Peng X. Population Ageing, Human Capital Accumulation and Economic Growth In China [J]. Asian Population Studies, 2005, 1 (2): 169 – 188.

[87] Philippon T. Has the U. S. Finance Industry Become Less Efficient? On the Theory and Measurement of Financial Intermediation. American Economic Review, 2012, 105 (4): 1408 – 1438.

[88] Piketty T. Capital in the Twenty-First Century [M]. The Belknap Press of Harvard University Press, 2013.

[89] Piketty T, Yang L, Zucman G. Capital Accumulation, Private Property and Rising Inequality in China, 1978 – 2015 [J]. NBER Working Papers, 2017.

[90] Poncet S. A Fragmented China: Measure and Determinants of Chinese Domestic Market Disintegration [J]. Review of International Economics, 2005, 13 (3): 409 – 430.

R

[91] Rajan RG, Insiders and Outsiders: The Choice beteween Informed and Arm's Length Debt [J]. Journal of Finance, 1992, 47 (4): 1367 – 1400.

[92] Ramey G, Ramey V A. Cross-Country Evidence on the Link Between Volatility and Growth [J]. American Economic Review, 1995, 85 (5): 1138 – 1151.

[93] Reinhart C M, Rogoff K S. Growth in a Time of Debt [J]. American Economic Review, 2010, 100 (2): 573 – 578.

[94] Roback J. Wages, Rents, and Quality of Life [J]. Journal of Political Economy, 1982, 90 (6): 1257 – 1278.

[95] Roe M J. Legal Origins, Politics, and Modern Stock Markets [J]. Harvard Law Review, 2006, 120 (2): 460 – 527.

S

[96] Samuelson P A. An Exact Consumption-Loan Model of Interest with or without the Social Contrivance of Money [J]. Journal of Political Economy, 1958, 66 (6): 467 –482.

[97] Seto K C, Kaufmann R K. Modeling the Drivers of Urban Land Use Change in the Pearl River Delta, China: Integrating Remote Sensing with Socioeconomic Data [J]. Land Economics, 2003, 79 (1): 106 –121.

[98] Sharp S A. Asymmetric Information, Bank Lending, and Implicit Contracts: A Stylized Model of Customer Relationships [J]. Journal of Finance, 1990, 45 (4): 1069 –1087.

[99] Shleifer A, Vishny R, The Limits of Arbitrage [J]. The Journal of Finance, 1997, 52 (1): 35 –55.

[100] Solow R M. Technical Change and the Aggregate Production Function [J]. Review of Economics & Statistics, 1957, 39 (3): 554 –562.

[101] Song Z, Hachem K. The Rise of China's Shadow Banking System [C]. Meeting Papers. Society for Economic Dynamics, 2015.

[102] Stiglitz J E. Symposium on Bubbles [J]. Journal of Economic Perspectives, 1990, 4 (2): 13 –18.

[103] Stiglitz J E, Weiss A. Credit Rationing in Markets with Imperfect Information [J]. American Economic Review, 1981, 71 (3): 393 –410.

[104] Sun H. Foreign Investment and Economic Development in China, 1979 – 1996 [M]. Ashgate, 1998: 604 –604.

[105] Sylla R E. U. S. Securities Markets and Banking System, 1790 – 1840 [J], Federal Reserve Bank of St. Louis Review, 1998, 80: 83 – 104.

T-Z

[106] Taylor A M. Credit, Financial Stability, and the Macroeconomy [J]. NBER Working Papers, 2015, 7 (1): 309 –339.

[107] Tirole J. Asset Bubbles and Overlapping Generations [J]. Econometrica, 1985, 53 (6): 1499 –1528.

［108］ Townsend R M. Optimal Contracts and Competitive Markets with Costly State Verification ［J］. Journal of Economic Theory, 1979, 21 (2): 265 - 293.

［109］ Upper C. Simulation Methods to Assess the Danger of Contagion in Interbank Markets ［J］. Journal of Financial Stability, 2011, 7 (3): 111 - 125.

［110］ Ventura J. Bubbles and Capital Flows ［J］. Journal of Economic Theory, 2012, 147 (2): 738 - 758.

［111］ Ventura J, Voth H J. Debt into Growth: How Sovereign Debt Accelerated the First Industrial Revolution ［J］. Social Science Electronic Publishing, 2015.

［112］ Wei S J, Xie Z, Zhang X. From 'Made in China' to 'Innovated in China': Necessity, Prospect, and Challenges ［J］. NBER Working Papers, 2016.

［113］ Wei S J, Zhang X. The Competitive Saving Motive: Evidence from Rising Sex Ratios and Savings Rates in China ［J］. Journal of Political Economy, 2011, 119 (3): 511 - 564.

［114］ Weil P. Confidence and the Real Value of Money in an Overlapping Generations Economy ［J］. The Quarterly Journal of Economics, 1987, 102 (1): 1 - 22.

［115］ Wen Y, Wu J. Withstanding Great Recession Like China ［C］. Federal Reserve Bank of St. Louis, 2014.

［116］ World Bank. China Land Policy Reform for Sustainable Economic and Social Development: An Integrated Framework for Action ［J］. World Bank Other Operational Studies, 2005.

［117］ Young A. The Razor's Edge: Distortions and Incremental Reform in the People's Republic of China ［J］. Quarterly Journal of Economics, 2000, 115 (4): 1091 - 1135.

［118］ Zhang L. Rebalancing in China-Progress and Prospects ［J］. Social Science Electronic Publishing, 2016.

中文 B-G

［119］ 北京大学中国经济研究中心宏观组. 警惕"赖账经济"的危险 ［J］. 金融博览, 1999 (11): 7 - 7.

［120］ 白重恩, 张琼. 中国的资本回报率及其影响因素分析 ［J］. 世界经济,

2014（10）：3-30.

［121］陈瑞明．城镇化的透支与变局（基于 10 城镇调查）［R］．海通证券，2013.

［122］陈享光．融资均衡论［M］．北京：中国金融出版社，1997.

［123］陈志武．国家信用阻碍银行改革步伐［J］．金融经济，2006（15）：15-16.

［124］城市化与土地制度改革课题组．城市化、土地制度与经济可持续发展［R］．世界银行，2005.

［125］崔光灿．房地产价格与宏观经济互动关系实证研究——基于我国 31 个省份面板数据分析［J］．经济理论与经济管理．2009（1）：57-62.

［126］董礼华．新产业快速成长，新动能不断积聚［EB/OL］．中国经济网，2017.04.18.

［127］董敏杰，梁泳梅.1978—2010 年的中国经济增长来源：一个非参数分解框架［J］．经济研究，2013（5）：17-32.

［128］杜莉，沈建光，潘春阳．房价上升对上海市城镇居民消费的影响［J］．金融发展评论，2012（12）：36-70.

［129］高波，王辉龙，李伟军．预期、投机与中国城市房价泡沫［J］．金融研究，2014（2）：44-58.

［130］高瑞东．发达国家去杠杆启示［J］．中国金融，2016（10）：94-96.

［131］高善文．守正待时［R］．安信证券，2016 年 7 月 7 日.

［132］国家统计局综合司课题组．关于房地产对国民经济影响的初步分析［J］．管理世界，2005（11）：30-33.

中文 H-N

［133］黄聪，贾彦东．金融网络视角下的宏观审慎管理——基于银行间支付结算数据的实证分析［J］．金融研究，2010（4）：1-14.

［134］黄静．房价上涨与信贷扩张：基于金融加速器视角的实证分析［J］．中国软科学，2010（8）：61-69.

［135］黄静，屠梅曾．房地产财富与消费：来自于家庭微观调查数据的证据［J］．管理世界，2009（7）：35-45.

［136］江小涓．中国的外资经济对增长结构升级和竞争力的贡献［J］．中国社

会科学，2002（6）：4-14.

[137] 况伟大. 预期、投机与中国城市房价波动 [J]. 经济研究，2010（9）：
67-78.

[138] 类承曜. 银行监管理论——一个文献综述 [J]. 管理世界，2007（6）：
137-151.

[139] 李扬，张晓晶，常欣. 中国国家资产负债表2013 [M]. 北京：中国社
会科学出版社，2013.

[140] 李扬，张晓晶，常欣. 中国国家资产负债表2015：杠杆调整与风险管理
[M]. 北京：中国社会科学出版社，2015.

[141] 李扬，张晓晶，常欣，等. 中国主权资产负债表及其风险评估（上）
[J]. 经济研究，2012（6）.

[142] 李扬，张晓晶，常欣，等. 中国主权资产负债表及其风险评估（下）
[J]. 经济研究，2012（7）：4-21.

[143] 林重庚. 中国：长期发展的问题和方案 [M]. 北京：中国财政经济出版
社，1994.

[144] 刘京军，苏楚林. 传染的资金：基于网络结构的基金资金流量及业绩影
响研究 [J]. 管理世界，2016（1）：54-65.

[145] 刘守英，周飞舟，邵挺. 土地制度改革与转变发展方式 [M]. 北京：中
国发展出版社，2012.

[146] 吕江林. 我国城市住房市场泡沫水平的度量 [J]. 经济研究，2010
（6）：28-41.

[147] 马君潞，范小云，曹元涛. 中国银行间市场双边传染的风险估测及其系
统性特征分析 [J]. 经济研究，2007（1）：68-78.

中文 Q-T

[148] 裴翔. 期限错配与商业银行利差 [J]. 金融研究，2015（5）：83-100.

[149] 曲凤杰. 危机后美国经济的去杠杆化：成效及影响 [J]. 国际贸易，
2014（3）：41-48.

[150] 荣昭，王文春. 房价上涨和企业进入房地产——基于我国非房地产上市
公司数据的研究 [J]. 金融研究，2014（4）：158-173.

［151］盛松成．社会融资规模理论与实践［M］．北京：中国金融出版社，2014．

［152］隋聪，谭照林，王宗尧．基于网络视角的银行业系统性风险度量方法［J］．中国管理科学，2016，24（5）：54 – 64．

［153］谭颖卓．我国储蓄投资转化机制的初步研究［D］．暨南大学，2000．

［154］陶然，陆曦，苏福兵，等．地区竞争格局演变下的中国转轨：财政激励和发展模式反思［J］．经济研究，2009（7）：21 – 33．

［155］童牧，何奕．复杂金融网络中的系统性风险与流动性救助——基于中国大额支付系统的研究［J］．金融研究，2012（9）：20 – 33．

中文 W-Z

［156］王斌．我国汽车工业能否驶上高速路［J］．机电新产品导报，1999（z5）：41 – 42．

［157］王琳．中国老年人口高龄化趋势及原因的国际比较分析［J］．人口与经济，2004（1）：6 – 11．

［158］王永钦，高鑫，袁志刚，等．金融发展、资产泡沫与实体经济：一个文献综述［J］．金融研究，2016（5）：191 – 206．

［159］王喆，张明，刘士达．从"通道"到"同业"——中国影子银行体系的演进历程、潜在风险与发展方向．中国社会科学院世界经济与政治研究所 Working Paper No. 201702，2017．

［160］谢洁玉，吴斌珍，李宏彬，等．中国城市房价与居民消费［J］．金融研究，2012（6）：13 – 27．

［161］谢雪燕．经济转型背景下中国隐性存款保险制度的显性化探究［J］．财会月刊，2016（18）：64 – 71．

［162］严瑞珍，龚道广，周志祥，毕宝德．中国工农业产品价格剪刀差的现状、发展趋势及对策［J］．经济研究，1990（02）：64 – 70．

［163］杨金梅．美国经济去杠杆化及其对我国的影响［J］．新金融，2009（4）：19 – 23．

［164］余静文，王媛，谭静．房价高增长与企业"低技术锁定"——基于中国工业企业数据库的微观证据［J］．上海财经大学学报，2015（5）：44 – 56．

[165] 袁志刚, 樊潇彦. 房地产市场理性泡沫分析 [J]. 经济研究, 2003 (3): 34-43.

[166] 袁志刚, 李宛聪. 如何走出全球危机——从供给和需求角度解构危机复苏力量 [J]. 学术月刊, 2016 (5): 63-71.

[167] 袁志刚, 饶璨. 资产负债扩张与中国经济增长转型 [J]. 学术月刊, 2015 (8): 44-54.

[168] 袁志刚, 余静文. 中国人口结构变动趋势倒逼金融模式转型 [J]. 学术月刊, 2014 (10): 55-65.

[169] 曾海舰. 房产价值与公司投融资变动——抵押担保渠道效应的中国经验证据 [J]. 管理世界, 2012 (5): 125-136.

[170] 张斌, 王勋, 华秀萍. 中国外汇储备的名义收益率和真实收益率 [J]. 经济研究, 2010 (10): 115-128.

[171] 张跃辉. 矩阵理论与应用 [M]. 北京: 科学出版社, 2011.

[172] 郑思齐, 孙伟增, 吴璟, 等. "以地生财, 以财养地"——中国特色城市建设投融资模式研究 [J]. 经济研究, 2014 (8): 14-27.

[173] 钟宁桦. 农村工业化还能走多远? [J]. 经济研究, 2011 (1): 18-27.

[174] 周小川. 周小川改革论集 [M]. 北京: 中国发展出版社, 2008.

[175] 周小川. 金融政策对金融危机的响应——宏观审慎政策框架的形成背景、内在逻辑和主要内容 [J]. 金融研究, 2011 (1): 1-14.

译著

[176] A. 德米尔古克-肯特, R. 莱文, 编. 金融结构和经济增长: 银行、市场和发展的跨国比较 [M]. 黄纯纯, 译. 周业安, 校. 北京: 中国人民大学出版社, 2006.

[177] A. 特纳. 债务和魔鬼 [M]. 王胜邦, 徐惊蛰, 朱元倩, 译. 北京: 中信出版社, 2016.

[178] E. S. 肖. 经济发展中的金融深化 [M]. 邵伏军, 等, 译. 上海: 生活·读书·新知三联书店, 1988.

[179] F. 艾伦, D. 盖尔. 比较金融系统 [M]. 王晋斌, 等, 译. 北京: 中国人民大学出版社, 2002.

［180］R. I. 麦金农 . 经济发展中的货币与资本［M］. 卢骢，译 . 上海：生活·读书·新知三联书店，1988.

［181］X. 弗雷克萨斯，L. 莱文，J. L. 佩德罗 . 系统性风险、危机与宏观审慎监管［M］. 王擎，等，译 . 北京：中国金融出版社，2017.

后　记

　　本书为国家社会科学基金重大项目《全面提升金融为实体经济服务的水平与质量研究》（项目批准号：12&ZD074）的最终研究成果，感谢该基金项目的资助。

　　本书是我领导的研究团队分工合作的结果，由我提出全书的主题思想、框架结构与提纲，参加具体撰写的有我、李宛聪、樊潇彦、王媛、高虹、葛劲峰、饶璨、张冰莹、肖莹、袁婷、林燕芳、韦一飞、钱羽等老师和同学。李宛聪博士在多个章节的写作和全书组织协调中做了很多工作，樊潇彦老师在本书重要章节中的贡献突出。复旦大学经济学院科研办的施侠老师在本书写作的各个阶段，组织团队讨论、协调写作进度、联络出版等工作中做了大量工作。中信出版社的吴素萍和包敏丹编辑在本书编辑出版过程中表现出的专业素养令人敬佩和感谢。在本书即将付印之际，我向所有为本书出版做出贡献的同仁表示衷心的感谢！没有你们无私的奉献精神，本书不可能问世。

袁志刚

2018 年 11 月 12 日